Heiner Geißler

INTOLERANZ

Vom Unglück unserer Zeit

Rowohlt Taschenbuch Verlag

2. Auflage August 2004

Veröffentlicht im Rowohlt Taschenbuch Verlag,
Reinbek bei Hamburg, Oktober 2003
Copyright © 2002 by Verlag Kiepenheuer & Witsch, Köln
Umschlaggestaltung any.way, Barbara Hanke/Wiebke Buckow
(Foto: J. H. Darchinger)
Druck und Bindung: C. H. Beck, Nördlingen
Printed in Germany
ISBN 3 499 61542 8

Inhalt

Der Wagen des Xerxes
Toleranz oder Intoleranz   7

Die Blinden und der Elefant
Intoleranz und Wahrheit   18

Eppur si muove
Über Religion   39

Adversus Judaeos
Über die Judenverfolgung   71

Aslim Taslam
Islam und Islamismus   79

Animal imperfectum
Intoleranz gegen Frauen   109

Ängste
Intoleranz und Fremde   143

Wenn die Fahne fliegt, ist der Verstand in der Trompete
Über den Nationalismus   155

Das Ostrakon
Über die Politik   182

Worte verändern die Welt
Die Sprache als Waffe   215

Les Préludes
Musik und Intoleranz   241

Der Tanz um das goldene Kalb
Die Zerstörung der Existenzgrundlagen
der Menschen   253

»Intolleranza«
Zum Schluß   261

Der Wagen des Xerxes
Toleranz oder Intoleranz

Dunkle und rätselhafte Alpträume plagten die Königin. Aber noch nie hatte sie so schwer geträumt wie in der letzten Nacht: Aischylos schildert in seiner Tragödie »Die Perser« das nächtliche Drama der Königin Atossa, der Mutter des persischen Großkönigs Xerxes. Der war 480 v. Chr. mit einem großen Heer ausgezogen, die Griechen zu besiegen, und wurde später in der Seeschlacht bei Salamis, an der auch Aischylos teilnahm, vernichtend geschlagen. In diesem das Unheil vorausahnenden Traum erscheinen zwei Frauen, beide »von eindrucksvoller Gestalt und makelloser Schönheit«. Da zwischen beiden Streit herrscht, spannt Xerxes die Frauen als Pferde vor einen Wagen und fährt mit ihnen los. Die eine Frau in prächtigen persischen Gewändern ist Asien, »die männerreiche, nährende Erde, leicht zu meistern in den Zügeln«, sie zieht den Wagen stürmisch voran. Die dorisch gekleidete Frau ist die griechische Eleutheria, die unbezähmbare Freiheit Griechenlands, die »tobend das Geschirr zertrümmert«, das Joch zerbricht und Xerxes vom Wagen schleudert: das antike Gedicht vom Kampf der Freiheit gegen die Diktatur, das prophetische Bild vom Sieg der europäischen Ideen über den asiatischen Fundamentalismus der neuen Perser, der Ajatollahs und Mullahs, eine in den Augen der Amerikaner gottgefällige Szene, in der statt des griechischen Feldherrn Themistokles der amerikanische Präsident George W. Bush mit der Fahne der *Enduring Freedom* die Bühne betritt und den Großkönig des Terrorismus besiegt.

Aber Aischylos hat keinen grobgestrickten Western geschrieben, sondern eine griechische Tragödie. Die beiden

Frauen sind nicht nur schön und göttlich, sondern sie erscheinen auch als »leibliche Schwestern aus demselben Stamm«. Sie leben an den »Gestaden des Meeres«, das Hellas und Asien verbindet.

Das ist die moderne Tragödie: Christen und Islamisten beten zu einem Gott, Nationalisten und Patrioten lieben dasselbe Land, die Marineinfanteristen haben die gleichen Raketen wie die Taliban – und sie bringen sich, wenn es befohlen wird, gegenseitig um.

Uns stehen zur Erklärung des Dramas nicht die Götter der Griechen zur Verfügung, vor deren Allmacht wir erschauderten, wenn sie uns strafend dem Untergang weihten, weil wir uns über ihre Gesetze erhoben. Der *Clash of Civilizations*, der Untergang der Menschheit im Kataklysma von Terror und Antiterror, wäre das tatsächliche böse Ende der Geschichte der Menschheit, in dem sich die beiden schönen Schwestern Europa und Asien gegenseitig töten. Im Traum der Königin Atossa dagegen zerstört die göttliche Eleutheria zwar den Wagen der Intoleranz des absolutistischen Herrschers, aber sie befreit dadurch auch die gleichermaßen göttliche Schwester vom Joch der Unterdrückung.

Szenenwechsel.

In Luigi Nonos Musiktheater (*l'azione scenica*) »Intolleranza« gerät ein Gastarbeiter auf dem Weg zurück in seine Heimat zufällig in eine politische Demonstration. Er wird verhaftet und landet unschuldig im Räderwerk eines Polizeistaats.

Bei der Uraufführung am 13. April 1961 in Venedig kommt es zum organisierten Skandal. Rechtsradikale randalieren, werfen Stinkbomben und rufen: »Viva la Polizia!« Viva la Polizia? Im Verhör wird der Gastarbeiter nach seinem

Namen und nach seiner Adresse gefragt: »Los! sprich!, los! sprich!, wir lassen dich Spießrutenlaufen! Spucks schon aus! Wenn nicht, prügeln wir dich zu Tode. Sprich!, sprich!, in der Wut bin ich zu allem fähig! Ich habe das Foltern von den Nazis gelernt!«

Der Gastarbeiter findet den Tod, und der Schlußchor skandiert durch den fallenden Vorhang ins Publikum: »Ihr, die ihr auftauchen werdet aus der Flut, in der wir untergegangen sind, gedenkt auch der finsteren Zeit, der ihr entronnen seid. (...) Ihr aber, wenn es soweit sein wird, daß der Mensch dem Menschen ein Helfer ist, gedenkt unser mit Nachsicht.« Mit dieser Perspektive der Hoffnung endet das Stück, aber auch die faschistische Randale, die in den stürmischen Bravos des Premierenpublikums untergeht. Die Schauspieler tragen Nono und den Regisseur auf ihren Schultern an die Rampe. Die Aufführung endet in einem Volksfest.

Ein Volksfest unterscheidet sich überall auf der Welt dadurch von den Bedingungen, die auf einer Polizeiwache herrschen, daß die Leute reden, singen, essen und trinken können, was sie wollen. Selbst der Maßkrug, der auf dem Oktoberfest in München auf dem Schädel des Tischnachbarn zerschellt, hat im Vergleich zu den Elektroschocks der chinesischen Polizei oder den Peitschen der Sittenwächter im Iran den Vorteil, daß er als private Tatwaffe gilt und auch dem Getroffenen für eine Revanche zur Verfügung steht. Der staatlich Gefolterte, gefesselt und allein seinen Wärtern ausgeliefert, hat nicht die Möglichkeit der Gegenwehr, ja sogar das Recht dazu wird ihm im Namen der Nation, der Religion oder irgendeiner Moral abgesprochen.

Dabei sind Folter und Massenmord nur besondere Ausformungen einer Geisteshaltung, die die Kraft entfaltet, Ehen zu zerstören, Familien zu sprengen, demokratische

Parteien zu entmündigen und in geistige Sultanate zu verwandeln, Großinquisitoren hervorzubringen, Frauen die Genitalien zu verstümmeln, Bücher und Hexen zu verbrennen, Millionen von Juden zu vergasen oder Menschen wegen ihrer Hautfarbe zu töten. Diese Mentalität – oder ist es eine Anlage, ein Trieb oder gar das »Böse« in uns – ist keineswegs beschränkt auf die Länder der islamischen Welt: Fundamentalisten der amerikanischen Rechten sprengen wie in Oklahoma schon mal 260 Leute in die Luft, und ihre fundichristlichen Landsleute schlagen zwar nicht katholische Kinder, die durch ihren Stadtteil zur Schule gehen wie in Nordirland, aber sie erschießen zum Beispiel Ärzte, die abtreiben, verfolgen Homosexuelle und deuten als Prediger ihrer Erweckungsgemeinschaften mit den modernen Mitteln der Fernsehkirche den Terroranschlag vom 11. September 2001 als Vergeltung Gottes für den Sittenverfall des amerikanischen Volks. Hindufundamentalisten legen Moscheen in Schutt und Asche und machen den Hinduismus zum Identitätsmerkmal des indischen Staats, und jüdische Extremisten verhindern seit vielen Jahren jede gerechte und friedliche Lösung in Palästina.

Intoleranz nennt sich dieser Geisteszustand, in ihr begegnen wir dem Wagen des Xerxes, des Gewaltherrschers, der für seine Untaten »dem Volk nicht Rechenschaft schuldet«. Sie ist das Schwert des religiösen, kulturellen und völkischen Fundamentalismus, eine Waffe, die sich je nach Bedarf in Folterkellern oder Gaskammern austobt, sich aber auch in eine fliegende Kerosinbombe verwandeln kann. Aber anders als die griechischen Götter, die dem von ihnen verhängten Verderben nichts Gutes abgewinnen können, glaubt der heutige Fundamentalist – wie die mittelalterliche Inquisition –, den Menschen, wenn er dem Irrtum oder dem Teufel verfällt, befreien zu können, indem er ihn verbrennt – auf dem Scheiterhaufen oder im Inferno terroristischer Bomben.

Fundamentalisten glauben, etwas Gutes zu tun, indem sie das Böse, wie sie es sehen, vernichten. Das Böse der Fundamentalisten ist aber in den Augen anderer Menschen etwas Gutes, so die Religionsfreiheit, die in den Verfassungen der westlichen Demokratien verankert ist. Diese ist für die iranischen Ajatollahs jedoch so satanisch, daß sie Salman Rushdie zum Tod verurteilten, so, wie vor 600 Jahren Giordano Bruno, Jan Hus und Jeanne d'Arc wegen Ketzerei und Zauberei auf dem Scheiterhaufen landeten. Es werden beide Schwestern getötet, auch Eleutheria.

Wenn schlechte Redner einen Höhepunkt setzen wollen, greifen sie oft zu der Aussage, die Politik des Herrn Müller sei unerträglich. Etwas vornehmer, nämlich auf lateinisch, könnten sie auch sagen: sei nicht tolerabel. Tolerieren, Toleranz kommen vom lateinischen *tolerare*, was soviel wie *ertragen, aushalten* bedeutet. Tolerieren heißt, die Last zu ertragen, die eine andere Person oder eine andere Meinung, eine andere Weltanschauung, eine andere Religion, eine andere Volkszugehörigkeit, eine andere Rasse, eine andere Hautfarbe für meine Überzeugung, meine Identität, mein Ehrgefühl, meine Religion bedeutet.

Intoleranz bedeutet dagegen die Unfähigkeit oder die Weigerung, eine solche Last zu tragen. Zu diesem Zweck wird das verteufelt, was man nicht akzeptieren, nicht tolerieren will: das Auto, das Fernsehen, die Love-Parade, Aids, Drogen, die Homosexualität, Asylbewerber, Araber, Inder, die CIA, George W. Bush, die CDU, der Kapitalismus, der Lärm, die Zigaretten, die Atomkraftwerke – alles, was einem nicht paßt. Die Fatwa wurde nicht nur gegen Salman Rushdie verhängt, auch die Juristin Asma Jehangir, die ehemalige Vorsitzende der pakistanischen Menschenrechtskommission, wurde mit Fatwas und Mordanschlägen drangsaliert. Die französische Bergsteigerin Chantal Maudit, im Jahr 2000 im Himalaja tödlich verunglückt, bestieg 1995 den K 2, mit 8607 Metern der zweithöchste Berg der Erde, im Alleingang und ohne Sauerstoff aus der Flasche. Zurück in Rawalpindi wurde sie Opfer einer Pressekampagne islamischer Fundamentalisten, die den Sologipfelsieg einer Frau nicht verwinden konnten. Sie landete im Gefängnis und entging nur mit knapper Not einer Vergewaltigung. Die bengalische Schriftstellerin Taslima Nasrin wurde in ihrer Heimat von dem von Mullahs aufgehetzten Mob fast gelyncht, weil sie gleiche Rechte für Frauen forderte. Die Intoleranz reicht von Beschimpfungen des Andersdenkenden über Ausgrenzung, Ausweisung, Inhaftierung und Gehirnwäsche bis hin zur Ermordung desjenigen, dessen Auffassung für den Intoleranten eine unerträgliche Last bedeutet.

Wenn jemand behauptet, die absolute Wahrheit zu besitzen, macht er sich lächerlich. Zwingt er aber alle Menschen, die seiner Macht unterworfen sind, ihn oder seine Lehre anzubeten und die eigene religiöse Überzeugung aufzugeben, entsteht der Ajatollah.

In der DDR mußten die Kinder im Kindergarten und in der Schule das Lied lernen: »Die Partei, die Partei, die hat immer recht.« Ein Lied der Intoleranz, das jeden Regimegegner zum Wahrheits- und Staatsfeind stempelte. Mit Feinden wurde und wird nicht viel Federlesens gemacht.

Der Unterschied zwischen westlicher Denkart und der Geisteshaltung islamischer Fundamentalisten ist, wie Umberto Eco einmal sagte, darin zu sehen, daß die »westliche Kultur die Fähigkeit entwickelt hat, ihre eigenen widersprüchlichen Bedingungen freimütig offenzulegen«. Der

Fundamentalist diskutiert nicht, er schaltet diejenigen aus, die eine andere Meinung haben.

Intoleranz ist aber auch die tägliche Waffe von rücksichtslosen, machtbesessenen, aggressiven, egomanischen Individuen, die im Straßenverkehr, in der Politik und in der Wirtschaft ihre Mitmenschen ins Unglück stürzen und mit Normverletzern kein Erbarmen kennen. Es geht ihnen immer nur um sich selbst und die Unterscheidung von den anderen, den Fremdartigen, in letzter Konsequenz den Abartigen. Wir die Guten – die anderen die Bösen, wenigstens die Schlechteren. Man sieht nicht mehr das Gesicht des anderen, sondern das Weiße in den Augen des Feindes. So auch in der Politik. Intoleranz zerstört mehr und mehr die parlamentarische Demokratie. In den Parteien werden Andersdenkende zu Außenseitern, zu Abweichlern, bestenfalls zu Querdenkern, aber in jedem Fall zu solchen, die eigentlich in die Gemeinschaft der Gleichgesinnten nicht hineingehören. Die Intoleranz reicht in unser persönliches Leben hinein: ob wir mit anderen Geduld haben oder andere ständig kritisieren, mißbilligen, ob wir alles besser wissen. Diese Verhaltensweisen prägen das Leben nicht nur dort, wo es Untergebene und Vorgesetzte gibt, Lehrer und Schüler, sondern auch in Ehen, Familien, Milieus und Vereinen.

In unseren Dörfern, weniger in den Städten, gibt es Normen, nach denen man sich richten muß, und diejenigen, die davon abweichen, fallen auf: György Konrád schreibt in einem Essay zur Premiere von »Intolleranza« in der Deutschen Oper im September 2001:

»Je abstrakter, desto gnadenloser. Wer der Norm huldigt, der wird hinter dem Lenkrad dem säumenden Fußgänger eine Lektion erteilen, indem er, an ihm vorbeirauschend, nicht einmal eine Handbreit Abstand zwischen Blech und menschlichem Körper läßt. Hat er dem Langsamen einen Schreck eingejagt? Das geschieht ihm recht, er soll ruhig erschrecken. Er soll sich hurtig und geschwind an die Regeln halten. Auch die Alten sollen sich beeilen. Wenn sie nicht gleichzeitig denken und schreiben können, dann sollen sie das Denken lassen und lieber die Beine unter den Arm nehmen.«

Kollektive Ideologien haben kollektive Normen, unter die die Menschen gepreßt werden sollen. Auch diese Form der Intoleranz ist geprägt vom Verlust an Rücksicht, Nächstenliebe, Solidarität. Die Norm siegt, der Partei-Egoismus. Diskriminierung wird zum Kennzeichen dieser Gesellschaften – Diskriminierung vor allem von Minderheiten durch Mehrheiten, von kleinen Gruppen durch große Gruppen. Diese Geisteshaltung stand Pate bei den Kreuzzügen, der Ketzerbekämpfung, der Inquisition, auch der Judenpogrome und der Hexenverbrennungen sowie der ethnischen Säuberungen, die zur europäischen Geschichte gehören. Dieser perverse Bazillus ist immer noch nicht verschwunden aus den Köpfen.

Was ist los in unserer Gesellschaft? Kein Deutscher bekommt auch nur einen Euro weniger Lohn oder Rente, weil wir Flüchtlinge aufnehmen. An Silvester 2001 wurden für zwei Milliarden Euro Raketen in die Luft gefeuert, genausoviel wurde 2001 für Asylbewerber aufgewendet. Antisemitismus gäbe es in Deutschland auch, wenn kein Jude bei uns leben würde. 1938 gab es 400 000 Juden, heute 80 000, trotzdem werden jüdische Friedhöfe geschändet. Der Hinweis auf die Dichte oder Zusammensetzung der Bevölkerung wird nur vorgeschoben, wenn es um die Abwehr von Fremden geht. Die Pogrome gegen die Indianer in den Vereinigten Staaten fanden in einem fast menschenleeren Kontinent statt.

Es geht weniger um die Frage, was Wahrheit ist und ob es eine absolute Wahrheit geben kann. Vielmehr müssen die moralischen Strukturen des menschlichen Zusammenlebens betrachtet werden. Welche Gründe können Menschen finden, um andere zu schikanieren, sie zu mobben, sie nicht zu ertragen? Sind es biologische Gründe, genetische Programmierung, wie die Verhaltensforscher es vermuten? Ist es das angeborene Recht des Stärkeren oder der territoriale Imperativ, der beim Menschen an die Stelle des kategorischen treten müsse? Ist es der politische, wissenschaftliche und kulturelle Alleinvertretungsanspruch von Diktaturen? Welche Erscheinungen liegen dem Extremismus zugrunde, dem braunen, roten, grünen und schwarzen? Gibt es überall auf der Welt eine kulturelle und religiöse Intoleranz, die notwendig zum Kampf der Kulturen führt? Wird der Nationalismus auch in Zukunft das Schicksal der Völker bestimmen, so wie in den letzten Jahrhunderten? Wird es gelingen, deutlich zu machen, daß die weltweite Geschlechtsapartheid genauso verwerflich ist wie die Rassenapartheid? Und sind wir bereit, die unterschiedliche sexuelle Veranlagung der Menschen, also auch der Homosexuellen, anzuerkennen?

Neben der Rassen- und der Religionsapartheid ist die Geschlechtsapartheid zur schlimmsten Form der Intoleranz geworden. Zwangsprostitution, Schuldknechtschaft und Beschneidung prägen die Lebensschicksale von vielen hundert Millionen von Frauen. Sexismus ist eine spezielle Form der Intoleranz, die sich vor allem gegen Frauen richtet: durch Gewalt und Vergewaltigung in der Ehe oder Mobbing im Büro.

Sind die Menschen hilflos den Zwängen kapitalistischer Strukturen ausgeliefert, oder können sie sich der Gewalt widersetzen, die aus der Gier der Menschen nach Geld erwächst? Kann politische und staatliche Intoleranz auch bei uns die Freiheit der Künste beeinträchtigen, so, wie das im sowjetischen Realismus oder bei den Nationalsozialisten der Fall war? Wie konnte Musik zum Instrument der Intoleranz werden, wie wir es mit dem rechtsradikalen Rock erleben müssen? Welche Rolle spielt in unserer Gesellschaft die Sprache mit ihrer Fähigkeit, Intoleranz als Waffe zu benutzen, aus Worten Geschosse zu machen, die in der Politik wie in der Liebe Menschen verletzen und töten? Eine Waffe, deren sich auch die Medien bemächtigen. Und wie steht es mit der gesellschaftlichen Intoleranz, wie sie sich zum Beispiel in Indien in den Kasten äußert und bei uns in Gruppensolidarität und Neidexzessen? Und wie können Menschen auf intolerante Gesellschaften reagieren? Viele schauen weg, die Gleichgültigkeit erwürgt die Toleranz. Die Flucht aus der Verantwortung ist weit verbreitet.

Die alles entscheidende Frage ist, ob es Dinge, Inhalte, Werte gibt, die von allen toleriert werden müssen. Die westliche Welt hat im Lauf der Jahrhunderte Vorstellungen von der Unantastbarkeit der Menschenwürde und den daraus resultierenden Menschenrechten entwickelt. Diktatoren, Ajatollahs und Gotteskrieger akzeptieren diese Werte aber nicht, statt dessen verabsolutieren sie ihre speziellen Wahrheiten und glauben – das ist das entscheidende –, diese anderen aufzwingen zu müssen. Nun ist das Glück des Menschen so unterschiedlich, wie die Menschen ihre Probleme lösen, wie sie eigene Wege gehen und eigene Ideale suchen. Ein Stück Brot, eine Schale Reis können reichen, um glücklich zu sein, der Gipfel eines Berges, eine Mozartsonate, die Vollendung eines Buches, eines künstlerischen Werkes, die Liebe zu einem Menschen – »Du schaust mir nach mit nassem Blick und doch welch

Glück geliebt zu werden und lieben, Götter, welch ein Glück.«

Aber das größte Glück besteht wahrscheinlich darin, daß wir nicht wissen – falsch: nicht daran denken, wir könnten sonst kein Glück mehr finden –, daß in jeder Minute, in der wir leben, Zehntausende von Menschen und Tieren sich im tiefsten Unglück befinden, gequält, gefoltert, brutal geschlagen und geschlachtet werden. Wenn wir sie gleichzeitig und an einem Ort hören könnten, würden ihre Schreie alles Leben auslöschen. Das Unglück unserer Zeit ist allgegenwärtig.

Aber heben wir nicht deswegen die Faust gegen Gott! Nicht er hat 13 000 Muslime in Sebrenica getötet, sondern es waren Menschen; nicht er hat 6 Millionen Juden vergast, sondern es waren Menschen; nicht er hat 55 Millionen Soldaten und Zivilisten im letzten Weltkrieg umgebracht, sondern es waren Menschen. Menschen, die anderen Menschen etwas antun. Intoleranz beherrscht das Denken der *Menschen* und ist die Ursache für das Unglück unserer Zeit.

Die Blinden und der Elefant
Intoleranz und Wahrheit

> *Wahrheit diesseits der Pyrenäen ist Irrtum jenseits.*
> Blaise Pascal

> Es gibt keine Freiheit zur Zerstörung der Freiheit.
> *Karl Jaspers*

Intoleranz besteht in der Unfähigkeit, eine andere Meinung oder Hautfarbe zu ertragen. Sie beansprucht das Recht, Gewalt anzuwenden, sollte eine Frau es wagen, in der Öffentlichkeit ihr unverschleiertes Gesicht zu zeigen. Sie betraf Apostaten und Konvertiten mit dem Tod. Der Intolerante muß sich seiner Sache also sehr sicher sein. Nur er vertritt den richtigen Standpunkt, die richtige Religion, die richtige Weltanschauung, das richtige Menschenbild, und weil er sich dessen zweifelsfrei bewußt ist, hat er keine Skrupel, das Existenzrecht anderer Auffassungen und andersartiger Menschen kategorisch zu bestreiten. Je stärker der Wahrheitsanspruch ist, um so wichtiger scheint es zu sein, zu seiner Verteidigung und Durchsetzung Gewalt anzuwenden.

Aber was ist Wahrheit? Wahrheit diesseits der Pyrenäen ist Irrtum jenseits, schreibt Blaise Pascal. Viele Muslime, und nicht nur sie, halten, wie sie sagen, die mörderische Gewalt des globalen Kapitalismus, dem jede Woche 250 000 Kinder durch Verhungern zum Opfer fallen, für den eigentlichen Feind und Zerstörer der Lebens- und Freiheitsrechte der Menschen. Die Frage ist, ob es absolute Wahrheit geben kann und ob der Mensch in der Lage wäre, sie zu erkennen.

Diese Pilatusfrage hat die CDU, die damals (noch) eine gescheite Partei war, für Staat und Politik in ihrem ersten Grundsatzprogramm von 1978 so klar und gut beantwortet, daß ich diese Sätze – sie stammen im wesentlichen von Richard von Weizsäcker – hier zitiere: »Im Streit um den besten Weg muß jeder seinen Standpunkt selbst verantworten. Kein Mensch verfügt über die absolute Wahrheit. Widerstand gilt daher denen, die ihre begrenzten Überzeugungen anderen aufzwingen wollen. Jeder Mensch ist Irrtum und Schuld ausgesetzt. Diese Einsicht bewahrt uns vor der Gefahr, Politik zu ideologisieren.« Aus christlichem Glauben läßt sich kein bestimmtes »politisches Programm ableiten. Aber er gibt uns mit seinem Verständnis vom Menschen eine ethische Grundlage für verantwortliche Politik.«

Aber ist dieses Menschenbild das richtige? Oder haben diejenigen recht, die die Menschen kategorisieren und ihre Wertigkeit von der Hautfarbe, der Rasse, der Religion oder der Klassenzugehörigkeit abhängig machen, wie dies über Jahrhunderte zum Elend der betroffenen Menschen geschehen ist?

Nach Thomas von Aquin ist die Wahrheit die *adäquatio intellectus et rei*, das heißt die Übereinstimmung des urteilenden Denkens mit der Sache. Der Verstand sage vom Seienden, daß es ist, und vom Nichtseienden, daß es nicht ist. Mit dieser klassischen Definition ist aber die Wahrheitsfrage in keiner Weise gelöst.

Die folgende Parabel von den Blinden und dem Elefanten soll Buddha erzählt haben, sie steht heute in indischen Schulbüchern. (Ich gebe sie wieder in der Übersetzung von Helmut von Glasenapp in seinem Buch »Die fünf Weltreligionen«, Seite 439):

Einstmals lebte in Shrávásti in Nordindien ein gewisser König. Der gebot seinem Diener: »Lasse alle Blindgeborenen der Stadt an einem Ort zusammenkommen.« Als dies geschehen war, ließ er den Blindgeborenen einen Elefanten vorführen. Die einen ließ er den Kopf betasten mit den Worten: »So ist ein Elefant.« Andere das Ohr oder den Stoßzahn, den Rüssel, den Rumpf, den Fuß, das Hinterteil, den Schwanz, die Schwanzhaare. Dann fragte er: »Wie ist ein Elefant beschaffen?« Da sagten die, welche den Kopf betastet hatten, »er ist wie ein Topf«. Die das Ohr betastet hatten, »wie ein geflochtener Korb zum Schwingen des Getreides«. Die den Stoßzahn betastet hatten, »wie eine Pflugstange«. Die den Rumpf betastet hatten, »wie ein Speicher«. Die den Fuß betastet hatten, »wie ein Pfeiler«. Die das Hinterteil betastet hatten, »wie ein Mörser«. Die den Schwanz betastet hatten, »wie eine Mörserkeule«. Die die Schwanzhaare betastet hatten, »wie ein Besen«. Und mit dem Rufe: »Der Elefant ist so und nicht so« schlugen sie sich gegenseitig mit den Fäusten zum Ergötzen des Königs.

In dieser Geschichte sind mehrere Einsichten enthalten. Der Mensch kann immer nur einen Teil der Wahrheit erkennen. Er neigt dazu, etwas Einzelnes oder Richtiges zu verallgemeinern. Weil er seinen Teil der Wahrheit für allgemeingültig hält, verurteilt er alle anderen Meinungen als falsch.

Der Mensch ist auch »blind« im dem Sinn, daß er nicht in der Lage ist, eine Tatsache als solche zu erkennen; er erfaßt sie immer nur insoweit, wie sein begrenzter Intellekt und seine begrenzten Sinne es ihm erlauben. Da er noch nicht einmal alle Farben und Töne sehen oder hören kann und deren Qualitäten nur subjektiv empfindet, »gibt es keine Wahrheit an sich, sondern nur eine Wahrheit für ihn« (von Glasenapp).

Diese letzte Erkenntnis ist aber nicht vollständig und bedarf der Ergänzung. Aus der subjektiv erfaßten Wahrheit kann dann eine weitgehend objektive Wahrheit (an sich) werden, wenn alle oder sehr viele Menschen die gleiche Erkenntnis eines Gegenstands haben. Wenn ich eine Holzplatte sehe mit vier Beinen, komme ich zu dem Schluß, daß es sich um einen Tisch handelt. Darin könnte ich mich allerdings auch täuschen, so wenn ich zum Beispiel aus irgendwelchen Gründen nicht sehe, daß diese Platte noch eine Lehne hat, weshalb sie kein Tisch ist, sondern eine Bank. Wenn aber alle Besucher, die zu mir ins Haus kommen, sagen, dies ist ein Tisch und keine Bank, dann ergibt sich aus dieser gemeinsamen Erkenntnis, daß mein erstes Urteil von allen, die den Gegenstand sehen, als richtig bewertet wird.

Wahr oder falsch?

Diese Erkenntnis ist wichtig für die Frage, was in Politik und Gesellschaft richtig ist.

Zunächst einmal ist richtig, daß schon die plausible Aussage: »Alle Menschen sind gleich« bei näherer Betrachtung differenziert werden muß: Zwar haben alle Menschen einen Kopf und sind insoweit gleich, aber nicht alle haben eine weiße Hautfarbe oder können Deutsch. Vollends geht die Wahrheitsfrage unter, wenn aus solchen Aussagen politische Wertungen folgen, zum Beispiel: Alle Menschen haben die gleichen Rechte. Für viele steht unumstößlich fest, daß dies zum Beispiel für Frauen nicht gilt, falls sie überhaupt zur Kategorie »Mensch« gezählt werden. Immerhin versah Albertus Magnus seinen Traktat über die Frauen mit der Überschrift »Quaestiones super de animalibus« und bezeichnete die Frau als »mißglückten Mann« mit einer »defekten und fehlerhaften Natur«.

Das Durcheinander wird komplett, wenn sogar die Aussage 2 x 2 = 4 hinterfragt werden kann. Denn auch Mathematik und Physik sind nicht ohne Widersprüche und kommen zu höchst unterschiedlichen Ergebnissen, je nachdem, welche Axiome den Rechnungen zugrunde gelegt werden. Der Mathematiker Kurt Gödel bewies, daß ein Zahlensystem, das in sich widerspruchsfrei ist, niemals vollständig sein kann. Das bedeutet, daß die Mathematik nie in der Lage sein wird, eine vollständige und gleichzeitig widerspruchsfreie Beschreibung der mathematischen Wirklichkeit zu entwerfen. Ob der Satz des Pythagoras in einer Welt der Quantengravitation und der kosmischen Superstrings elfdimensionaler Räume der thomanischen *adäquatio intellectus et rei* entspricht, ist eher unwahrscheinlich. Sogar die Quantenmechanik ist ins Gerede gekommen, obwohl der Nobelpreisträger Steven Weinberg erklärt, daß sie wahrscheinlich der einzige Teil der heutigen Physik sei, der auch in künftigen Theorien intakt bleiben werde. Sie soll in der sogenannten »kosmologischen Singularität«, das heißt in dem unzeitlichen Punkt vor dem Urknall, nach überwiegender Meinung sowenig eine Rolle spielen wie die allgemeine Relativitätstheorie.

Die Quantenmechanik selbst entzieht sich durch die sogenannte Unschärferelation der thomanischen Wahrheitsdefinition, was heißen soll, daß man nicht mit Gewißheit, sondern nur noch mit Wahrscheinlichkeit voraussagen kann, was ein Lichtquantum tun wird, das sich paradoxerweise gleichzeitig als schnellfliegendes kleines Teilchen und als Welle aufspielt. Weiß man den Ort, kann man die Zeit nicht messen, und umgekehrt. Albert Einstein, der von der streng kausalen Gesetzmäßigkeit allen Geschehens überzeugt war, schrieb in seinem berühmten Brief an den Physiker Max Born – dem Lehrer Werner Heisenbergs und Erwin Schrödingers, die die Unschärferelation entdeckt hatten –, eine innere Stimme sage ihm, daß die Quantenmechanik »doch nicht der wahre Jakob« sei: »Gott würfelt nicht.« Max Born sah in dem Unbestimmtheitsprinzip und der Teilchen-Wellen-Dualität dagegen etwas, das nicht nur in der Physik, sondern in den Naturwissenschaften insgesamt und weit über sie hinaus bei der Beschreibung und Deutung der Natur eine Rolle spielt: nämlich die Unfähigkeit, etwas Ganzes in seiner Vielfalt gleichzeitig zu begreifen. Die von »Zufall und Notwendigkeit« (Jacques Monod) geprägte biologische Evolution vermehrt die fundamentalen Unsicherheiten, mit denen die Naturwissenschaften leben.

In der Philosophie wird das Verhältnis von Denken und Wirklichkeit im Realismus anders gesehen als im Idealismus, der Empirismus beurteilt es anders als der Rationalismus, die Subjektivisten und die Intuitionisten widersprechen den Skeptizisten und Agnostikern.

Wichtiger als der Streit um den Wahrheitsbegriff sind die Kriterien, mit denen wir feststellen können, ob eine Aussage wahr oder falsch ist, ob eine Aussage einer Sache oder der Wirklichkeit entspricht oder nicht. Der Allgemeingültigkeit einer Aussage kommt man näher, wenn ihr ein Konsens der Menschen zugrunde liegt oder wenn wenigstens, was aber gefährlich werden kann, eine Mehrheit, noch besser eine überwiegende Mehrheit der Menschen ihr zustimmt. Dies hilft aber nur dann weiter, wenn alle sich auf dem gleichen Informations- und Wissensstand befinden.

Nichts hindert uns jedoch, sicheren Boden zu gewinnen, nämlich aus Erfahrung klug zu werden und zum Beispiel zu erkennen, daß die Kategorisierung der Menschen nach

Klasse, Rasse, Nation, Religion und Geschlecht in der Vergangenheit zu den schlimmsten Verbrechen und größten politischen Fehlentscheidungen der Menschheitsgeschichte geführt hat. Damit sind wir bei dem am Anfang genannten Menschenbild und bei einer empirisch erfahrenen Wahrheit, die fast Aprioricharakter hat.

Die Deklaration der Menschenrechte in der UNO-Charta geht von dieser Erkenntnis aus. Karl Marx hatte noch erklärt, der Mensch, wie er geht und steht, sei nicht der eigentliche Mensch, er müsse vor allem der richtigen Klasse angehören. Für die Nazis mußte er der richtigen Rasse angehören, für die Nationalisten der richtigen Nation und für die Fundamentalisten der richtigen Religion und dem richtigen Geschlecht. Wenn die Leute das Pech hatten, zur falschen Klasse, Rasse, Nation, Religion oder zum falschen Geschlecht zu gehören, wurden sie liquidiert, vergast, zu Tode gefoltert, in die Luft gesprengt, gesteinigt oder sonstwie ums Leben gebracht.

Es lohnt sich daher, die Frage nach dem richtigen Menschenbild zu stellen und als Antwort vielleicht »die noch nicht überall erwachten Gedanken Gottes« (Robert Musil) zu finden. Dieses Menschenbild kann sich offenkundig nicht aus einem Abklatsch der eben dargestellten Menschenbilder ergeben, sondern nur aus ihrem Gegenteil. Das heißt, der Mensch, wie er geht und steht, ist der eigentliche Mensch mit einer unantastbaren Würde, und zwar unabhängig davon, ob er Mann oder Frau ist, jung oder alt, krank oder gesund, voll leistungsfähig oder behindert, ob Deutscher oder Ausländer, Weißer oder Schwarzer, Christ oder Jude.

Diese Erkenntnis ist das Erbe der Aufklärung und hat natürlich erhebliche politische Folgen für die Ordnung, in der die Menschen zusammenleben. Die konkreten Wirkungen dieser Wahrheit kann sich jeder an den eigenen fünf Fingern abzählen. Dies gilt für die Ausländerpolitik genauso wie für die Gesundheitspolitik. Für letztere verbietet dieses Menschenbild zum Beispiel, daß Menschen, die älter sind als achtzig Jahre, keine Bypaßoperation, kein künstliches Hüftgelenk und keine Dialyse mehr bekommen, es sei denn, sie hätten genug Geld, um die ärztlichen Leistungen aus der eigenen Tasche zu bezahlen; so die Praxis in England. Das ist eine massive Form staatlicher Intoleranz.

Der Philosoph der Intoleranz gegenüber Kranken, Armen und Schwachen war Friedrich Nietzsche, auch wenn er sich natürlich dagegen wehren würde, dafür in Anspruch genommen zu werden. Er erleidet das Schicksal aller Philosophen, die es mit ihren Theoriekonstrukten gut gemeint haben. Irgendwann kommen Leute daher, die alles für bare Münze nehmen und, meist vereinfacht, in die Praxis umsetzen, was die Gelehrten nur gedacht haben. Die Konstruktion des Übermenschen stand Pate beim Rassenwahn Hitlers und spukt heute in den Phantasien der Gentechnikmystagogen herum, die die Reproduktion des Menschengeschlechts auf das Klonen von überdurchschnittlich begabten Menschen beschränken wollen. Nietzsche schuf ein gewaltiges Arsenal von Begründungen für intolerantes Verhalten derjenigen, die mächtiger und stärker sind als andere, für diejenigen, die die Macht verabsolutieren, für die die Trennung von Gut und Böse ein alter Wahn ist, für die Krieg, Kampf, Haß, Härte und Gehorsam die Grundwerte des Lebens sind und die als körperlich und geistig Starke beanspruchen, alles vernichten zu dürfen, was mittelmäßig und schwach ist. Das ist die Gegenposition zur Botschaft des Evangeliums, die Nietzsche konsequent als »Sklavenaufstand in der Moral« bezeichnet hat.

»Einwanderungsland«

Das Problem der Wahrheitsfindung kann man auch an dem Satz erkennen, den die Unionsparteien schon seit zwei Jahrzehnten wie eine Standarte vor sich hertragen: »Deutschland ist kein Einwanderungsland.« Ob dieser Satz richtig ist, hängt davon ab, was man unter Einwanderungsland versteht. Meint man damit ein Land, in dem regelmäßig über Jahre hinweg mehr Menschen einwandern als auswandern, dann ist Deutschland pro Kopf der Bevölkerung das größte Einwanderungsland der Welt. Versteht man unter Einwanderungsland einen Staat, der gezielt Einwanderung will, zum Beispiel weil er Einwanderung nötig hat und diese nach bestimmten Kriterien betreibt, dann hängt die Frage, ob Deutschland ein Einwanderungsland ist, davon ab, ob die deutsche Politik in diesem Sinn Zuwanderung ermöglicht und organisiert. Daß Deutschland im Sinn der ersten Definition ein Einwanderungsland ist, kann nur derjenige bestreiten, der Fakten ignoriert. In Deutschland sind seit zwei Jahrzehnten pro Kopf der Bevölkerung mehr Menschen eingewandert als in den klassischen Einwanderungsländern USA, Kanada oder Australien. Aber auch im Sinn der zweiten Definition ist Deutschland ein Einwanderungsland, was die Notwendigkeit der Green Card, der bayerischen Blue Card und anderer Einwanderungskontingente für Arbeitnehmer in der Landwirtschaft, im Hotel- und Gaststättengewerbe und den Krankenhäusern beweist.

Der Satz von Blaise Pascal »Wahrheit diesseits der Pyrenäen ist Irrtum jenseits« hat innerhalb Europas in den grundlegenden Fragen seine Berechtigung verloren. Hochaktuell ist allerdings die mediterrane Variante: Wahrheit diesseits des Mittelmeeres ist Irrtum jenseits oder umgekehrt. Aber warum soll man nicht die begründete Hoffnung haben, daß die beiden schönen Schwestern zusammenfinden, Europa und Asien, daß das, was diesseits und jenseits der Pyrenäen erreicht werden konnte, nämlich eine gemeinsame Auffassung über den Menschen, seine Würde und seine Rechte, nicht auch eines Tages erreicht werden kann zwischen den Menschen und den Religionen, die um das Mittelmeer herum seit Jahrtausenden beheimatet sind.

Die Wahrheit ist unser höchstes Gut, laßt uns sparsam damit umgehen, sagt Lichtenberg. Für das meiste im menschlichen Leben brauchen wir keine allgemeinverbindlichen Aussagen, erst recht nicht von höchster staatlicher Stelle. Essen, Mode, Design, Frisuren, Hobbys, Reisen, Wohnungen, die Künste, sie alle müssen so vielfältig wie möglich bleiben. Es sind nur wenige Einsichten, die die Menschen nicht umstoßen sollten: die Menschenrechte, vielleicht auch die Überzeugung, daß die Demokratie nicht die beste aller schlechten Herrschaftsformen ist, sondern die beste aller Herrschaftsformen. Ob die Riester-Rente richtig ist oder nicht, gehört nicht zu den Kategorien thomanischer Wahrheitsfindung.

Aber neuen Wahrheiten darf man sich nicht verschließen. Zum Beispiel, daß der Kapitalismus genauso falsch ist wie der Kommunismus, was gelegentlich vor allem in Ostdeutschland noch auf Widerspruch stößt. Jede Wahrheit tritt zuerst als Irrlehre in die Welt, denn die Welt ist immer von gestern, sagt Egon Friedell. Und deswegen ist es oft nur eine Frage der Zeit, bis aus einem Irrtum die Wahrheit wird. »Wenn ihr eure Türen allen Irrtümern verschließt, schließt ihr die Wahrheit aus«, sagt der indische Dichter Rabindranath Tagore. »Stets unterwegs und auf der Jagd zu sein«, so Michel de Montaigne, »ist unsere eigentliche Aufgabe (...), denn wir sind zwar geboren, der Wahrheit nachzuspüren, einer größeren Macht aber bleibt es vorbehalten, diese zu besitzen. Sie liegt nicht, wie Demokrit sagt, in tiefen Abgründen verborgen, sondern ruht in der unendlichen Höhe göttlicher Allwissenheit.« Die letzten Wahrheiten müssen wir dort liegen lassen: die Fragen nach Gott und dem Leben nach dem Tod ebenso wie das Geheimnis der Gödelschen Antinomie, die Heisenbergsche Unschärferelation und die Frage nach den physikalischen Verhältnissen der kosmischen Singularität. Nicht liegen lassen darf man die vorletzten Wahrheiten, nämlich die Erkenntnis der Allgemeingültigkeit der Menschenrechte, die Gleichberechtigung von Mann und Frau, die Glaubens- und Gewissensfreiheit, die Informations- und Pressefreiheit.

In Artikel 1 der Menschenrechtserklärung der Vereinten Nationen vom 10. Dezember 1948 heißt es: »Alle Menschen sind frei und gleich an Würde und Recht geboren. Sie sind mit Vernunft und Wissen begabt und sollen einander im Geiste der Brüderlichkeit begegnen.« Es gibt inzwischen Verträge, in denen sich die Vereinten Nationen zum Schutz der Menschenrechte verpflichten. So wurde die Wiener Erklärung vom 25. Juni 1993 von 171 Staaten angenommen. Auch wenn einige Staaten sagen, diese Dokumente seien für sie völkerrechtlich nicht bindend, so können selbst China oder der Iran nicht bestreiten, daß es einen weltweiten Konsens über die Richtigkeit des Schutzes der Menschenrechte gibt. Dies ist von entscheidender Bedeutung für die Frage, was richtig und falsch, gut und böse, wahr und unwahr ist. Solche Beschlüsse haben weltweit eine große psychologische Wirkung, vor allem können sich Opfer von Menschenrechtsverletzungen darauf berufen.

Intoleranz gegen die Intoleranten

Nach dem Machtantritt der Nazis 1933 ist im literarischen Untergrund Max von Schenkendorfs Vers von 1813 »Freiheit, die ich meine« weitergedichtet und verbreitet worden:

»Welche meinst du?, sprich:
Deine oder meine,
Darum dreht es sich.«

Gibt es eine Freiheit für die Zerstörer der Freiheit? Die göttliche Schwester Eleutheria hat Xerxes' Wagen umgeworfen. Intoleranz wird zur Tugend, ja sogar zur Verfassungspflicht, wenn die universellen Menschenrechte zerstört werden sollen. Nach Artikel 20 des Grundgesetzes haben alle Deutschen – sogar mit Ewigkeitsgarantie nach Artikel 79, Absatz 3 – das Recht, Widerstand zu leisten gegen alle, die es unternehmen, die verfassungsmäßige Ordnung zu beseitigen, zu der an erster Stelle die Unantastbarkeit der Würde des Menschen und der daraus resultierenden Menschenrechte gehört. Diese verfassungsrechtliche Intoleranz richtet sich auch gegen Vorstellungen islamistischer Gruppen in der Bundesrepublik, die Grundrechte, etwa die Religions- und Gewissensfreiheit oder die Gleichberechtigung der Frau, ganz oder teilweise beseitigen und gottesstaatliche Strukturen und Parallelgesellschaften entwickeln wollen.

Toleranz gegenüber jeder Form des Fundamentalismus wäre im übrigen auch ein Beweis des Mißtrauens gegenüber den eigenen Idealen und darf nicht, wie Konfuzius es einmal ausgedrückt hat, zur Tugend des Mannes werden, der keine Überzeugungen hat.

Der Jesuit Molina hat die Grundsätze der Intoleranz gegenüber Leuten wie Milošević, Saddam Hussein, Osama bin Laden schon im 17. Jahrhundert in seinem Werk »De iustitia et iure« beschrieben. Ob Staatsführer, Präsidenten, Könige, Kanzler umgebracht werden dürfen, ob gegen den eigenen Staat rebelliert oder gegen »Schurkenstaaten« Gewalt angewendet werden darf, ist zu einer zentralen Frage der politischen Moral, des Völkerrechts, des Verhältnisses von Ethik und Politik geworden. Molina kam zu dem Ergebnis, daß unter bestimmten Umständen die Ermordung des Tyrannen erlaubt sein müsse. Diese Weisheit mußte der Jesuitenorden bitter büßen. Die europäischen Fürstenhäuser, die Bourbonen an vorderster Stelle, ruhten nicht, bis der Papst 1773 den Orden verboten hatte. Einigen Herrschern hat es nichts genutzt. Schon zwanzig Jahre später wurde der Bourbonen-König Ludwig XVI. in Paris geköpft.

Durfte Stauffenberg am 20. Juli 1944 unter dem Kartentisch des »Führers« eine Bombe plazieren in der Gewißheit, daß ihre Zündung auch unschuldige Menschen töten oder verletzen würde? Durften revolutionäre Bewegungen in Mittelamerika unterstützt werden, die gegen staatliche Macht und Gewalt und deren Repräsentanten selbst Gewalt anwendeten? In der evangelischen Kirche wurde lange Zeit Geld für die Guerilla in El Salvador oder für die Sandinisten in Nicaragua gesammelt; war dies zulässig?

Molina nannte drei Voraussetzungen für die Rechtmäßigkeit eines Tyrannenmords: Die Herrschenden müssen sich schwerer Verbrechen gegen die Menschlichkeit schuldig gemacht haben. Die Gewaltanwendung gegen sie muß die Ultima ratio sein, das heißt, eine Ablösung des Unrechtsregimes mit friedlichen Mitteln, zum Beispiel durch Wirtschaftsblockade oder Diplomatie, ist nicht zu erreichen. Und es muß eine begründete Erwartung geben, daß sich nach dem Sturz des Regimes oder der Tötung des Gewaltherrschers die Lage für die Menschen verbessert.

Heute würden wir sagen: Es muß mit der Gewaltanwendung eine politische Lösung verbunden sein. Diese Kriterien sind auch für militärische Interventionen gegenüber Staaten brauchbar. Das Manko der Kosovo-Intervention bestand darin, daß zunächst keine politische Lösung in Sicht war, sie wurde nachgereicht. Sie ist auch in Mazedonien und Afghanistan die Voraussetzung für die moralische Rechtfertigung der Militäraktionen. Intoleranz gegen Unrecht führt nicht zum Unglück der Menschen, sondern zu ihrer Befreiung.

Bertolt Brecht läßt die heilige Johanna der Schlachthöfe sagen:

»Denn es ist eine Kluft zwischen oben und unten, größer als
Zwischen dem Berg Himalaja und dem Meer
Und was oben vorgeht
Erfährt man unten nicht
Und nicht oben, was unten vorgeht
Und es sind zwei Sprachen oben und unten
Und zwei Maße zu messen
Und was Menschengesicht trägt
Kennt sich nicht mehr.
(...)
Die aber unten sind, werden unten gehalten
Damit die oben sind, oben bleiben.

Und der Oberen Niedrigkeit ist ohne Maß
Und auch wenn sie besser werden, so hülfe es
Doch nichts, denn ohnegleichen ist
Das System, das sie gemacht haben:
Ausbeutung und Unordnung, tierisch und also
Unverständlich.
(...)
Darum, wer unten sagt, daß es einen Gott gibt
Und ist keiner sichtbar
Und kann sein unsichtbar und hülfe ihnen doch
Den soll man mit dem Kopf auf das Pflaster schlagen
Bis er verreckt ist.
(...)
Und auch die, welche ihnen sagen, sie könnten sich erheben
   im Geiste
Und steckenbleiben im Schlamm, die soll man auch mit den
   Köpfen auf das
Pflaster schlagen. Sondern
Es hilft nur Gewalt, wo Gewalt herrscht, und
Es helfen nur Menschen, wo Menschen sind.«

Mit dem Kopf auf das Pflaster schlagen, bis er verreckt ist?
Leicht schlägt die Intoleranz gegen den Terror um in terroristische Intoleranz. Der revolutionären Intoleranz gegen Gewaltregime folgte in der Geschichte oft die Etablierung einer neuen terroristischen Intoleranz. Robespierre und Lenin, Mao und Fidel Castro sind dafür Kronzeugen. Die Intoleranz gegen den Terrorismus kann auch zur Intoleranz gegen das eigene Volk werden. Rasterfahndung und Sondergerichte verändern den Rechtsstaat und verschaffen den Terroristen einen nachträglichen Triumph.

    Überhaupt: Wer ist ein Terrorist? Die eisenfressenden Wächter der inneren Sicherheit sind nicht in der Lage, diesen Begriff genau zu bestimmen, weder in der Europäischen Union noch in Deutschland. Bei einer Diskussion im sprachwissenschaftlichen Zentrum der Universität Mainz in Germersheim – der größten Einrichtung ihrer Art in Europa, in der über 2000 Studenten, vornehmlich aus dem Ausland, studieren – sagte ein iranischer Student, er sei vor den Ajatollahs nach Deutschland geflohen, weil er das Regime ablehne und bekämpfe. Er habe auch Asyl bekommen. Aber in den Augen der Mullahs sei er ein Terrorist, und er fürchte sich seit dem 11. September vor der deutschen Polizei, von der er nicht wisse, was sie mit ihm mache. Ein anderer stand auf und sagte, in Deutschland werde viel über Angst geredet, er wolle einmal sagen, wovor er Angst habe: Wenn er den Fernseher anmache und Otto Schily sehe.

Damit tut er Otto Schily Unrecht. Aber in den USA haben die Anschläge eine Hysterie verursacht. Christliche Fundamentalisten wie Justizminister John Ashcroft schaffen rechtsstaatliche Grundsätze ab, indem sie etwa Sondergerichte einführen. Auch wird von rechtsstaatswidrigen Übergriffen der Polizei berichtet. Zu welchen Exzessen die nach innen gerichtete Intoleranz auch in einem Rechtsstaat führen kann, mag folgende Geschichte der Geschäftsführerin des Coffeeshops im Auswärtigen Amt in Berlin verdeutlichen, die sie in einem Interview mit dem »Süddeutsche Zeitung Magazin« Anfang 2002 berichtete:

»Ich bin mit meinem Geschäftspartner Frank Brod im vergangenen Oktober beruflich durch die USA gereist. Der letzte Flug ging von Miami nach Boston, danach wollten wir nach Hause. Dazu kam es leider nicht.

Wieso? Was ist passiert?

Bei einem Zwischenstop am Dulles International Airport in Washington wurde unser Handgepäck zum vierten Mal auf diesem Flug überprüft. Die Zollbeamtin leerte mehrere Kosmetikbeutel von mir komplett aus, als letztes war mein Wäschebeutel an der Reihe. In den 25 Fächern war jeweils ein Slip, die zog sie alle einzeln raus. Als sie beim vorletzten Fach angelangt war, habe ich nur gefragt: ›Glauben Sie wirklich, daß Sie in diesem Beutel eine Bombe finden werden?‹

Und genau diese Frage wurde Ihnen zum Verhängnis?

Richtig. Ich wurde festgenommen wegen falscher Informationen über eine Bombe, bekam Handschellen angelegt und wurde in ein Bezirksgefängnis gebracht. Wenn ich etwas sagen wollte, hieß es nur ›Don't talk to me!‹ Vor fünf Beamten mußte ich mich komplett ausziehen, und dann jagte mir auch noch jemand wortlos eine Spritze in den Arm – erst später erfuhr ich von einer Frau, daß es ein Tbc-Test war. In der Zelle lagen wir zu viert auf dem Boden, über den das Ungeziefer krabbelte. Schlafen mußten wir in stark verschmutzen Decken.

Am nächsten Tag kamen Sie frei und sollten am Flughafen Ihr Handgepäck abholen.

Ein Vorwand. Denn dort erwarteten mich zwei FBI-Beamte, die mich verhafteten, um mich vor das Bundesgericht zu stellen.

Sind Sie nicht langsam durchgedreht?

Ich habe mich selbst gezwungen, ruhig zu bleiben. Das war meine einzige Chance. Nach einer weiteren Nacht im Gefängnis kündigte mir der Bundesrichter einen Verhandlungstermin drei Wochen später an. Ich durfte das Land nicht verlassen, konnte aber im Hotel wohnen. Weil der deutsche Botschafter sich für mich einsetzte, war die Staatsanwaltschaft bereit, mir einen Handel anzubieten. Sie stuften meinen Fall auf ein ›Fehlverhalten‹ herunter, dafür mußte ich mich schuldig bekennen und tausend Dollar bezahlen – war aber sofort frei.

Hätten Sie sich nicht denken können, daß Ihre Frage so kurz nach den Terroranschlägen nicht besonders gut ankommt?

Ich habe mir danach oft gedacht: Das Wort ›Bombe‹ zu benutzen war sicher nicht sehr schlau. Ich hätte ja auch sagen können: ›Glauben Sie, das ist notwendig?‹

Ist das auch eine Frage des unterschiedlichen Humors?

Wahrscheinlich. Ich glaube nicht, daß die Amerikaner Sinn für Ironie haben.

Was war im nachhinein das Unglaublichste für Sie?

Kein Richter, kein Staatsanwalt hat mich nach meiner Version der Geschichte gefragt. Man ist schuldig, bis man seine Unschuld beweisen kann. Ich hatte das Gefühl, dieser Fall sollte nach den Terroranschlägen zu einem Politikum werden, beweisen, daß die Sicherheitskontrollen in den Staaten lückenlos sind.

Was sie nicht sind. Manche finden es lustig, Scheren im Handgepäck zu schmuggeln.

Die Leute, die das Gepäck kontrollieren, sind unterbezahlt und einfach nicht qualifiziert. Da müssen sie hin und wieder mit blindem Aktionismus auffallen.

Auf Amerika ist Ihnen erst mal die Lust vergangen?

Ein Urlaub dort würde mir keinen Spaß mehr machen.

Da bleiben Sie lieber in Ihrem Coffeeshop im Auswärtigen Amt?

Ja, dort treffe ich auch viele spannende Menschen. Joschka Fischer schaut ab und zu vorbei. Seit ich wieder da bin, habe ich ihn noch nicht getroffen, aber ich würde ihm die Geschichte gern mal persönlich erzählen.«

Wenn die westlichen Demokratien die Definitionsmacht über die Frage, wer Terrorist ist, den Unrechts- und Schurkenstaaten überlassen, dann muß der Dalai Lama, wenn er nach Deutschland kommt, sofort an Peking ausgeliefert werden, da er in den Augen der kommunistischen Führung in China ein Terrorist ist. Das gleiche gilt für die Schwarzen im Sudan in den Nubabergen, die sich mit Waffengewalt gegen ihre Versklavung durch die Araber in Khartum wehren, in deren Augen sie aber Terroristen sind. In Wirklichkeit sind sie Freiheitskämpfer.

Das Kriterium sind immer die Menschenrechte. Wer sich in seinem Land einsetzt für die Durchsetzung der Menschenrechte oder sogar der Demokratie, ist, wenn die Gewaltanwendung die Ultima ratio darstellt, kein Terrorist, sondern ein Freiheitskämpfer. Intoleranz gegen Intoleranz; was das bedeutet, darf man nicht der Polizei oder den Innenministern allein überlassen, auch nicht in den westlichen Demokratien. Die göttliche Schwester Eleutheria muß es entscheiden. Sonst geben schnell andere Geister verführerische Antworten. Jemanden mit dem Kopf so lange auf das Pflaster zu schlagen, bis er verreckt ist, wie Bertolt Brecht es empfiehlt, findet bei Rechtsradikalen sicher großen Zuspruch, denn Führung tut not, nicht demokratisches Gequatsche, dazu noch in der Öffentlichkeit. Nein, einer soll sagen, wo es langgeht. Es muß ja nicht der Kopf auf das Pflaster gedroschen werden, es reicht, wenn die falschen Gedanken, die in einem solchen Kopf entstehen, verboten werden. Und ist Intoleranz nicht auch die Sache der Natur, das Recht des Stärkeren?

In meinem Buch »Wo ist Gott?« habe ich die Frage gestellt, warum jemand Rücksicht nehmen soll auf andere und ihre Meinungen, wenn dies seinen Interessen zuwiderläuft. Warum soll ich Flüchtlinge aus anderen Ländern aufnehmen, die nur Geld kosten? Warum sollen Embryonen nicht zu Forschungszwecken verwendet werden oder auch Demenzkranke und andere Menschen, die einwilligungsunfähig sind? Warum sollen Kinder nicht abgetrieben werden, wenn sie zum Beispiel, wie es in Indien geschieht, Mädchen sind oder sonstwie nicht den Vorstellungen ihrer Eltern entsprechen?

Man kann noch weitergehen: Warum sollen Machthaber, Verbrecher, Manager von Großkonzernen, bestimmte Gruppen, die sich auf Mehrheiten stützen können, oder Nationen nicht machen dürfen, was sie wollen, nicht gegen die Menschenrechte handeln, wenn das in ihrem Interesse ist? Warum sollen Unternehmensvorstände für eine Erhöhung der Kapitalrendite um vier Prozent nicht die wirtschaftliche Existenz von 10 000 Menschen vernichten?

Die Verankerung des Schutzes der Menschenrechte im allgemeinen Konsens der Völker und Staaten dieser Erde ist ein gewaltiger Fortschritt auf dem Weg zu einer toleranten Gesellschaft, aber der Konsens ist immer noch brüchig, vor allem im Zeitalter des globalen Kapitalismus. Eigentlich müßte es eine dem Menschen übergeordnete Instanz geben, die von keinem Parlament und von keiner Regierung, aber auch von keiner Ideologie oder Philosophie manipuliert und abhängig gemacht werden könnte. Eine Instanz, die vom Menschen unabhängig ist und in der die menschliche Würde und die daraus resultierenden Menschenrechte verankert sind. Hans Küng sagt es etwas grundsätzlicher: Die Unbedingtheit eines ethischen Anspruchs wie des der Menschenrechte läßt sich nur aus etwas Unbedingtem begründen, aus einem Absoluten, aus etwas, das nicht der Mensch als einzelner oder die menschliche Gemeinschaft insgesamt sein kann, sondern eben, so kann man es nennen, Gott. Immanuel Kant war der Auffassung, daß man mit der reinen Vernunft Gott nicht beweisen könne. Aber er sagt, daß die praktische Vernunft, also die Erkenntnis, daß ein geordnetes Zusammenleben der Menschen ohne Moral nicht möglich ist, die Existenz Gottes fordert. Nur eine Begründung der Moral in Gott begründet den unverletzlichen Wert, die unantastbare Würde und die Freiheit jedes Menschen, die eine freiheitliche Gesellschaft einfach voraussetzen muß, wenn sie nicht im Chaos untergehen oder im Totalitarismus enden will. Gott also als Postulat der praktischen Vernunft, als Ergebnis einer empirisch erfahrenen Wahrheit, als ideeller Garant einer sich an der Würde des Menschen und an den Menschen orientierenden Friedensordnung. Ein solches gemeinsames Weltethos müßten die Weltreligionen leisten, so, wie Hans Küng dies schon seit langer Zeit fordert, anstatt sich gegenseitig zu bekämpfen und nicht die Menschenwürde, sondern die Intoleranz zur Begründung ihrer Existenzberechtigung zu machen.

Eppur si muove
Über Religion

Eos im Safrangewand erleuchtete rings nun die Erde,
als der Donnerer Zeus die Unsterblichen rief zur Versammlung
auf den obersten Gipfel des vielgezackten Olympos
selbst nun begann er den Rat; und die Himmlischen horchten
ihm alle.
Homer, Ilias, achter Gesang

Der Mensch begegnet, seit er existiert, fast tagtäglich einer Welt von Rätseln und versucht immer wieder, sie zu lösen. Die Neugierde, die Mutter der Philosophie, treibt ihn an, hinter die Dinge zu kommen, die Rätsel zu hinterfragen. Und es ist ihm auch im Lauf der Geschichte gelungen, vieles zu entdecken und zu erklären, was früheren Generationen als großes Geheimnis erschienen war.

Über Jahrtausende galten die hohen Berge als die Behausungen der Geister und als Sitz der Götter. Sie waren der Ursprung vieler Ängste der Menschen, die die in den Bergen geltenden Naturgesetze nicht verstanden. Wakan Tanka, das große Geheimnis, nennen die Lakotaindianer den über Büschelgras und Salbei in den Himmel gewachsenen Monolithen, der bei den Weißen Devil's Tower heißt.

»Kennst du den Berg mit seinem Wolkensteg?«, fragt Mignon ihren Retter auf dem Weg nach Italien im »Wilhelm Meister«. »Im Nebel zieht das Maultier seinen Weg, in Höhlen haust der Drachen alte Brut, es stürzt der Fels und über ihn die Flut.«

Inzwischen ist der Olymp längst bestiegen, Gotthard- und Montblanc-Tunnel bohren sich zwanzig Kilometer durch das Urgestein der Alpen. Und manchmal scheint es,

als liege der Fluch der Götter auf der sakrilegischen Vergewaltigung der Erde.

Nicht in allen Kontinenten sind die heiligen Berge der
Zivilisation zum Opfer gefallen. Der Illimani, der eisige
Palast der Götter in den Anden, Afrikas Kilimandscharo,
die Wiege der Menschheit, Japans Fuji, der schönste
und symmetrischste Berg der Welt, sind längst entweiht,
aber der Kailas, der heiligste Berg der Erde, den die Tibe-
ter Gang Rimpoche, Juwel der Schneeberge, nennen, ist
noch nie bestiegen worden. Selbst die chinesischen Kommunisten waren nicht so intolerant, seinen Gipfel zu
berühren.

Die Nachkommen der vor 300 Jahren aus England nach
Australien deportierten Sträflinge haben solche Hemmun-
gen nicht. Die Australier lassen Zehntausende von Touri-
sten, vor allem Japaner, gegen Gebühren im Gänsemarsch
den Ayers Rock, den Uluru in der Sprache der Aborigines,
besteigen und kümmern sich nicht um die Proteste der 200
Jahre lang rassistisch verfolgten Ureinwohner, die darum
bitten, ihre heilige Kultstätte nicht zu schänden. Im austra-
lischen Internet tobt ein Krieg um Toleranz und Intoleranz
gegenüber einer über zehntausend Jahre alten Naturreli-
gion und Stammeskultur der schwarzen Ureinwohner, die
seit der britischen Besitzergreifung durch Captain James
Cook von den Weißen fast vernichtet worden sind und erst
jetzt wieder eine allmähliche Renaissance erleben.

Glaubenskämpfe

Helmuth von Glasenapp, der große Religionswissen-
schaftler und Indologe, den ich noch als Student in
Tübingen erlebt habe, wies in seinem Standardwerk
»Die fünf Weltreligionen« darauf hin, daß die Reli-

gionen der geschichtlichen Gottesoffenbarung intoleranter sind als die des ewigen Weltgesetzes, also die Konfuzianer, Taoisten, Buddhisten und Hindus, und dies sei kein Zufall. »Denn wenn jemand annimmt, daß dieses einmalige irdische Dasein für das ewige Schicksal des Menschen entscheidend sei und daß in absehbarer Zeit das Weltgericht hereinbrechen werde, dann wird er eifriger darum bemüht sein, das, was er für richtig und heilbringend hält, zu verbreiten, als wenn er an seine stufenweise Läuterung innerhalb des ewigen Weltprozesses glaubt, während dessen die unbekehrten sich noch bekehren können.« Die Geschichte des Christentums und des Islam kenne deshalb zahlreiche Glaubenskämpfe, Verfolgungen Andersgläubiger und Inquisitionsprozesse. Obwohl die »Heiligen Kriege« der Muslime unzähligen Christen, Juden und Heiden das Leben gekostet haben, seien im großen und ganzen die Moslems doch von größerer Duldsamkeit gewesen als die Christen, da sie nicht alle Unterworfenen nötigten, ihren Glauben anzunehmen, sondern den »Schriftbesitzern« die Ausübung ihrer Religion gestatteten.

Das tiefe menschliche Bedürfnis, die Wirklichkeit zu erforschen und sagen zu können, was wahr ist, hat uns in die Lage versetzt, Erkenntnisse zu gewinnen, die noch vor hundert Jahren unvorstellbar waren: Es gelang den Menschen, hinter den irdischen Mond zu schauen, obwohl er der Erde immer nur seine Vorderseite zeigt, es gelang, in die Mikrowelt der Protonen, Neutronen, der Antiteilchen, der Quarks, Antiquarks und Gluonen, der Elektronen und

Myonen einzudringen, mit der Planck-Zeit von 10 hoch minus 43 Sekunden, dem absolut kleinsten Zeitintervall, zu messen, aber auch die Kontinente zu erforschen und auszubeuten und in höchste Höhen und tiefste Tiefen vorzudringen.

Einen anderen Weg gehen diejenigen, denen die wissenschaftlichen Erkenntnisse entweder nicht genügen oder die ihnen mißtrauen, die nicht in der Lage sind, mit den Widersprüchlichkeiten der menschlichen Natur, der Schöpfung überhaupt zu leben und deshalb seit Jahrtausenden eine Erklärung nicht durch die »Physik«, sondern durch die »Metaphysik« bekommen. Der forschende Verstand konnte zwar Schritt für Schritt ein Rätsel nach dem anderen lösen, aber er stieß dabei auf immer neue Rätsel. Die Halbwertzeit des Wissens ist inzwischen bei fünf Jahren angelangt, die Fülle des Wissens scheint nahezu unbegrenzt zu werden. Die Zahl der neuen Fragen, aber auch die Restgeheimnisse vermehren sich, wie Steven Weinberg es formulierte. Diejenigen, die den Weg der Transzendenz gehen, gelangen durch den Glauben an Gott zu einer Heilsgewißheit, die sich die allermeisten, wie die Islamisten, durch nichts erschüttern lassen. Ja, sie wehren sich notfalls sogar mit Gewalt gegen alles, was sie von ihrem Glauben abzubringen droht. Schließlich stieße der Mensch immer wieder an seine Grenzen – heißt es bei den Gläubigen jeder Couleur –, möge er sich ausdenken, was er wolle, überall entstünden weitere Widersprüche, es zeigten sich immer mehr Dinge, die der Mensch nicht begreifen könne und die den Horizont des Menschen überstiegen. Sie ziehen daraus den Schluß, daß der Mensch mit dem Verstand nicht weiterkomme, wenn es um die Beurteilung der letzten Dinge gehe. Mit dem Verstand immer weiter zu forschen, nach Gott zu suchen, sei nichts anderes als mangelnde Bescheidenheit, ein hypertropher Hochmut. Diese Gläubigen machen den ganz großen Sprung, lassen alles hinter sich und glauben an Gott, befreien sich von allen Zweifeln, die ohnehin zu nichts führten. Gott sei so groß, daß ihn die menschliche Vernunft nie begreife, und deswegen könne man an ihn nur glauben.

Sollte er sich verbrennen lassen?

Einen dritten Weg zu gehen, nämlich mit dem Verstand Gott zu suchen, aber gleichzeitig an ihn, sozusagen vorweggenommen, zu glauben, kennzeichnet die abendländische Philosophie seit den ersten Kirchenvätern. Allerdings hatte die Theologie immer den Vorrang vor der Philosophie. Das Verhältnis zwischen philosophischer Erkenntnis und theologischem Glauben bestimmten die alten Väter und Scholastiker, indem sie sagten, der Glaube sei eine psychologische Hilfe *(forma psychologica)*, die darin bestehe, daß der Glaube von vornherein den richtigen Weg des Denkens weise, also unnötige Irrwege verhindere, und sozusagen eine Art Geländer darstelle, das uns hindere, durch falsches Denken in den Abgrund des Unglaubens zu stürzen *(forma negativa)*.

Bis zur Aufklärung dominierte die durch den Glauben gewährleistete geistige Sicherheit. Sie wurde in den Regionen und Zeiten, in denen der Glaube Bestandteil der Rechtsordnung der Staaten war, durch den Staat, das heißt auch durch die Polizei und die Gerichte, geschützt. Staat und Religion glaubten sich im Besitz der Wahrheit, und der menschliche Verstand hatte nur die Möglichkeit, sich innerhalb des vom Glauben gewährten Spielraums zu betätigen. Überschritt ein Mensch diese Grenze, wurden Sanktionen verhängt, er bekam die religiöse Intoleranz zu spüren. Schon in der Antike mußte Sokrates den Schierlingsbecher trinken, weil er behauptet hatte, nicht Zeus und die anderen Götter brächten den Regen, sondern die Wolken. Die Athener verurteilten ihn zum Tod, nachdem sie Eleutheria für kurze Zeit aus der Stadt vertrieben hatten.

Der prominenteste Fall dieser radikalen Form religiöser Intoleranz spielte sich 2000 Jahre später ab, als Galileo Galilei behauptete, Kopernikus habe recht und das ptolemäische Weltbild sei falsch, also die Vorstellung, daß sich die Sonne um die Erde drehe. Vielmehr drehe sich die Erde samt den anderen Planeten um die Sonne. Er wurde von der Inquisition zum Tod verurteilt. Er entging dem Schicksal des Sokrates nur, weil er seine naturwissenschaftlich begründete Erkenntnis widerrief. Der Widerruf wurde auch nicht dadurch ungültig, daß er beim Verlassen des Gerichtssaals angeblich vor sich hin murmelte: »Eppur si muove« – »und sie bewegt sich doch«. Man muß diesen Widerruf im nachhinein verteidigen. Sollte er sich verbrennen lassen, nur weil einige Kardinäle und Theologen noch nicht soweit waren, ihm folgen zu können? Er konnte abwarten, bis sich seine Erkenntnisse auch im Vatikan durchgesetzt hatten. Mit dem Evangelium hatte dies ohnehin nichts zu tun. Die katholische Kirche hat Galileo Galilei 1992 – *sub specie aeternitatis* noch rechtzeitig – rehabilitiert.

Von dieser tödlichen Umklammerung der Philosophie durch die Theologie hat sich die europäische Menschheit durch die Aufklärung befreit. Bis dahin hatten die Vertreter des Christentums unter Verrat des Evangeliums weit über einenhalb Jahrtausende Andersdenkende und Andersgläubige bekämpft und verfolgt. Die ersten Sanktionen schmerzten die Betroffenen gewiß, aber sie hielten sich in einem erträglichen Rahmen. Der größte Denker des ersten

Jahrtausend, Origines, wurde weder Kirchenlehrer noch heiliggesprochen, weil er die vernünftige These aufgestellt hatte, daß die Existenz eines allgütigen und allmächtigen Gottes die Existenz einer ewigen Hölle mit ewig Verdammten ausschließe. Vor allem seit der Jahrtausendwende aber wurden die sogenannten Ketzer grausam und blutig verfolgt. Die Christen waren in den ersten drei Jahrhunderten selbst Opfer einer brutalen Intoleranz der römischen Kaiser, weil sie den staatlich verordneten Götterkult nicht mitmachen wollten. Danach aber setzten sie selbst eine zunehmende christliche Intoleranz in Europa durch. Außerdem begannen sie auf ihren Erkundungs- und Eroberungszügen Menschen, die nicht zu ihrem Kulturkreis gehörten, zu missionieren und, falls diese nicht gehorchten, zu mißhandeln und zu töten.

Auf dem Konzil von Clermont (1095) rief Papst Urban II. die Christenheit zum ersten Kreuzzug auf. Unter dem Schlachtruf »Deo lo vult« (»Gott will es«) – der 900 Jahre später auch das Motto der islamischen Flugzeugattentäter war – ritten sie zum Kampf gegen die Ungläubigen in den Nahen Osten, um Jerusalem zu befreien. Als 1099 Jerusalem erobert worden war, hing noch Tage danach ein süßlicher Verwesungsgestank über der Stadt. Die siegreichen Kreuzfahrer hatten viele Einwohner jeglicher Religionszugehörigkeit niedergemetzelt, auch Frauen und Kinder. Zeitzeugen berichteten, daß »die unsrigen bis zu den Knöcheln im Blut wateten«.

Hunderttausende Muslime, Juden und Christen der byzantinischen Kirche kamen bei den Kreuzzügen ums Leben. Der Haß der Muslime auf den Westen, der später die heiligen Kriege des Islam auslöste, hat nicht zuletzt in den damaligen Gemetzeln seine Wurzeln. Daß der amerikanische Präsident den Krieg in Afghanistan gegen den

Terrorismus als »Kreuzzug« bezeichnete, mag man mit dem Bildungssystem in Texas entschuldigen, es war aber psychologisch eine schwere Belastung für das Antiterrorismusbündnis gegen Osama bin Laden.

Im Hochmittelalter wurden abweichende Meinungen zunehmend kriminalisiert. Die Ketzerbekämpfung, der 1431 auch Jeanne d'Arc zum Opfer fiel, begann 1170, als der Kaufmann Petrus Waldes in Lyon und Umgebung anfing, die apostolische Armut in der Nachfolge Christi zu predigen. Er kritisierte das ungeistliche Leben der Pfarrer und unbiblische Lehren der kirchlichen Autoritäten. Er geriet in die Nähe der Katharer, die seit Mitte des 12. Jahrhunderts auftraten und das reine Christentum predigten (griechisch »katharos« = »rein«, wovon sich das deutsche Wort »Ketzer« ableitet).

Hauptermittlungsmethode gegen die religiösen Abweichler war die Inquisition. Die Strafen für die Dissidenten reichten von der Einziehung des Vermögens, der Kerkerhaft bis zum Tod auf dem Scheiterhaufen. Der Dominikanerorden wurde von den Päpsten mit Spezialvollmachten für die Inquisition ausgestattet. Die Inquisitoren waren meist Ankläger und Richter in einer Person. Die Verteidigungsmöglichkeiten des Beschuldigten waren beschränkt. Er konnte beim Vorliegen von Verdachtsmomenten durch die Folter, die Innozenz VI. 1352 zuließ, zum Geständnis gezwungen werden. Da die Kirche es ablehnte, selbst Blut zu vergießen, wurde der Delinquent der weltlichen Obrigkeit zur Vollstreckung des Todesurteils überantwortet. Während der Folter waren die Mönche allerdings dabei und beteten vor einem Kruzifix mit Kerzen für das Seelenheil des Opfers. Ob sie bei den Schreien der Unglücklichen wohl an Jesus gedacht haben? Während in Deutschland die Ketzerverfolgung durch die Reformation langsam zum Erliegen kam, wütete die Inquisition vor allem in Spanien weiter, wo der letzte Renegat erst 1826 in Valencia gehängt wurde.

Ein besonders übles Kapitel der Intoleranz war die religiös begründete Hexenjagd auf Frauen. Zwischen 1350 und 1700, in manchen Regionen schon davor und auch danach, wurden in ganz Europa Zehntausende von Frauen systematisch gefoltert, hingerichtet und vorwiegend auf Scheiterhaufen verbrannt, unter ihnen auch die Mutter von Kopernikus. Die geistliche Begründung und praktische Handlungsanleitung war in einer Schrift niedergelegt, dem »Hexenhammer« (»Malleus maleficarum«). Die Verfasser waren zwei Inquisitoren aus dem Dominikanerorden, Heinrich Institoris und Jakob Sprenger, die das Werk erstmals 1487 veröffentlichten. Im Zentrum dieser absurden Verfolgung stand der Vorwurf, die Hexen schlössen einen Pakt mit dem Teufel und feierten ihn in kultischen Veranstaltungen, vor allem auf dem Hexensabbat, bei dem rituelle Handlungen wie Kannibalismus, Kindesmord und der Beischlaf mit Dämonen üblich seien. Die Hexenpolitik nahm erst langsam ein Ende, als der Jesuit Friedrich von Spee 1631 die »Cautio criminalis« veröffentlicht hatte – eine vernichtende Kritik der deutschen Hexenprozesse und der dabei angewandten Folterverfahren. Die erste Hexe war 1275 in Toulouse verbrannt worden. Insgesamt fielen 50 000 bis 80 000 Frauen diesem perversen Wahn zum Opfer. Die letzte Hexe, soweit bekannt, wurde 1793 in Posen hingerichtet.

Die nationalreligiöse Allianz

Die religiös-kulturelle Intoleranz erfährt ihre besondere Dynamik und Brisanz in Verbindung mit dem Nationalismus. Nationalismus und religiöser Fundamentalismus,

Nation und Religion, haben sich in vielen Gegenden der Welt zu einer unheiligen Allianz zusammengefunden.

Der historische Amoklauf der Serben hat seinen psychopathologischen Ursprung in der legendären serbischen Niederlage gegen das türkische Heer in der Schlacht auf dem Amselfeld im Jahr 1389. In der mythischen Verklärung des angeblich aufopferungsvollen Kampfes aller Serben – stellvertretend für das christliche Abendland – gegen den Islam entstand ein irrationaler Haß auf Muslime, auf Türken und Albaner und die Wahnidee eines großserbischen Reichs.

Wann war in jüngster Zeit ein Muslim am meisten gefährdet? Als Bosnier und Albaner in den jüngsten Balkankriegen.

Wann muß ein Pakistani am meisten um sein Leben fürchten? Wenn er als Hindu im pakistanischen Teil Kaschmirs wohnt.

Wo spielt das Leben eines Schwarzen eine geringe Rolle? Als Christ im Sudan.

Auch die Auseinandersetzungen zwischen Indien und Pakistan erfolgen entlang der Trennlinie zwischen Hindus und Muslimen. Die Spaltung des unter britischer Kolonialherrschaft noch einheitlichen Subkontinents in Indien, Pakistan und Bangladesch hatte religiöse Ursachen. Die 1906 gebildete Muslimliga forderte die selbständige politische Repräsentanz der Muslime in Indien und propagierte seit den dreißiger Jahren die Trennung der Muslime von den Hindus und einen eigenen Muslimstaat. Die daraus entstehenden blutigen Auseinandersetzungen zwischen Hindus und Muslimen führten im Jahr 1947 zur Teilung in den muslimischen Staat Pakistan und den Hindustaat Indien. Der Streit um den Punjab trieb über acht Millionen Muslime über die Grenze nach Pakistan und umgekehrt sechs Millionen Hindus nach Indien. Zehn Millionen Menschen verloren ihr Leben. Mahatma Gandhi, der Führer der indischen Unabhängigkeitsbewegung und Vorsitzende der mehrheitlich hinduistischen Kongreßpartei, versuchte die Teilung zu verhindern und die Minderheit der Muslime zu schützen. Er wurde am 30. Januar 1948 von einem fanatisierten Hindu ermordet.

Am 30. Januar 1972 erschoß das britische Militär in Londonderry achtzehn Teilnehmer einer nichtgenehmigten Demonstration der nordirischen Katholiken. Dies war einer der Höhepunkte des auch zu Beginn dieses Jahrhunderts immer noch ungelösten Nordirlandkonflikts, der ein besonders perverses und absurdes Beispiel religiös-national verschränkter Intoleranz ist: Die mehrheitlich protestantischen Nordiren, Nachkommen der rund 100 000 presbyterianischen Schotten, die sich Anfang des 17. Jahrhunderts in Nordirland angesiedelt hatten, wollen die staatliche Einheit mit dem ebenfalls mehrheitlich protestantisch-anglikanischen Großbritannien. Die katholischen Nordiren, mit ihrer starken Minderheit von etwa vierzig Prozent der Bevölkerung, dagegen wollen mit Irland staatlich zusammengeschlossen werden, von dem sie 1920 durch ein Willkürgesetz *(Government of Ireland Act)* der britischen Regierung abgetrennt worden waren. Die Kombination von religiösen und nationalen Motiven verhärtet auch hier die Fronten.

Es gibt für alle diese Konflikte (Israel, speziell Jerusalem, Kosovo, Kurdistan) nur eine Lösung: Autonomie mit wirksamem Minderheitenschutz. Die internationale Staatengemeinschaft muß die Konfliktparteien fragen, warum das, was in Südafrika unter viel schwierigeren Bedingungen nach jahrzehntelanger Rassenapartheid möglich geworden ist, nicht auch in diesen Ländern durchgesetzt werden kann.

Nordirland ist das beste Beispiel dafür, daß nationalreligiös motivierte Intoleranz und Verfolgung tiefe Wunden hinterlassen, die nicht schnell heilen und infolgedessen immer wieder aufbrechen und neue Gewalttaten der Menschen hervorrufen. Unzählige Familien hat dieser Konflikt bereits ins Unglück gestürzt. Wie im Nahen Osten gibt es auch in Nordirland Organisationen, die durch Terroranschläge den Friedensprozeß zerstören.

Glaube und Vernunft

Das Unglück, das die Intoleranten über andere Menschen bringen, richten sie nicht nur bei den Andersdenkenden an, sie verbreiten es auch im eigenen Lager, das Feindbilder braucht, um zusammengehalten zu werden. Das dazu notwendige Blockdenken erstickt jeden selbständigen Gedanken und produziert Gesinnungsterror gegen Angehörige, Freunde und Anhänger – zum Schaden der eigenen Sache.

In Deutschland berichten immer wieder Lehrerinnen und Lehrer, daß muslimische Mädchen in der Schule von ihren Familien erzählen und sich darüber beklagen, daß sie oft Abend für Abend eingesperrt würden, daß die Eltern behaupteten, Gott habe das Küssen verboten, und die Liebe zwischen Jungen und Mädchen sei von Gott nur dann erlaubt, wenn auch Kinder auf die Welt kommen sollen. Es werde ihnen gesagt, daß das Nacktbaden eine schwere Sünde und die Prügelstrafe eine pädagogische Notwendigkeit sei.

Die einfachen Mitglieder solcher Glaubensgemeinschaften dürfen sich für die Erfahrung anderer Menschen und Religionen nicht interessieren; sie haben blind das zu glauben, was ihre religiöse Gruppe zu glauben vorgibt. So entsteht das Phänomen, daß Menschen, die in besonderer Weise fromm sind und ganz im Gottesglauben aufgehen, im Verhalten nicht nur gegen sich selbst extrem streng sind, sondern auch in beängstigender Weise die eigene Familie und Nachbarschaft terrorisieren.

Muslimische Väter sperren ihre Töchter tagelang ein und schlagen sie halb tot, wenn sie abends mit Mitschülerinnen in eine Disko gehen. Aber fromme Christen sind oft kein Haar besser als strengreligiöse Türken. Der Fundamentalismus dieser Menschen besteht darin, daß sie das, was sie für ihr persönliches Leben und ihr Seelenheil für richtig halten, auch anderen befehlen. Man hat den Eindruck, daß sie sich selbst hassen, weil sie glauben, nur so Gott lieben zu können. Es sind Leute, die meinen, sie seien auserwählt, und die sich deswegen im Eifer überbieten, andere zu bekehren. Liebe und Sexualität werden abgewertet, weil sie angeblich von der Spiritualität ablenken, und in der Vernunft begründete Zweifel werden zur Todsünde erklärt.

Dabei könnte doch gerade der Versuch, auch mit den Möglichkeiten des Verstandes Wege zu Gott zu finden, Spuren enthüllen, die auf Gott hinweisen und den Anfang für einen gefestigten Glauben bilden. Auf diese Weise könnte der Mensch, wie es der große evangelische Theologe Kierkegaard gesagt hat, an das diesseitige Ufer eines großen Stromes gelangen, von dem aus er das jenseitige Ufer sehen kann: das Ufer der Transzendenz und des Glaubens. Um an das jenseitige Ufer zu kommen, muß der Mensch durch den Strom schwimmen oder über den Fluß fliegen.

Wo er landet, muß er selbst entscheiden: am buddhistischen, am christlichen, am muslimischen Ufer. Man muß auch der Wissenschaft nicht abschwören, um von dem diesseitigen Ufer an das jenseitige zu kommen. Man kann zwar höchstwahrscheinlich Gott nicht beweisen wie den Satz des Pythagoras, aber inzwischen sind die meisten Naturwissenschaftler davon überzeugt, daß die Naturwissenschaften der möglichen Existenz Gottes nicht widersprechen.

Nicht allein Einstein war der Auffassung, daß sich die streng kausale Gesetzmäßigkeit allen Geschehens nur durch die Existenz eines Gottes erklären läßt. Der Nobelpreisträger für Physik Carlo Rubbia schreibt in einem Zeitungsartikel:

»Wenn wir die Galaxien der Sternenwelt zählen oder die Existenz von Elementarteilchen beweisen, so sind das wahrscheinlich keine Gottesbeweise. Aber als Forscher bin ich tief beeindruckt durch die Ordnung und die Schönheit, die ich im Kosmos finde sowie im Inneren der materiellen Dinge. Und als Beobachter der Natur kann ich den Gedanken nicht zurückweisen, daß hier eine höhere Ordnung der Dinge im voraus existiert. Die Vorstellung, daß dies alles das Ergebnis eines Zufalls oder bloß statistischer Vielfalt sei, das ist für mich vollkommen unannehmbar. Es ist hier eine Intelligenz auf höherer Ebene vorgegeben, jenseits der Existenz des Universums selbst.«

Steven Weinberg bezeichnet sich als Atheist. Er hat in der Schweizer Zeitschrift »Das Magazin« im April 2000 auf die Frage »Was ist Gott?« geantwortet, daß die Physiker auch dann immer noch kein befriedigendes Bild der Welt hätten, wenn sie eines Tages ihr Äußerstes erreichen würden, nämlich eine endgültige Theorie im Sinn von Stephen Hawking. Auch dann werde die Frage nach dem Warum offen sein:

»Warum diese Theorie und nicht eine andere? Warum wird zum Beispiel die Welt mit der Quantenmechanik beschrieben? Die Quantenmechanik ist der einzige Teil der heutigen Physik, der höchstwahrscheinlich auch in zukünftigen Theorien intakt bleiben wird, doch ist sie nicht die logisch einzig mögliche Theorie: Ich kann mir genausogut ein Universum vorstellen, das der Newtonschen Mechanik gehorcht. Es scheint ein Restgeheimnis zu geben, das sich durch die Wissenschaft nicht auflösen läßt.«

Die Naturwissenschaften widersprechen also der möglichen Existenz Gottes nicht. Es gibt, um diesen Kantschen Gottesbeweis zu wiederholen, Gründe der praktischen Vernunft, die die Anwesenheit Gottes begründen. Gott als Postulat der praktischen Vernunft: Der Glaube an Gott gibt dem Leben mehr Sinn, als wenn es ihn nicht gäbe. Wir können auch mit der Vernunft unterscheiden zwischen der grundsätzlichen Frage, ob es einen Gott gibt oder ob ich persönlich an ihn glaube. Nicht alles kann man mit der Vernunft erfassen und nicht alles, was wir mit der Vernunft erfassen können, ist für unser Leben wichtig. Ob man geliebt wird oder nicht, ist für uns oft eine existentielle Frage, oft wissen wir es aber nicht und können es nur hoffen und glauben. Trotzdem ist diese Hoffnung und dieser Glaube dann für uns wichtiger als ein mathematischer Lehrsatz oder die Relativitätstheorie. Für die ganze Welt sind wir irgend jemand, aber für irgend jemanden sind wir die ganze Welt. Ob dieser Satz in unserer Existenz stimmt, treibt uns mehr um als die Gesetze der Schwerkraft. Da die Existenz Gottes der Vernunft nicht widerspricht, die Vernunft aber nicht alles erfaßt, was existiert, bleibt Raum für die Religion und für den Glauben an Gott.

Je weniger wir die Vernunft ausschalten, wenn es um die Frage nach Gott geht, um so geringer wird auch die Versuchung, gegenüber Andersdenkenden intolerant zu sein. Wenn ich nur glaube, ist die Leugnung der Existenz Gottes eine schwere Sünde, aber wenn ich glaube *und* denke, dann hält mich der Verstand davon ab, andere Leute, die etwas anderes denken, zu verfolgen. Die Vernunft erlaubt uns Zweifel, und selbst wenn ich nach Abwägung des Pro und Kontra dazu komme, die Existenz Gottes für wahrscheinlicher zu halten als seine Nichtexistenz, habe ich Verständnis für diejenigen, die zu einem anderen Ergebnis kommen. Glaube ohne Vernunft produziert Intoleranz. Die Fähigkeit, jederzeit selbst zu denken, sagt Kant, ist die Aufklärung. Sie ist die Voraussetzung für die notwendige Toleranz, den Standpunkt eines anderen gelten zu lassen.

Die klammheimliche Freude eines aufgeklärten Menschen über die zunehmende Schwäche und abnehmende Bindungsstärke der großen christlichen Kirchen, die früher das ganze menschliche Leben von der Wiege bis zur Bahre ziemlich detailliert bestimmten, verflüchtigt sich schnell. Denn viele Menschen hören ja nicht auf, Orientierung zu suchen, und finden diese dann eher in esoterischen Zirkeln und Sekten, die sich meist durch ein hohes Maß an Intoleranz gegenüber ihren Mitgliedern auszeichnen und deren Apostasie rücksichtslos bestrafen und verfolgen. Aber machen sich die Kirchen nicht selbst zu Fundisekten, wenn sie in manchen Gemeinden die Spiritualität besonders hervorheben nach dem Motto: »Die Welt ist ohnehin verloren, ziehen wir uns in die Nischen der Heiligung des persönlichen Lebens zurück«? Es kommt einer Absage an die politische Dimension des Evangeliums und an das vom Evangelium geforderte Apostolat gleich, wenn die Kirche in ihrer traditionellen Verengung des Moralischen auf das Sexualverhalten von den Menschen, die ganz überwiegend Sex für eine schöne Sache halten, Unmögliches, nämlich Keuschheit, verlangt und das ewige Heil davon abhängig macht, ob eine junge Frau die Pille nimmt oder nicht. Unter der Überschrift »Keine Lizenz zum Töten« verweigerte die katholische Kirche in Deutschland – mit Ausnahme des Bischofs von Limburg – auf Weisung des Vatikans ihre Teilnahme an der offiziellen Schwangerschaftskonfliktberatung und damit auch ihren karitativen Dienst für in Not geratene Frauen.

Die unbarmherzige Intoleranz der christlichen Lebensschützer beruht auf einem hochmütigen, typisch fundamentalistischen Fehlurteil, über das der Stifter dieser Religion schon vor 2000 Jahren Abschließendes gesagt hat. Diese Leute folgen dem Leitsatz, daß das Recht wichtiger sei als die Barmherzigkeit, aber eine kinder-, familien- und behindertenfreundliche Umwelt – wie etwa der Kündigungsschutz für schwangere berufstätige Frauen – hilft den Frauen und ihren ungeborenen Kindern tausendmal mehr als jede Verschärfung des Strafrechts. Beim Embryonenschutz kann ich die Kirchen verstehen, daß sie für den Vierzeller in der Petrischale den Schutz nach Artikel 1 des Grundgesetzes fordern, ihn sozusagen aus Sicherheitsgründen in das früheste Entwicklungsstadium vorverlegen, weil auch sie nicht wissen (können), wann der Mensch wirklich entsteht. Daß aber »überzählige« Embryonen – zur Erfüllung eines Kinderwunsches künstlich erzeugt und dafür nicht mehr notwendig – lieber tiefgekühlt dauergelagert oder vernichtet werden sollen, als der Forschung zur Bekämpfung von Parkinson und Querschnittslähmung zu dienen, ist inhumaner Fundamentalismus.

Papst Johannes Paul II. ist mit seiner fundierten Kritik am globalen Kapitalismus und den daraus resultierenden sozialen Ungerechtigkeiten vielen christlich-demokratischen, konservativen, sozialdemokratischen und erst recht liberalen Parteien und Gruppen voraus, zum Teil auch seinen Bischöfen. Aber in der vatikanischen Personalpolitik begünstigt er die Ernennung ultrakonservativer Bischöfe, was in Österreich und der Schweiz fast zur Kirchenspaltung geführt hätte. Jahrelang verweigerte er in demütigender Weise dem Vorsitzenden der Deutschen Bischofskonferenz, dem Mainzer Bischof Karl Lehmann, den Kardinalshut, einem bedeutenden Theologen mit modernen Ansichten, der für die Beibehaltung der Schwangerschaftskonfliktberatung in Deutschland eingetreten war.

Ein vorläufiger Schlußpunkt dieser rückwärts gewandten geistlichen Führung war die Seligsprechung des Papstes Pius IX. Der hatte sich Mitte des 19. Jahrhunderts mit der Bekämpfung der Aufklärung beschäftigt und den »Syllabus« zusammengestellt, in dem die »modernistischen Irrtümer« verdammt wurden, wie zum Beispiel die Forderung nach Pressefreiheit. Das war zur selben Zeit, als Karl Marx und Friedrich Engels als Antwort auf die alte Soziale Frage das »Kommunistische Manifest« veröffentlichten und der Mainzer Bischof von Ketteler neben Adolf Kolping die Arbeiterfrage in den Mittelpunkt seiner pastoralen Arbeit stellte.

Irgendwann muß die katholische Kirche die Frage beantworten, welche christlichen Persönlichkeiten der Verbreitung des Evangeliums mehr nützen: Pius IX. oder Johannes XXIII., Hans Küng oder Joachim Meisner, Karl Lehmann oder Karl Ratzinger.

Triumphaltheologie

Es müßte Kirchen und Politiker stutzig machen, daß Organisationen sie unterstützen, die in anderen Kontinenten durch ihren Fundamentalismus die Arbeit der Kirchen gefährden. Der Fundamentalismus verwehrt diesen Organisationen das Verständnis für die kulturellen Eigenheiten der Regionen, in denen sie arbeiten. Es handelt sich vor allem um amerikanische christliche Sekten, um konservativ-charismatische Missionsorganisationen, die aggressiv und taktlos ihre Triumphaltheologie auch in Ländern verkünden, die mehrheitlich einer der anderen großen Weltreligionen angehören. Sie erhalten viel Geld aus dem Ausland, vor allem aus den USA, und arbeiten mit Begriffen wie »Kreuzzug« und »territorialer Anspruch«. Unter den Menschen, zum Beispiel in Japan, Indien oder Lateinamerika, die diese Begriffe im militärischen Sinn verstehen, lösen sie Furcht aus; diese mündet auch in gewalttätigen Gegenreaktionen.

Laut »Spiegel« (Nr. 41/2001) schätzen kirchliche Experten, daß die fundamentalistischen Sekten und Gruppen mit radikalen Zielsetzungen in Deutschland weit mehr als 50 000 militante Mitglieder haben. Überall schießen Gruppen und Grüppchen, die sich der »christlichen Erneuerungsbewegung« zuordnen, wie Pilze aus dem Boden. Politisch werden sie vertreten durch die »Partei Bibeltreuer Christen« (PBC), die in den letzten zehn Jahren bei fast allen Bundes- und Landtagswahlen angetreten ist. Immerhin bekam sie bei der letzten Bundestagswahl 72 000 Stimmen. Die Freikirchen haben das Ziel, die Pluralisierung und Säkularisierung, die Trennung von Staat und Kirche rückgängig zu machen. Sie wollen die Gesellschaft rechristianisieren. Diese Menschen sehen in Andersdenkenden nur den Feind. Sie teilen die Welt in Gut und Böse.

Die christlichen Fundamentalisten sind sich mit islamischen Fundamentalisten weitgehend einig in der Ablehnung der Moderne und der westlichen Kultur. Denkweise und Inhalte ähneln auch rechtsradikalem, ja sogar rechtsextremistischem Gedankengut. Die Enquetekommission des Deutschen Bundestags »Sogenannte Sekten- und Psychogruppen« berichtet über zahlreiche Petitionen, in denen Betroffene den Verlust ihrer Kinder, Freiheitsberaubung, Nötigung, Betrug, Urkundenfälschung, Wucher und Körperverletzung beklagen. Kinder würden Opfer körperlicher Mißhandlung oder sexuellen Mißbrauchs. Folter, Vergewaltigung und psychischer Terror seien an der Tagesordnung.

Innerhalb der Weltreligionen werden die Fundamentalisten stärker und immer frecher. Sie hetzen sich gegenseitig auf. Daß der islamische Fundamentalismus auch in Deutschland sich viel radikaler und vor allem viel brutaler äußert und zahlenmäßig weitaus stärker ist als die Fundamentalisten christlicher Prägung, ändert nichts an der Tatsache, daß das alte Gespenst der religiösen Intoleranz sich in Deutschland auch in den Kirchen wieder breitmacht.

Das für einen modernen Menschen nicht begründbare Monopol der Kirchen auf Erklärung des Transzendentalen, die gleichzeitig zunehmende Unfähigkeit des kirchlichen Personals, die Probleme der modernen Gesellschaft sinnvoll zu erklären, münden in einer sich verschärfenden Kirchenkrise. Sie läßt die Nachfrage nach Psychogruppen und Outing-Szenarien in Talkshows steigen. Psychologen und Esoteriker bekommen auf einem quasi religiösen Sinnmarkt Zulauf, weil sie Antworten auf Existenzfragen anbieten. In der Folge kapseln sich religiöse Menschen von der Gesellschaft ab und verweigern die Verantwortung für die Lösung gemeinschaftlicher Probleme. Eine andere Konsequenz zeigt sich im Wachsen fundamentalistischer Ansprüche auf eine Theologisierung von Staat und Gesellschaft. Sie würde ein Vierteljahrtausend weltanschaulicher Emanzipation, Aufklärung und Religionsfreiheit rückgängig machen und das Ende der freiheitlichen Demokratie bedeuten.

Man hört konservative Schuldzuweisungen an die Adresse der Vernunftgläubigen, die emotionale Werte und moralische Bindungen wie Nächstenliebe und Familie der Verachtung preisgegeben und dem Zerfall konservativer Werte wie Selbstverantwortung und Maßhalten tatenlos zugesehen hätten. Dieser Druck hat die Verfechter einer liberalen, weitgehend staatsfreien Gesellschaftsordnung in die Defensive gedrängt und kommunitaristischen Ideen Auftrieb gegeben, die sich mit autoritären Zielen islamistischer Zentren treffen und so die mächtige Strömung einer »heiligen Allianz« werden können. Die Deutschen sind dafür besonders anfällig, weil sie – mit geringer demokratischer Erfahrung – noch nie viel vom rationalen politischen Diskurs gehalten haben und dem Personenkult und irrationalen Stimmungen immer leichter zugänglich waren als andere Völker.

Christenverfolgung

Die Kirchen fehlen – trotz Papst – weitgehend beim Streit um eine gerechte Weltwirtschaftsordnung. Die katholische Kirche verzettelt ihre Kräfte in internen Auseinandersetzungen und im Windmühlenkampf um die Sexualmoral. Gleichzeitig beklagen immer mehr Christen in Afrika und Asien, daß sie inmitten von zunehmender Verfolgung allein gelassen werden.

Nicht jede Christenverfolgung auf der Welt ist auf die Penetranz, Arroganz und Aggressivität christlicher Missionskirchen und Sekten zurückzuführen. Die Christenverfolgungen konzentrieren sich im wesentlichen auf Länder mit einer totalitären und oft auch atheistischen Staatsdoktrin. Die Volksrepublik China, Vietnam oder Nordkorea zum Beispiel verfolgen Christen sozusagen von Staats wegen. Länder, in denen mächtige fundamentalistische Gruppen die Mehrheitsreligion vertreten, schränken die Religionsfreiheit religiöser Minderheiten ein und wollen sie ganz aufheben, wie Pakistan, Saudi-Arabien, der Iran oder der Sudan. Christen werden auch verfolgt, weil sie Mitglieder ethnischer Minderheiten sind, so in der Türkei und in Birma.

Viele Verfolgungen gibt es, weil Christen gegen gesellschaftliche Mißstände und Ungerechtigkeiten auftreten, wie etwa in Lateinamerika. In manchen Staaten wächst die Meinung, eine steigende Zahl von Christen bedrohe sowohl die nationale Identität als auch die Mehrheitsreligion. In diesem Punkt entdecken wir Parallelen in Deutschland, was das Verhältnis der Christen zu den Muslimen betrifft. Aber oft werden die christlichen Religionen, vor allem die katholische, per se als Einmischung in die inneren Angelegenheiten betrachtet, weil sie einen universellen Anspruch haben, so zum Beispiel in der VR China. Kirchen, die global agieren und wie die katholische über eine Milliarde Mitglieder auf der Welt haben, hören natürlich in religiösen Fragen nicht auf die jeweilige Regierung, sondern auf ihr geistiges Oberhaupt, zum Beispiel den Papst oder den Dalai Lama. Dieser universelle Anspruch einer Religion gerät in Gegensatz zu dem Wunsch nach religiöser und ethnischer Homogenität in einem Land. Es gibt erschütternde Nachrichten über zerstörte Kirchen und mißhandelte und ermordete Christen gerade aus Staaten mit diesem Anspruch nach Homogenität. Erst Monate später ist zum Beispiel die Hinrichtung von Missionaren im kommunistischen Nordkorea im November 1999 bekanntgeworden.

In den vergangenen Jahrzehnten sind die Christenverfolgungen in den westlichen Demokratien weitgehend verschwiegen worden. Es paßte nicht in die geistige Landschaft, im Zusammenhang mit der Religionsfreiheit auch über Christenverfolgung zu reden – vor allem deswegen, weil in der UNO, die eigentlich der Ort einer solchen Diskussion sein müßte, in der Mehrheit Vertreter von Staaten sitzen, deren Bevölkerung früher von christlichen Kolonialmächten unterdrückt wurde. Es waren eben Christen, die Indios gepfählt, amputiert und bei lebendigem Leib langsam geröstet haben.

Inzwischen haben die Attacken gegen Christen jedoch solche Ausmaße angenommen, daß auf historische Empfindlichkeiten keine Rücksicht mehr genommen werden sollte. Über Christenverfolgung zu berichten bedeutet keineswegs, deswegen die Verfolgungen anderer Religionen wie zum Beispiel der Bahai im Iran aus dem Auge zu verlieren. Aber der weltweite Widerstand gegen Religionsverfolgungen wird nicht glaubhafter dadurch, daß die Verfolgung einer bestimmten Religion oder ihrer Angehöriger hingenommen wird. Die Proteste gegen die Ignoranz und Nonchalance der westlichen Demokratien zum Beispiel angesichts der Verfolgung der Christen in der Türkei mehren sich. Länder wie die Bundesrepublik Deutschland, die nach wie vor eine vom Christentum nachhaltig geprägte Kultur haben, sind deswegen nicht in besonderer Weise verpflichtet, sich um die Christen in anderen Ländern zu kümmern. Die Menschenrechte gelten für alle. Aber die

Verfolgung von Christen darf auch nicht verschwiegen werden.

Bischöfe im Gefängnis

Durch den Zerfall des kommunistischen Machtblocks haben die christlichen Religionen in Osteuropa erheblich an Freiheit gewonnen. In Ländern jedoch, in denen, wie in der Volksrepublik China, in Nordkorea und in Vietnam, nach wie vor Kommunisten an der Regierung sind, können romtreue Katholiken und Anhänger protestantischer Hauskirchen ihren Glauben weitgehend nur im Untergrund ausüben. Prediger und Priester werden schikaniert und inhaftiert, wenn sie in Gemeinden arbeiten, die sich nicht registrieren ließen. Eine Bedingung der vorgeschriebenen Registrierung ist zum Beispiel, daß Katholiken den Papst in Rom nicht mehr als geistliches Oberhaupt anerkennen dürfen, ähnlich wie dies gegenüber Buddhisten durchgesetzt wird, was deren Verhältnis zum Dalai Lama betrifft.

Insgesamt sitzen mindestens achtzehn katholische Bischöfe, vierzig katholische Priester und eine nicht bezifferbare Zahl von Katholiken im Gefängnis, weil sie die Abkoppelung vom Papst in Rom nicht akzeptieren. In China und in Vietnam besteht wenig Bereitschaft, Fragen der Religionsfreiheit ernsthaft zu erörtern. Es darf aber kein Zurückweichen vor der staatlichen Intoleranz geben. Wirtschaftsbeziehungen sind wichtig, aber Menschenrechte dürfen nicht auf dem Altar der Diplomatie und des Kommerzes geopfert werden. Es ist ein Armutszeugnis für die Welt, daß den Chinesen die Austragung der Olympischen Spiele übertragen wurde und sie in die Welthandelsorganisation (WTO) aufgenommen wurden, ohne Religionsfreiheit garantieren zu müssen. Manche hoffen, daß durch die Verbesserung der wirtschaftlichen Beziehungen und die Austragung der Olympischen Spiele der Freiheitsraum in China fast automatisch ausgeweitet wird, auch für die Religionsgemeinschaften. Aber das ist schon angesichts der Größe dieses Landes eine Illusion. Neben den christlichen Gruppen werden vor allem die Muslime in Xinjang und die Falung-Gong-Bewegung verfolgt. Auch die Zerstörung der religiösen Kultur in Tibet hat noch kein Ende gefunden.

Parallel zur staatlichen Verfolgung, die von den betreffenden Regierungen gern kaschiert, oft sogar abgestritten wird, hat der nichtstaatliche Druck auf Christen zugenommen. Der zuständige Sonderberichterstatter der UNO hat festgestellt, daß in den Jahren 1999 und 2000 der religiöse Extremismus gewachsen sei. Seit der Regierungsübernahme der nationalistischen Bharatiya-Janata-Partei (BJP) in Indien 1996 gibt es immer mehr Ausschreitungen militanter Hindus gegen christliche Kirchen. Die gewalttätigen Auseinandersetzungen zwischen Christen und Muslimen in Indonesien, vor allem auf den Molukken, sind nur vordergründig das Resultat einer »gestörten Balance« zwischen den muslimischen und christlichen Bevölkerungsgruppen. Wenn diese Balance gestört ist, dann vor allem wegen der Umsiedlungspolitik der indonesischen Machthaber in den zurückliegenden Jahrzehnten. Die Haßtiraden der Führer der islamischen Minderheiten in diesen Gegenden erfolgen nicht ohne klammheimliche staatliche Billigung. Anders sind auch die Schikanen nicht zu erklären, denen christliche Gemeinden ausgesetzt sind, wenn sie versuchen, zerstörte Kirchen wieder aufzubauen.

Die Diskussion um Christenverfolgungen, vor allem in islamischen Ländern, soll keine neuen Feindbilder schaffen oder gar christliche Fundamentalisten in Deutschland ermuntern, noch stärker gegen den Bau von Moscheen zu opponieren. Aber die Verfolgungstatbestände in Ländern wie zum Beispiel in Afghanistan bis zur Neubildung der Regierung Ende Dezember 2001, in Saudi-Arabien oder in Pakistan dürfen nicht vertuscht werden. Nach wie vor droht nach traditioneller Auslegung der Scharia Muslimen, die Christen werden, die Todesstrafe. Dies ist keineswegs eine hypothetische Gefahr, wie die Bundesregierung im Frühjahr 2000 erklärt hat. In den muslimischen Ländern kommt es »in der Praxis relativ häufig vor, daß Menschen hingerichtet werden, weil sie vom islamischen Glauben abgefallen sind«, so der Sonderberichterstatter der Menschenrechtskommission der Vereinten Nationen, Abdelfattah Amor. Noch im Jahr 2001 saß der dreißigjährige Ayub Masih in einem pakistanischen Gefängnis, nachdem er im April 1998 wegen angeblicher Beleidigung des Propheten Mohammed zum Tod verurteilt worden war. Die christliche Minderheit in Pakistan wird ständig eingeschüchtert, so durch ein Todesurteil gegen ein vierzehnjähriges Kind wegen Blasphemie. Die Einschüchterung wirkt, auch wenn diese Urteile später aufgehoben werden. Der Fanatismus überträgt sich auf die Familien und übt einen sozialen Druck aus, der tödlich sein kann. 1997 wurde eine 22jährige Pakistanerin von ihrem Bruder ermordet, weil sie sich für den christlichen Glauben interessierte.

Es ist auch problematisch, daß die UNO, aber auch die westliche Welt fast widerspruchslos hinnehmen, daß islamische Staaten missionarische Aktivität unterbinden. Als Mitte des Jahres 2001 in Afghanistan die Leute von *Shelter Now* verhaftet wurden, weil sie angeblich Bibeln verteilt hatten, hat man in der internationalen wie der deutschen Presse immer wieder Verständnis für die Taliban geäußert – nach dem Motto: Warum müssen diese Christen auch in

Afghanistan missionieren? Es heißt aber in Artikel 18 der Allgemeinen Erklärung der Menschenrechte, daß das Grundrecht auf Religionsfreiheit auch die Freiheit umfaßt, »seine Religion oder seine Weltanschauung zu wechseln, sowie die Freiheit, seine Religion oder seine Weltanschauung allein oder in Gemeinschaft mit anderen öffentlich und privat durch Unterricht, Ausübung, Gottesdienst und Beobachtung religiöser Bräuche zu bekunden«.

Seit 1923 dürfen in der Türkei keine neuen Kirchen gebaut werden. Kirchliches Eigentum wird enteignet, besonders das der armenisch-orthodoxen Kirche. 1998 war auch eine katholische Gemeinde am Bosporus von einer größeren Grundstücksenteignung betroffen. 1997 verboten die Behörden, die armenische Sprache an die nachwachsende Generation weiterzugeben. Dies alles bedroht die Existenz christlicher Religionsgemeinschaften in der Türkei.

Insgesamt kann man mit der deutschen Kommission *Justitia et pax* feststellen, im Hinblick auf die Lage der verfolgten Christen verstärke sich der Eindruck, »daß sie in der internationalen Staatengemeinschaft keine ausreichende Lobby haben«.

Theologie der Befreiung

Im Lauf des 20. Jahrhunderts haben nach Angaben der Internationalen Gesellschaft für Menschenrechte Millionen von Menschen ihr Leben aus religiösen Gründen verloren, zahlreiche Menschen wurden verhaftet, mißhandelt, vertrieben und verfolgt. Dies war vor allem in der Stalin-Ära in der Sowjetunion und während des nationalsozialistischen Regimes der Fall. Heute entsteht Christenverfolgung nicht nur aus der Konfrontation der Kirche mit einem atheistischen oder mit einem heidnischen Staat, wie im Urchristentum, oder aus der Rivalität zwischen Christen und anderen Religionsgemeinschaften. Sie ist auch vermehrt Folge des Engagements von Christen für soziale Fragen, ihres Eintretens für die Menschenrechte und ihres Protestes gegen deren Verletzung.

Christen treten auf der ganzen Welt immer stärker für Minderheiten ein, für Schwache und für Rechtlose, sie sind Fürsprecher der Demokratie. Sie organisieren sich in Friedenskomitees oder in kirchlichen Menschenrechtsprogrammen und engagieren sich für Verständigung und Versöhnung und für die Bekämpfung der Armut.

Selbst im Vatikan gibt es Widerstand gegen die sozialen und politischen Ziele vieler katholischer Gemeinden. Ein herausragendes Beispiel für das soziale Engagement war das Wirken des brasilianischen Bischofs Domhelder Camara. Die christliche »Option für die Armen«, von ihm als Sinnbild einer sich dem Menschen zuwendenden Kirche gestaltet, und die »Theologie der Befreiung« begründeten die Notwendigkeit für die Katholiken, sich bedingungslos an die Seite der arbeitenden Bevölkerung zu stellen. Dies steht in der Tradition des Gründers des Christentums, der Zeit seines Lebens nicht an der Seite der Mächtigen stand, sondern für die Benachteiligten, die Armen und die Verstoßenen eintrat. Domhelder Camara hat den Konflikt, in dem er und seine Anhänger sich befanden, mit dem Satz beschrieben: »Wenn ich den Armen zu essen gebe, nennen sie mich einen Heiligen. Wenn ich frage, warum die Armen nichts zu essen haben, dann schimpfen sie mich einen Kommunisten.«

Daß Papst Johannes Paul II. das klassenkämpferische Bündnis der lateinamerikanischen Priester mit den marxistisch orientierten Freiheitsorganisationen ablehnte, hat sich nach dem Scheitern des real existierenden Sozialismus als richtig erwiesen. Es war ihm als polnischem Bischof wohl mehr als widerwärtig, sich anderenorts mit der Ideologie verbünden zu sollen, die in seinem Heimatland Freiheit und Gerechtigkeit mit den Füßen trat. Es entsprach aber auch nicht dem Selbstverständnis der katholischen Kirche, die »es nicht nötig hat, zwischen Systemen und Ideologien ihre Zuflucht zu nehmen, um die Befreiung des Menschen zu lieben, zu verteidigen und mit zu verwirklichen«. Die klare Distanzierung des Papstes gegenüber dem Sozialismus hat ihm auch die Plattform gegeben und die Freiheit ermöglicht, auf der eigenen Grundlage der katholischen Soziallehre gegen den globalen Kapitalismus die individuellen und sozialen Rechte der Menschen zu verteidigen.

Wie sieht die Lage in der übrigen Welt aus?

In den Staaten der ehemaligen Sowjetunion gibt es keine Verfolgung von Christen oder von christlichen Kirchen. Die Ausnahme ist Weißrußland, wo die Behörden sich immer wieder weigern, Arbeitserlaubnisse für Priester sowie Visa und Aufenthaltsgenehmigungen für ausländische Priester und Ordensleute auszustellen.

Zu beklagen ist eine systematische Verfolgung in Ägypten. Die dortige koptische Kirche wird umfassend diskriminiert. Sie teilt dieses Schicksal aber mit fundamentalistischen islamischen Gemeinschaften, vor allem weigern sich staatliche Behörden, Übergriffe auf koptische Christen zu untersuchen und Schuldige zu verurteilen.

Die Angriffe proindonesischer Milizen und des indonesischen Militärs auf die überwiegend christliche Bevölkerung Osttimors war angeblich eine Wirkung des Unabhängigkeitskonflikts und keine religiöse Verfolgung. Aber man muß fragen, warum die christliche Bevölkerung Osttimors nicht mehr im indonesischen Staatenverbund bleiben wollte. Der Grund liegt in der Diskriminierung der Christen als Minderheit im Verhältnis zum restlichen Indonesien.

Ist die Verfolgung von Christen nicht auch die Konsequenz von tiefsitzenden historisch begründeten Ressentiments gegen wirtschaftliche und soziale Privilegien der christlichen Minderheiten, zum Beispiel der Kopten in Ägypten oder der Christen in Pakistan, China und Indien? Wurden die Juden nicht auch deswegen verfolgt, weil sie besonders geschäftstüchtig waren und als Händler viel Geld verdienten? Aber abgesehen davon, daß die Juden im alten Europa nur durch Handel Geld verdienen konnten, weil sie Grundstücke nicht erwerben und Ackerbau nicht betreiben durften, bleibt doch die Frage, warum Gewalt nicht angewendet wird gegen tüchtige Händler und reiche Leute der eigenen Nationalität. Es gab zum Beispiel in den dreißiger Jahren Deutsche, die viel reicher waren als Juden. Und es gibt in Indonesien und in China Chinesen und Indonesier, die reicher sind als die Christen, aber keine Gewaltakte befürchten müssen.

Über Christenverfolgung zu sprechen bedeutet nicht, daß es einen Solidaritätsvorrang gegenüber Christinnen und Christen gibt. Es geht um die Solidarität mit allen unterdrückten Menschen, unabhängig von ihrer Religionszugehörigkeit. Christen teilen in vielen Ländern das Schicksal von Angehörigen anderer Religionsgemeinschaften, aber auch von Atheisten, die in islamischen Ländern von Gewalt und Ausgrenzung bedroht sind.

Von den ungefähr zwei Milliarden Christen dieser Welt leben mindestens 200 Millionen in Ländern, in denen die Religionsfreiheit beeinträchtigt ist. Dennoch wird dieses

Thema in offiziellen Dokumenten nach wie vor verschwiegen. Im Menschenrechtsbericht der Europäischen Union, vorgelegt Anfang 2000, wird unter dem Stichwort »Religionsfreiheit« der Antisemitismus im Gebiet der ehemaligen Sowjetunion beklagt, ebenso die Situation der Bahai im Iran. Christenverfolgungen sind kein Thema.

Zum Beispiel der Sudan

Der Bürgerkrieg im Sudan tobt seit vierzig Jahren. Er hat seit 1983 mehr als eine Million Menschenleben gefordert. Er ist nicht allein religiös motiviert: Es geht also nicht nur um Halbmond gegen Kreuz. Es handelt sich um einen typischen ethnischen Konflikt, in den auch starke soziale und ökonomische Komponenten hineinspielen. Sie haben ihre Ursache in der einseitigen wirtschaftlichen Entwicklung im arabischen Norden auf Kosten des schwarzen Südens. Die Erlöse aus den Ölfeldern bei El Obeid im Südsudan sollten gemäß der Übereinkunft der Kriegsparteien unter der Schirmherrschaft der UNO vor allem verwendet werden, um die soziale Infrastruktur der dortigen Region zu verbessern. Das Geld ist bisher aber ausschließlich in die Taschen der Potentaten in Khartum und in die Kassen der Ölfirmen gewandert.

Aber es gibt auch religiöse Kriegsursachen. Der arabische Norden hat dem Süden den heiligen Krieg erklärt. Christen in Khartum werden in Schule und Beruf benachteiligt. Dies gilt auch für andere Städte. So wird zum Beispiel die Aufnahme in eine christliche Elementarschule vom vorherigen Besuch eines Kindergartens abhängig gemacht. Da aber Christen keine eigenen Kindergärten einrichten dürfen, haben sie auch keinen Zugang zu einer christlichen Elementarschule. Christliche Kirchen dürfen keine Grundstücke besitzen. Auf Privatgrundstücken von Christen dürfen keine öffentlichen Institutionen errichtet werden. Ähnliche Schikanen müssen auch Asylbewerber in Deutschland erleben: ohne Aufenthaltserlaubnis keine Arbeitserlaubnis, ohne Arbeitserlaubnis keine Aufenthaltserlaubnis.

Im Sudan kann man viel darüber lernen, wie Muslime und Christen nicht miteinander umgehen sollten. Katholiken im sudanesischen El Obeid, wo es einen Bischofssitz gibt, können sonntags die Predigt nicht verstehen, weil die Lautsprecher der Moscheen aufgedreht und gegen die Kirche gerichtet werden. Dagegen in Deutschland zu protestieren ist so lange unglaubwürdig, wie Christen hier nur Kirchenglokken und nicht die Rufe eines Muezzin vom Minarett hören wollen.

Adversus Judaeos
Über die Judenverfolgung

*Durchdrungen von der Erkenntnis, daß die
Reinheit des deutschen Blutes die Voraussetzung
für den Fortbestand des deutschen Volkes ist, und
beseelt von dem unbeugsamen Willen, die
deutsche Nation für alle Zukunft zu sichern, hat
der Reichstag einstimmig das folgende Gesetz
beschlossen, das hiermit verkündet wird:*
*§ 1.1.: Eheschließungen zwischen Juden und
Staatsangehörigen deutschen oder artverwandten
Blutes sind verboten. Trotzdem geschlossene
Ehen sind nichtig, auch wenn sie zur Umgehung
dieses Gesetzes im Auslande geschlossen sind.
(...)*
*§ 2: Außerehelicher Verkehr zwischen Juden und
Staatsangehörigen deutschen oder artverwandten
Blutes ist verboten.*
*§ 3: Juden dürfen weibliche Staatsangehörige
deutschen oder artverwandten Blutes unter
45 Jahren nicht in ihrem Haushalt beschäftigen.*
*§ 4.1.: Juden ist das Hissen der Reichs- und
Nationalflagge und das Zeigen der Reichsfarben
verboten. (...)*
Gesetz zum Schutze des deutschen Blutes und
der deutschen Ehre vom 15. September 1935

Das Schicksal der europäischen Juden ist das traurigste
und schauerlichste Kapitel in der Geschichte der Intoleranz. Ihr Leben war geprägt durch Abgrenzung und Selbst-
behauptung, Resignation und Flucht. Sie genossen die Dul-
dung und den Schutz durch Kaiser, Könige oder Landes-
herrn, sie litten unter Gettobildung, Sondersteuern und
Pogromen; am Ende stand der Völkermord durch die
Nationalsozialisten.

»Adversus Judaeos« – viele theologische Schriften vom 2. bis zum 7. Jahrhundert trugen diesen Titel, sie warfen den Juden Gottlosigkeit, Ritualmord und Unsittlichkeit vor. Die gravierendste Anklage war jedoch die des Gottesmordes: Die Juden hätten Gottes Sohn, Jesus von Nazareth, getötet. Die Synagoge wurde zum Ort des Unglaubens erklärt, die erste wurde 388 in Kallinikon niedergebrannt, einer kleinen Stadt am Euphrat. Der Kirchenlehrer Augustinus, Bischof von Hippo, beschimpfte die Juden als »aufgerührten Schmutz, triefäugige Schar, zu Essig ausgearteten Wein der Propheten«. Er begründete die Ausgrenzung der Juden damit, daß sie den Bund des Neuen Testaments ablehnten. Ihre heimatlose Zerstreuung sei gottgewollte, heilsgeschichtliche Notwendigkeit.

Am Anfang der Judenpogrome zu Beginn des 1. Kreuzzugs und während der Pest im 14. Jahrhundert standen meist Ritualmordbeschuldigungen und der Vorwurf der Brunnenvergiftung. Der Aufruf zum Kreuzzug folgte der Parole: »hierosolyma est perdita« (»Jerusalem ist verloren«). Warum sollte man nicht bereits auf dem Weg nach Jerusalem die Verursacher, die Gottesmörder, also die Juden, bestrafen? Im Jahr 1096 gab es Pogrome in Speyer, Worms, Mainz, Trier, Metz, Köln, Neuss und Xanten. Nach vorsichtiger Schätzung fielen ihnen 4000 bis 5000 Juden zum Opfer. Dies geschah trotz eines Schutzbriefs Kaiser Heinrichs IV. für die Juden. Auch in Mainz stellte der Erzbischof die jüdische Gemeinde unter seinen Schutz. Aber die Mainzer Kirchensoldaten hatten keine Chance gegen die flämischen und pfälzischen Söldnerhaufen des Judenhassers Emicho von Leiningen.

Rechtlich waren die Juden im Mittelalter nach den Privilegien Heinrichs IV., Friedrich Barbarossas und Friedrichs II. als »infideles« (»Ungläubige«) und »servi camerae regis« (»königliche Kammerknechte«) eingestuft. Dahinter verbirgt sich die theologische Lehre von der Dienstbarkeit der Juden, die 1234 in die Dekretalensammlung Papst Gregors IX. einging. Das Interesse richtete sich auf die wirtschaftliche Leistungsfähigkeit der Juden, vor allem auf ihre Rolle als Geldverleiher, da den Christen das Zinsnehmen verboten war.

Während der großen Pestwelle in Europa im 14. Jahrhundert warf man den Juden nach dem Sündenbockschema vor, die Brunnen vergiftet und die Seuche verschuldet zu haben. Dort, wo die Pandemie bereits grassierte, merkten die Christen aber schnell, daß auch die Juden zu den Pestopfern gehörten. Die Pogrome des 14. Jahrhunderts sind die Folge von massenpsychologisch wirksamer Dämonisierung einer religiösen Gruppe, die ökonomisch erfolgreich war und Neid hervorrief. Zwangstaufen und Vertreibung lösten im Spätmittelalter die Pogrome ab.

Das Bild vom Judentum, das Martin Luther 1543 in seiner Schrift »Von den Juden und ihren Lügen« entworfen hat, diente vielen Antisemiten späterer Generationen als Steinbruch. Die Berufung auf einen so berühmten Kronzeugen hat sicher einen Teil des evangelischen Kirchenvolks dazu veranlaßt, die von den Nationalsozialisten an den Juden begangenen Verbrechen zu billigen oder wenigstens stillschweigend zu dulden. Die Aversion des Reformators richtete sich gegen ein kleinbürgerliches Judentum, dem der Eintritt in die Zünfte ebenso verwehrt war wie der Erwerb von Grundbesitz, der den Ackerbau ermöglicht hätte. Handel und Pfandleihe waren ihre einzigen Verdienstmöglichkeiten. Luther rief immerhin nicht dazu auf, die Juden zu ermorden, hielt es aber für angebracht, sie rigoros zu unterdrücken und zu vertreiben.

Zwar hat Luther auch einen positiven Beitrag über die Juden geschrieben in seiner Schrift »Juden und Christen«

aus dem Jahr 1523. Ausschlaggebend für das Verhältnis zu den Juden war jedoch die Schrift »Von den Juden und ihren Lügen« mit der berüchtigten »Sieben-Punkte-Anleitung zum Umgang mit den Juden«. Luther ist bis zu seinem Tod von dieser antijüdischen Haltung nicht mehr abgewichen. Theologische Fakultäten haben in den Jahrzehnten danach die Aversionen gegen das Judentum untermauert.

Nach der sogenannten Reichskristallnacht, also den Judenpogromen im Jahr 1938, verteidigte der thüringische Landesbischof Martin Sasse das Vorgehen der Nationalsozialisten gegen die Juden und gab eine Schrift heraus mit dem Titel »Martin Luther über die Juden: Weg mit ihnen!«. Die Schrift beruft sich auf die sieben Punkte Luthers und fordert, Juden müßten wie Zigeuner behandelt werden. Dieser Wunsch wurde erfüllt, beide Volksgruppen sind in den Krematorien der Konzentrationslager zu Asche verbrannt worden.

Die katholische Kirche hat bis in die Neuzeit in ihrer Osterliturgie in Gebetsform gegen die »ungläubigen Juden« polemisiert. Die Judenverfolgung im Mittelalter wurde vor allem mit religiös begründeten Vorurteilen geschürt. Man gab den Juden die Kollektivschuld am Tod Jesu und unterstellte ihnen die Schändung von Hostien. Der Judenstern war keine Erfindung der Nationalsozialisten, sondern des 4. Laterankonzils (1215), das den Juden nicht nur die Übernahme öffentlicher Ämter verbot, sondern auch die Judenkennzeichnung als Zwangsmaßnahme dekretierte. Sie wurde im Lauf des 13. Jahrhunderts in fast ganz Europa eingeführt, vor allem in England, Spanien, Frankreich und Italien: Die Juden mußten bestimmte Abzeichen, zum Beispiel einen gelben oder roten Fleck, einen Stern oder einen Ring an der Kleidung tragen oder einen bestimmten Hut, den Judenhut, aufsetzen, eine auf-

fällige gelbe Kopfbedeckung mit hoher kugelförmig enden-
der Spitze. Es bleibt eine Schuld der katholischen Kirche,
daß sie in Europa während der nationalsozialistischen
Herrschaft nicht deutlich Stellung bezogen hat gegen den
Holocaust. Es geschah sicher nicht, weil sie, allen voran
Pius XII., den Massenmord gebilligt hätte – ganz im Gegenteil. Es gab Tausende von Priestern, Nonnen, Mönchen und
Bischöfen, die den Juden konkret geholfen haben. Es war
vielmehr die übervorsichtige und feige Furcht der Kirchen-
führung, die Naziverfolgung könne auch auf die Mitglieder
der eigenen Kirche übergreifen, die ja während des Kriegs,
von Schikanen abgesehen, im wesentlichen unbehelligt
blieben.

»In die Ecke, wohin es gehört«

Martin Bucer, der Reformator Straßburgs, empfahl dem
hessischen Landgrafen Philipp, den Juden das Geldge-
schäft zu nehmen und sie zu schwerster, niedrigster körperlicher Arbeit zu zwingen. Johannes Calvin, der französisch-
schweizerische Kirchenerneuerer, verurteilte die Juden als
»profane, bellende Hunde, ein verfluchtes Lumpenpack
voller Habgier und Hochmut«. Zwar wurden die Empfeh-
lungen auch dieser Reformatoren nicht umgesetzt, doch
haben ihre Ideen dem Antisemitismus jahrhundertelang
Argumente geliefert. Der religiöse Antisemitismus beider
Kirchen hat dem rassischen den Boden bereitet.
   Im Zug der Herausbildung der bürgerlichen Gesellschaft
emanzipierten sich die Juden, vor allem in Preußen. Ini-
tiator war Christian Dohm, der in seiner Schrift aus dem
Jahr 1781, »Von der bürgerlichen Verbesserung der Juden«,
rechtspolitische Maßnahmen zugunsten der Juden forderte.

Das Judenedikt vom 12. März 1812, das auf die preußischen Reformer zurückgeht, ist der positive Höhepunkt der Judenemanzipation in Deutschland, auch wenn die vollständige rechtliche Gleichstellung und wirtschaftliche Freiheit nicht erreicht wurden. Das Edikt war dennoch der Durchbruch, aus dem geduldeten Schutzjuden wurde der preußische Bürger jüdischen Glaubens. In der Städteordnung des Freiherrn vom Stein wurde das städtische Bürgerrecht allen Einwohnern zugesprochen, unabhängig von Stand, Geburt und Religion.

Allerdings beschnitten Ausnahmeregelungen die bürgerliche Existenz der Juden: Sie konnten zwar nun Lehrämter und kommunale Ämter übernehmen, der Eintritt in höhere Staatsämter blieb ihnen aber nach wie vor verwehrt. Mittels restriktiver Verwaltungspraxis und Rechtsprechung wurde bis zur Reichsgründung immer wieder versucht, die Emanzipation rückgängig zu machen. Die Auffassung, daß Juden keine staatlichen Funktionen als Beamte wahrnehmen dürften, wirkte sich äußerst hemmend auf ihre Integration in die bürgerliche Gesellschaft aus.

Der Antisemitismus war aber keine ausschließlich deutsche Angelegenheit. Er war in der Dritten Französischen Republik in der Mitte des 19. Jahrhunderts Bestandteil einer Bewegung gegen Positivismus, Demokratie und Liberalismus. Auch unter den Sozialisten Frankreichs fanden sich zahlreiche Antisemiten, in deren Feindbild sich Judentum und Bürgertum vermengten. Pierre Joseph Proudhon wollte Heinrich Heine und andere Juden aus Frankreich entfernt sehen. Auch rechte Wissenschaftler von Maurice Barrès bis Gustave Le Bon waren nationalistisch und stark antisemitisch geprägt.

Die Dreyfus-Affäre bildete den Höhepunkt des französischen Antisemitismus: Von 1894 bis 1906 spaltete sie die

Nation. Gegen die militärgerichtliche Verurteilung des jüdischen Offiziers Alfred Dreyfus aufgrund gefälschter Dokumente – lebenslängliche Verbannung wegen Spionage – bildete sich 1898 der *Bloc républicain*. Der sozialistische Dichter Émile Zola veröffentlichte den Essay »J'accuse«, und der sozialistische Politiker Jean Jaurès forderte mit vielen anderen die Wiederaufnahme des Verfahrens. Obwohl Dreyfus schließlich rehabilitiert wurde, änderte sich das antisemitische Klima in Frankreich nicht wesentlich. Die jüdischen Flüchtlinge aus Ostmitteleuropa während der Zeit der nationalsozialistischen Verfolgung wurden nicht nur von der französischen Bevölkerung bewußt ausgegrenzt, sondern auch vom assimilierten und ökonomisch erfolgreichen französischen Judentum.

In Deutschland war der Antisemitismus in erster Linie eine Sache der geistigen Eliten, auch an den Universitäten. 1879 schreibt der deutsche Historiker Heinrich von Treitschke über die Juden: »Bis in die Kreise der höchsten Bildung hinauf, unter Männern, die jeden Gedanken kirchlicher Unduldsamkeit oder nationalen Hochmuts mit Abscheu von sich weisen würden, ertönt es heute wie aus einem Munde: Die Juden sind unser Unglück.« Der Hofprediger des Kaisers, Adolf Stoecker, erklärte: »Hier kommt auf je zwanzig Christen ein Jude. Das ist mehr, als wir vertragen können. Kein billig Denkender, der die Verhältnisse kennt, wird leugnen können, daß wir zu unserer Abwehr unberechtigten fremden Einflusses und Übergewichts nicht nur ein Recht, sondern eine heilige Pflicht haben. Wir gestatten den Juden, unter uns zu leben, auf ehrliche Weise ihr Brot zu verdienen. Aber ausbeuten und beherrschen lassen wir uns von den Juden nicht. Das Judentum will nicht bloß existieren, es will herrschen. Und deswegen werden wir fortfahren im Kampf gegen das

Überwuchern dieses Judentums, bis es im öffentlichen Leben in die Ecke gestellt ist, wohin es gehört.«

Adolf Bartels, einer der Wegbereiter des Nationalsozialismus, schreibt in seinem Buch »Der völkische Gedanke« 1923: »Am gefährlichsten sind die fremden Einflüsse im Innern. Wir haben einen starken Bestandteil eines unarischen orientalischen Volkes unter uns. Sechs mal hunderttausend, jetzt nach der starken Einwanderung von Osten vielleicht acht mal hunderttausend Juden. Ausgesprochene Händlernaturen sind in einem Volkskörper, auch dem gesündesten, nicht so leicht zu ertragen. Der deutsch-völkische Gedanke ist ohne Lösung der Judenfrage überhaupt nicht durchführbar.«

Nur vor diesem Hintergrund ist der radikale Kampf der israelischen Juden um einen gesicherten, unabhängigen Staat zu verstehen. Israels Existenzrecht wird seit seiner Gründung in der arabischen Welt angefochten, es wäre ohne Hilfe der USA längst untergegangen. Es ist ein Treppenwitz der Geschichte, daß reiche und mächtige Staaten wie Saudi-Arabien zu den engsten Verbündeten der USA zählen und gleichzeitig den »heiligen Krieg« gegen Israel erklärt haben. Die Saudis bezahlen radikale Islamisten – darunter solche, die friedensbereite Araber wie Anwar al Sadat ermordeten, und jene, die die Kerosinbomben in das *World Trade Center* flogen.

Aslim Taslam
Islam und Islamismus

> *Wenn die heiligen Monate abgelaufen sind, dann tötet die Heiden, wo immer ihr sie findet, ergreift sie, belagert sie und lauert ihnen auf jedem Weg auf. Wenn sie umkehren, das Gebet verrichten und die Abgaben entrichten, dann laßt sie ihres Weges ziehen.*
> Sure 9,4

> *Kämpft gegen diejenigen, die nicht an Gott und an den jüngsten Tag glauben und nicht verbieten, was Gott und sein Gesandter verboten haben, und nicht der wahren Religion angehören von denen, die die Schrift erhalten haben, bis sie kleinlaut aus der Hand Tribut entrichten!*
> Sure 9,5

Fragen nach Ursache und Wirkung, Schuld, Zurechenbarkeit und Verantwortung gehören zum menschlichen Alltag und sind in den Zivil- und Strafprozessen unserer Gerichte das tägliche Brot. Oft sind diese Fragen nicht eindeutig zu entscheiden, so daß ein Kompromiß gesucht oder ein Vergleich angeboten werden muß. Wird ein Großwildjäger in der Wüste vom Löwen gefressen, ist die Wirkung klar, Ursachen für den grausigen Tod gibt es jedoch viele: der Hunger des Löwen, die Unfähigkeit zu schießen, die Dummheit, sich in Gefahr zu begeben.

Nach dem Anschlag auf das *World Trade Center* am 11. September 2001 war für die US-Regierung die Frage nach Ursache, Schuld und Verantwortung nicht zweifelhaft. Es war nach ihrer Auffassung ein von außen gegen Amerika geführter militärischer Angriff des internationalen Terrorismus, der folgerichtig die Beistandsverpflichtung nach Artikel 5 des NATO-Vertrags auslöste. Bundeskanzler Gerhard Schröder sprach von einem Anschlag auf Freiheit und Demokratie.

Woher der Terror kommt

Diese These wurde von Anfang an kritisiert. Arundhati Roy, die indische Bestsellerautorin (»Der Gott der kleinen Dinge«), überlegte kurz nach den Terroranschlägen in einem Artikel in der »Frankfurter Allgemeinen Zeitung«, ob es sein könne, »daß die finstere Wut, die zu den Anschlägen führte, nichts mit Freiheit und Demokratie zu tun hat, sondern damit, daß amerikanische Regierungen genau das Gegenteil unterstützt haben – militärischen und wirtschaftlichen Terrorismus, Konterrevolution, Militärdiktaturen, religiöse Bigotterie und unvorstellbaren Genozid (außerhalb Amerikas)«. Ein paar Spalten weiter fragt sie: »Was ist Osama bin Laden?« Antwort: »Er ist das amerikanische Familiengeheimnis. Er ist der dunkle Doppelgänger des amerikanischen Präsidenten. Der brutale Zwilling alles angeblich Schönen und Zivilisierten. Er ist aus der Rippe einer Welt gemacht, die durch die amerikanische Außenpolitik verwüstet wurde, ihre unbekümmerte Politik der unumschränkten Vorherrschaft und ihre kühle Mißachtung aller nicht amerikanischen Menschenleben. Ihre marodierenden Multis, die sich die Luft aneignen, die wir einatmen, die Erde, auf der wir stehen, das Wasser, das wir trinken, unsere Gedanken.«

»Tagesthemen«-Moderator Ulrich Wickert fand diese Version in der Illustrierten »Max« gar nicht so übel und bescheinigte dem amerikanischen Präsidenten Bush die gleichen Denkstrukturen wie Terrorist bin Laden. Wickert konnte nur durch eine Entschuldigung seinen Fernsehjob retten.

Mit ihrer Sicht der Dinge stehen Arundhati Roy und Wickert nicht allein. Ist denn bisher in der Weltgeschichte immer nur der religiöse Fundamentalismus die Ursache für den Fanatismus gewesen, der zu solchen Anschlägen geführt hat? Oder sind nicht meistens andere Ursachen wie der Nationalismus dazugekommen? Die Armut im Elendsgürtel von Bangladesch über Pakistan, Afghanistan, Iran, Irak, Jemen, Jordanien, Ägypten bis nach Algerien und Marokko bereitet den Islamisten den Boden. Das sind Länder mit einer Jugendarbeitslosigkeit von über achtzig Prozent, in denen junge Männer, um mit den Worten der Mullahs zu reden, keine Perspektive für ihr »irdisches Leben« haben und daher leicht auf Heilsversprechen hören, die ihnen das Paradies verheißen, vor allem wenn sie für die islamistischen Ideen ihr Leben opfern.

Der fein ziselierte Unterschied, den die Schriftstellerin bei ihren Vorwürfen machte – die Anklage gelte nicht den Amerikanern, deren Schmerz sie verstehen könne, sondern der Politik der amerikanischen Regierungen – half der Inderin wenigstens, dem Vorwurf zu entgehen, sie behaupte, die Ermordeten seien an ihrer Ermordung selbst schuld. Immerhin, die amerikanische Regierung war mitverantwortlich für Bürgerkrieg und Talibanherrschaft in Afghanistan. Schließlich unterstützte die CIA den Dschihad der Mudschaheddin, einschließlich der Taliban und Osama bin Laden, gegen die sowjetische Besatzungsmacht, und die Koranschulen in Pakistan, die Schulungsstätten der Taliban, finanzierte der Hauptverbündete der USA im Nahen und Mittleren Osten, Saudi-Arabien.

Eine Folge hatte der Anschlag: Er zwang die Amerikaner zu einer militärischen Aktion gegen die Taliban in Afghanistan, die, gemessen an der Schwere der Menschenrechtsverletzungen dort, überfällig war.

In meinem Buch »Das nicht gehaltene Versprechen. Politik im Namen Gottes« schrieb ich im Juli 1999:

»Es ist ein Skandal, daß der Krieg in Afghanistan von den Regionalmächten und deren Hintermännern in den USA am Leben erhalten wurde. Darüber lohnte sich die Aufregung. Daß die Taliban in Kabul Fuß faßten, hat Pakistan zu verantworten, das mit Iran und Rußland um Einfluß im rohstoffreichen Zentralasien streitet. Pakistan war in diesem großen Spiel jedoch nur ein Werkzeug der Vereinigten Staaten, deren Ölkonzerne sich ein lukratives Geschäft nicht entgehen lassen wollten. Daß dabei das Leben, die körperliche Unversehrtheit und die berufliche Existenz von Hunderttausenden von Frauen gefährdet wurden, ließen das Außenministerium und den Präsidenten der USA offenbar kalt. Die afghanischen Frauen spielten in ihrem Kalkül keine Rolle.«

Es ist tragisch und moralisch schwer erträglich, daß erst mehr als 3000 unschuldige Menschen, darunter über 300 Feuerwehrleute, ihr Leben verlieren, 450 000 Quadratmeter Bürofläche in Manhattan vernichtet und ein Flügel des Pentagon zerstört, Zehntausende von Arbeitsplätzen verloren gehen und etliche Fluggesellschaften in den Bankrott getrieben werden mußten, bis die westliche Welt reagierte. Vielleicht wäre das, was Außenminister Joschka Fischer abschätzig »Menschenrechtsinterventionismus« genannt hat, besser doch Bestandteil der westlichen Außenpolitik geworden. Statt dessen gaben westliche Regierungen den Menschenrechtsverletzern jahrelang den Spielraum für die Vorbereitung ihrer Mordanschläge und ermutigten die Terroristen, indem sie wegschauten. Sie taten auch nichts gegen den Eindruck der Dominanz kapitalistischer Interessen.

Nach dem Anschlag hieß es plötzlich: »Endlich Schluß mit Multikulti.« Hat die tolerante Vision einer multikulturellen Gesellschaft durch den 11. September den Todesstoß bekommen? Das muß nicht sein, wenn man darunter das gleichberechtigte Zusammenleben von Menschen unterschiedlicher Herkunft und Identität unter dem gemeinsamen Dach einer Verfassung versteht, in der die unantastbare Würde eines jeden Menschen und die damit verbundenen Grundwerte und Menschenrechte im Mittelpunkt stehen.

Entlarvt wurde jedoch die Verharmlosung einer immer mächtiger werdenden Richtung im Islam, nämlich des Islamismus. Er ist eine Ideologie zur Durchsetzung der Weltherrschaft, so verstehen es alle seine Vertreter, auch in Deutschland. In Besprechungen von Büchern, in Talkshows, in Symposien und Akademietagungen wurde nach den Anschlägen unisono darauf hingewiesen, daß der Islam eine vielfältige Religion sei und man die Muslime nicht über einen Kamm scheren dürfe. Sogar innerhalb des islamischen Fundamentalismus gebe es unterschiedliche Strömungen, keineswegs alle befürworteten einen gewalttätigen Extremismus.

Nadeem Elyas, der Vorsitzende des Zentralrats der Muslime in Deutschland – der aber längst nicht für alle Muslime in Deutschland sprechen kann –, wird nicht müde zu betonen, daß der Islam sich auszeichne »durch die Vielfalt seiner Rechtsschulen und durch die Möglichkeit der Auslegung unterschiedlicher Prägung und Ausdrucksform« (so in seiner Rede auf der Tagung der Katholischen Akademie in Bayern am 17. November 2001).

Darin besteht das Problem. Der Islam, die zweitgrößte Religion der Welt, gehört, wie das Judentum und das Christentum, zu den sogenannten Offenbarungs- und Buchreligionen. Ihre Anhänger glauben nur an einen Gott, der seine Lehren auserwählten Menschen, wie Mohammed, Jesus oder Moses, in heiligen Schriften offenbart. Sunniten und Schiiten sind die beiden großen Konfessionen – um diesen Begriff aus der christlichen Religionsgeschichte zu verwenden – des Islam. Zwischen ihnen gibt es Gemeinsames und Trennendes wie etwa zwischen Katholiken und Protestanten. Der Begriff »Islam« bedeutet »sich Gott ergeben«, Unterwerfung. Der Glaube an Gott, an Allah, ist die zentrale Botschaft. »Gott hat seine Schöpfung gut gemacht, und er hält seine Hand über sie«, wie Ursula Spuler-Stegemann in ihrem informativen Buch »Muslime in Deutschland« zusammenfassend schreibt. Auch der Mensch sei gut, aber anfällig für Einflüsterungen des Satans, und deshalb bedürfe er der Leitung Gottes durch den Koran. Ebenso wegweisend sei die Sunna, das in Schriften niedergelegte Vorbild des Propheten Mohammed. Zu diesem Glauben kommen zentrale Pflichten, die auch als die »Fünf Säulen des Islam« bezeichnet werden: das Glaubensbekenntnis, das rituelle Gebet, das Fasten im Monat Ramadan, die Sozialabgabe und die Pilgerfahrt.

Die Einfachheit seiner Glaubenslehre hat den Islam außerordentlich attraktiv gemacht. Im Lauf der Geschichte hat sich jedoch eine Fülle von Rechtsschulen und Lehrmeinungen entwickelt, durch die sich sowohl der friedliche Islam, die Trennung von Religion und Staat, als auch eine militärische Welteroberungsreligion begründen läßt. Im Vordergrund der Diskussion steht der Islamismus. Darunter versteht die Fachwissenschaft, so Ursula Spuler-Stegemann, den »islamischen Fundamentalismus«. Die Islamisten selbst lehnten diesen Begriff ab als europäisch und christlich geprägt und somit diffamierend. Sie verwenden aber zur eigenen Charakterisierung den arabischen Begriff »Usuliyun«, was soviel heißt wie »Diejenigen, die sich an ihren Wurzeln orientieren«. Demnach paßt der Begriff »Fundamentalist« auf das, was man unter Islamismus zu verstehen hat: Die Islamisten orientieren sich an dem Islam, wie er sich in der unmittelbaren Zeit nach dem Tod Mohammeds dargestellt hat. Genauer gesagt, bis zum Tod des 4. Kalifen Ali im Jahr 661. Die theologischen und rechtlichen Weiterentwicklungen spielen für sie keine Rolle. Dieser Fundamentalismus ist gekennzeichnet durch eine Rückbesinnung auf die ursprünglichen Werte des Islam, er ist dennoch dynamisch und zukunftsorientiert. Nach Auffassung seiner Anhänger ist der Islamismus der dritte Weg zwischen Kapitalismus und Kommunismus/Sozialismus und der einzige, der die gesamte Menschheit in »ein gerechteres neues Jahrhundert führen kann und muß« (Ursula Spuler-Stegemann). Der Islamismus steht damit in Konkurrenz zur Sozialen Marktwirtschaft, die sich ja ebenfalls – richtig begriffen – als goldener Mittelweg versteht und deren wahre Vertreter in Deutschland und in Europa zu Recht behaupten, daß der Kapitalismus genauso falsch sei wie der Sozialismus.

Die Islamisten sind davon überzeugt, daß durch den ursprünglichen Islam die Religion wieder ihre alte Kraft bekomme und so der Sieg des Islam über die ganze Welt in nächster Zukunft erreichbar sei. Durch die Verbindung eines fortschrittlichen Denkens mit der Rückbesinnung auf die fundamentalen Werte werde der Islam in wenigen Jahren den Westen wirtschaftlich, militärisch und technologisch überholen. Islamisten lehnen die sich durch die Aufklärung in Europa durchgesetzte Trennung von Religion und Staat ultimativ ab, sie betrachten, wie fast der gesamte Islam, die Einheit von Religion und Staat (arabisch: »din wa daula«) als tragende Idee. Der Koran und die Sunna werden so auch zum staatlichen Gesetz, das Wort Gottes muß buchstabengetreu befolgt werden.

Es ist klar, daß diese Idee besonders in jenen Regionen Anhänger findet, in denen wirtschaftliche Not, soziale Mißstände und politische Unterdrückung herrschen. Die islamistischen Parolen von Osama bin Laden sind dort auf fruchtbaren Boden gefallen. Je schlechter die soziale Situation sich für die Muslime entwickelt, um so erfolgreicher wird der Islamismus. Die Religion ist für den Islamismus ein Instrument zur Durchsetzung politischer Macht. Der bekannte Orientalist Bassam Tibi hat zu Recht gesagt, daß der Islam zwar eine »facettenreiche Religion« sei, aber der Islamismus eine »politische Ideologie«.

Toleranz ist für Islamisten ein Fremdwort, schreibt Ursula Spuler-Stegemann. *Dschihad*, der Heilige Krieg, wird nicht nur als Kampf gegen die inneren Triebe, sondern auch als Kampf mit Waffengewalt »auf dem Wege Gottes« verstanden. Demjenigen, der im Dschihad stirbt, wird das Paradies zuteil. Der Dschihad ist im Koran verankert und diente ursprünglich dem Ziel, die Muslime gegen Angriffe von außen zu verteidigen. Er soll aber gleichzeitig helfen, den Islam mit Waffengewalt zu verbreiten.

Es spricht nicht für die führenden Vertreter der deutschen Muslime, wie zum Beispiel Elyas, daß sie diese legitime Interpretation des Islam verharmlosen und zum Beispiel die Suren 9,5 und 9,11 verschweigen in der Debatte um die Frage, ob der Islam auch mit militärischen Mitteln verbreitet werden soll. Rotraud Wieland, Professorin für Islamkunde und Arabistik an der Universität Bamberg, hat nachgewiesen, daß der Begriff »Dschihad« an insgesamt 35 Stellen im Koran auftaucht und nur an sechs Stellen im Sinn der Grundbedeutung, nämlich »sich abmühen, sich anstrengen«, verwendet wird. Bei allen anderen Fundstellen gehe aus dem Kontext zweifelsfrei hervor, daß »Dschihad«, oder die entsprechende Verbform, nichts anderes als ein militärisches Vorgehen bezeichnet, also im Sinn von »Krieg führen« zu verstehen ist. Auch in den beiden am Anfang dieses Kapitels zitierten Versen ist nach ihrer Auffassung eindeutig zu erkennen, daß alle diejenigen, die weder dem Islam noch einer der Offenbarungsreligionen angehören, bis zu ihrer Ausrottung oder Bekehrung zu bekriegen sind. Die bewaffnete Expansion des Herrschaftsbereichs der Muslime und des islamischen Rechts durch Eroberung der von Nichtmuslimen regierten Staaten sei geboten, damit »das Wort Gottes über allem stehe«.

Rotraud Wieland macht auch darauf aufmerksam, daß die beiden wichtigsten ideologischen Vordenker des zeitgenössischen Islamismus, der 1979 verstorbene Pakistaner Abu-A'la Maddudi und der 1966 hingerichtete Ägypter Sayyid Qutb, der Ansicht energisch widersprochen haben, es gebe im Islam nur einen defensiven Dschihad. Darin stünden sie in Übereinstimmung mit Ajatollah Khomeni. Nach ihrer Auffassung ist eine künftige Weltfriedensordnung nur zu erreichen, wenn die Muslime in einem großen Dschihad die Welt erobern. Diesen Vorgang preisen sie als einen zum Wohl der Menschheit gebotenen revolutionären Befreiungsprozeß.

Mohammed bekehrte die Einwohner von Mekka zwangsweise zum Islam. Wer sich dem verweigerte, wurde getötet oder versklavt. »Aslim Taslam« hieß der Slogan (»Wenn du dich zum Islam bekehrst, bist du gerettet«). Auch wenn der Dschihad von den islamischen Rechtsgelehrten im Lauf der Zeit entmilitarisiert wurde und die Pflicht zum heiligen Krieg auch durch friedliche Mittel wie Predigt und Überzeugung, durch »das Herz, die Zunge und die Hände«, erfüllt werden kann, ist nicht ausgeschlossen, daß auch das Schwert angewendet wird.

Die Märtyrer

Der Islamismus bekommt eine besondere Brisanz durch den Kult, der um seine Märtyrer entstanden ist. Der Tod eines Glaubenszeugen ist der edelste, der überhaupt denkbar ist. Die Blutzeugen werden im Paradies gekrönt, wo kühle Ströme fließen und herrliche Fruchtbäume wachsen. Sie trinken dort nichtberauschenden Wein und erfreuen sich an Jungfrauen mit schwellenden Brüsten, den sogenannten *Huris*, die niemand zuvor berührte. Die Frage bleibt unbeantwortet, woran sich die Frauen erfreuen, die nach dem Koran ja auch in das Paradies kommen dürfen. Der Märtyrer überwindet nach Ansicht der muslimischen Gelehrten die natürliche Furcht des Menschen vor dem eigenen Tod und handelt im Namen Gottes.

Die PDS hat unter Berufung auf den Kirchenlehrer Tertullian – »Das Blut der Märtyrer ist der Samen der Kirche« – in einer Bundestagsdebatte behauptet, das christliche Religions- und Kirchenverständnis ähnle dem extremistischer Moslems und Hindus. Aber selbst einfache PDS-Leute sollten erkennen, daß es einen Unterschied ausmacht, ob jemand von einem anderen ermordet wird, weil er bei seiner Auffassung bleiben will – wie zu Stalins Zeiten –, oder ob jemand mit einer Bombe oder mit einem gekaperten Flugzeug Selbstmord begeht und Unschuldige mit in den Tod reißt.

In der spirituellen Anleitung, die der Selbst- und Massenmörder Muhammed Attah in seinem Gepäck trug, als er in das Flugzeug stieg, mit dem er in den Nordturm des

World Trade Center raste, stand: »Dies ist die Stunde, in der du Gott treffen wirst. Bete zu Gott, Gott hilf mir, dies zu tun.« Erstaunlich ist die immerwährende Berufung auf Gott, die sich zu einer fast unerträglichen Penetranz steigert: »Wenn du im Flugzeug bist, solltest du zu Gott beten, denn du tust dies für Gott. Wie der allmächtige Prophet sagt, ist eine Tat für Gott besser als die ganze Welt.« Ist das etwas Besseres als das »Deo lo vult!« – »Gott will es!« – der Kreuzzügler und Mordbrenner in Jerusalem? Sie schnitten sich Stoffkreuze aus den Umhängen und hefteten sie zum Zeichen der Pilgerschaft in der Nachfolge Christi an ihre Schultern.

So geht es in der Anleitung für den Terroristen weiter: »Bete, bete, bete, damit du nicht schwankend wirst und aus Angst dein Vorhaben aufgibst. Öffne dein Herz, heiße den Tod im Namen Gottes willkommen.« Wenige Sekunden vor dem Einschlagen in den Turm soll er sich an die Verheißung erinnern: »Öffne dein Herz, denn du bist nur einen kurzen Moment noch entfernt von dem guten, einzigen Leben voller positiver Werte in der Gesellschaft von Märtyrern.« Wenn es geschehen ist, »rufen Engel deinen Namen und tragen für dich ihre schönsten Kleider«.

Islamische Feindbilder

Wie konnte es zu Beginn des 3. Jahrtausends geschehen, daß dieser mörderische Fanatismus die Hirne junger Menschen zerfraß? Ohne die geschichtliche und soziale Entwicklung in den muslimischen Ländern ist dies nicht zu erklären. Die Gewalt wurde vor allem durch den Kolonialismus gepflanzt und durch die Verhinderung eines einheitlichen arabischen Nationalstaats nach dem Ersten Weltkrieg durch die Franzosen und Engländer, entgegen ihren ursprünglichen Versprechen. Die Erfahrung der Unterlegenheit und der angeblichen geistigen und kulturellen Minderwertigkeit prägte sich vor allem den einfachen Leuten ein, während sich die oberen Schichten den Lebensstandard der westlichen Welt aneigneten. Das Paradebeispiel ist Saudi-Arabien, wo sich die Mächtigen bis heute als Hüter der heiligen Stätten Mekka und Medina aufspielen und gleichzeitig durch Verschwendung und Luxus den Islam als korrupte Veranstaltung zur Verdummung und Schikanierung der Massen bloßstellen. Deshalb haben es die Mullahs leicht, bei der einfachen Bevölkerung den Widerstand gegen die westliche Welt zu mobilisieren. Die Feindbilder der Islamisten sind klar. Es sind die laizistischen Regierungen islamischer Länder, die es ablehnen, die Scharia als Grundlage ihres Rechtssystems einzuführen. Hauptfeinde sind aber der »Weltzionismus«, der Staat Israel und der »große Teufel«, die USA. Bin Laden zählt auch Saudi-Arabien zu seinen Feinden, im Gegensatz zu den meisten anderen Islamisten, die sich durch den strafrechtlichen Rigorismus der Wahabiten blenden und durch ihr Geld bestechen lassen.

In einer Zeitschrift der Islamischen Gemeinschaft Milli Görüs in Deutschland kann man folgendes lesen:

»Der Europäer ist ein Atheist und Götzenanbeter, ein Wucherer, Kapitalist, Sozialist, Zionist, Kommunist und Imperialist, ständig brünstig und besoffen, ehebrecherisch und materialistisch. Er hat sich dem Teufel verschrieben. Sie sind Agenten und Spione. Sie können als Arzt auftreten, als Krankenpfleger, als kluger Lehrer, als Gewerkschafter, aber alle sind sie Feinde des Islam.«

Die Islamisten weisen auf die Fernsehprogramme hin und kritisieren die Flut von Sendungen, in denen Sex, Mord, Raub, Ehebruch und Prostitution ausführlich zu allen Tages- und Nachtzeiten gezeigt werden. Sie geben vor, ihre Familien, vor allem ihre Kinder, vor diesem Sumpf bewahren zu wollen. Ob aber das Sexualleben islamischer Männer grundsätzlich anders aussieht als im westlichen Augiasstall, darf bezweifelt werden. Am Abend vor dem Anschlag auf das *World Trade Center* haben die Gottesattentäter sich Pornovideos im Hotel-Pay-TV angeschaut, wie aus ihren Hotelrechnungen hervorgeht.

Die »Emma«-Redakteurin Ursula Ott hat 1994 einen Artikel veröffentlicht, der bewirkte, daß ihre Redaktion von muslimischen Fundamentalistinnen verwüstet wurde. Sie zitierte Äußerungen von muslimischen Schülerinnen aus der Grund- und Hauptschule Kalk. Demnach durften die Mädchen bei den freiwilligen Arbeitsgemeinschaften am Nachmittag immer seltener mitmachen, so beim Computerkurs oder beim Volleyball. Ihre Eltern schickten sie statt dessen in die Koranschule. Dort werde ihnen beigebracht, daß sie nichtislamische Freundinnen meiden sollen und daß Schminken und Parfüm Sünde, Leggins und Badeanzüge unsittlich seien. »Aber selber«, sagt eine Vierzehnjährige, »guckt der Hodscha jedem kurzen Rock hinterher.«

Man muß mit Blindheit geschlagen sein, um nicht zu erkennen, daß die islamistische Intoleranz einen religiösfundamentalistischen Hintergrund hat. Der Präsident des Bundesamts für Verfassungsschutz Peter Frisch hat schon 1996 gewarnt, daß die islamischen Fundamentalisten die größte Gefahr des kommenden Jahrhunderts seien und hinter dem scheinbar so privaten Kampf um das Kopftuch die gezielte Strategie islamistischer Organisationen wie

Milli Görüs steckten. Aber diese Warnung ist genauso ungehört verhallt wie die Recherchen der »Emma«.

Gerade am Beispiel der Frauen hätten alle Verantwortlichen in den westlichen Demokratien längst erkennen müssen, daß der Islamismus eben keine zwar radikale, aber schließlich doch akzeptable Variante einer großen Weltreligion darstellt. Er ist vielmehr eine mit den Grundsätzen der zivilisierten Welt und der UNO-Menschenrechtscharta nicht zu vereinbarende militante Ideologie, die beansprucht, andere Menschen zu bekehren oder zu bekämpfen.

Bis heute wähnt sich zum Beispiel die katholische Kirche im Besitz der absoluten Wahrheit, jedenfalls in theologischen Fragen. Aber sie verzichtet seit einigen Jahrhunderten darauf, andere Menschen umzubringen, wenn sie diese Wahrheiten für falsch halten. Der Islam hat diesen Prozeß der Aufklärung noch vor sich – eine Geisteshaltung, die religiöse Inhalte nicht beseitigt, aber ihren Absolutheitsanspruch relativiert und ihre Gültigkeit mißt an Menschlichkeit, Gerechtigkeit und Freiheit.

Minderwertigkeit
Nach Auffassung der Islamisten macht sich ein Nichtmuslim eines mit der Todesstrafe zu sühnenden Verbrechens schuldig, wenn er eine muslimische Frau liebt und mit ihr schläft.

In Adolf Hitlers »Mein Kampf« steht: »Die begrenzte Form der Fortpflanzung ist ein ehernes Gesetz. Jedes Tier paart sich nur mit Genossen der gleichen Art. Meise geht zu Meise, Fink zu Fink, der Storch zur Störchin, Feldmaus zur Feldmaus, Hausmaus zu Hausmaus, der Wolf zur Wölfin.«

Die Logik dieser Trivialzoologie wäre gewesen, daß der »Mensch zum Menschen« gehe, aber seit wann ist der Rassismus logisch? »Für Hunde und Juden verboten« stand auf Schildern im nazibesetzten Frankreich, wie die französische Jüdin Denise Holstein berichtet. Das Nürnberger Blutschutzgesetz bestrafte Geschlechtsverkehr zwischen Deutschen und Juden mit Zuchthaus, später mit dem Tod, als »Rassenschande«, gewissermaßen als Sodomie mit Untermenschen. Das ist eine »Leitkultur«, die die Diskriminierung von Menschen aufgrund ihrer biologischen Verschiedenheit legitimierte. Sie rechtfertigte die Versklavung von Millionen von »Negern« durch Araber, Europäer und US-Amerikaner mit der angeblichen Minderwertigkeit dieser Menschen. Sie begründete die Unterdrückung durch die Weißen in Südafrika oder den Ku-Klux-Klan in den Südstaaten der USA. Und auf sie stützten sich die Nazis, als sie ihre massenmörderische Intoleranz als biologischen Imperativ verbrämten.

Da uns diese Zeiten Äonen entfernt zu sein scheinen, reiben wir uns die Augen, wenn wir hören, daß im Iran und in anderen islamistischen Staaten der Geschlechtsverkehr zwischen einem Christen und einer muslimischen Frau mit dem Tod bedroht ist, wie der Fall Hofer im Iran Ende der neunziger Jahre gezeigt hat.

Was unterscheidet also in diesem Punkt die Ajatollahs von den Nazis? Doch wohl nur, daß das Kriterium für die Minderwertigkeit eines Menschen nicht mehr das »Blut«, sondern der Glaube ist. Betrachtet man die Reaktionen der Weltöffentlichkeit, dann gibt es offenbar ein ungeschriebenes Gesetz, wonach

Untaten dann nachsichtig abgetan werden, wenn sie im Namen Allahs geschehen: Unverheiratete Frauen mit sexuellen Beziehungen werden ausgepeitscht, Apostaten zwangsgeschieden, Diebe verstümmelt, Ehebrecherinnen gesteinigt, Homosexuelle enthauptet.

Die religiöse Intoleranz hinterläßt genauso wie die rassistische eine Blutspur bis in die heutige Zeit. Zwei Dinge seien unendlich, sagt Albert Einstein, das Weltall und die Dummheit der Menschen.

Die auf dem Fundamentalismus beruhenden Untaten sind nicht unbekannt geblieben: Der angeblich so moderate »Löwe des Panchirtals« und Führer der afghanischen Nordallianz Ahmed Shah Massud zwang die Frauen genauso unter die unförmigen Krähengewänder, die *Burkas*, wie sein von den Amerikanern hofierter Gegenspieler Gulbuddin Hekmatyar, der als Student unverschleierten Frauen Säure ins Gesicht schüttete. Das hinderte die Amerikaner nicht daran, ihn und seine Bande mit Stinger-Raketen auszurüsten.

Alice Schwarzer handelte sich 1979 nach einer Reise in den vom Ajatollah Khomeni beherrschten Iran den Vorwurf des Rassismus ein. Sie hatte geschrieben: Die Frauen sind gut genug, um für die Freiheit zu sterben, sie werden nicht gut genug sein, in Freiheit zu leben. Dabei war es doch offensichtlich: Die »Einführung des Gottesstaats« bedeutete Zwangsverschleierung, rechtliche Entmündigung, Berufsverbote, Steinigung bei Ehebruch und bei dem »weibischen« Verbrechen der Homosexualität.

Die Ungerechtigkeiten gegen Frauen sind ja nicht nur in den mittelasiatischen Ländern oder den Staaten des mittleren Orients wie Pakistan, Afghanistan und Iran so obszön, daß es längst zu einem Aufschrei der zivilisierten Welt hätte kommen müssen (dazu gehört neben den bekannteren Grausamkeiten das Abhacken von Fingern mit lackierten Nägeln oder das Annageln verrutschter Burkas auf dem Kopf iranischer Frauen). In Algerien zum Beispiel verfolgen und töten paramilitärische islamistische Organisationen wie die GIA Frauen, die sich unislamisch verhalten. Übrigens erlaubt sogar die algerische Verfassung die Polygamie, immer noch kann der Ehemann seine Frau verstoßen, die Genehmigung zur Heirat erteilt der Vater, und wenn es ihn nicht gibt, entscheidet ein Bruder oder ein Onkel. Es kann passieren, daß ein Sohn der Mutter verbietet, ins Ausland zu reisen.

Es gibt auch in Deutschland falsche Multikulturelle, die nahezu alle Menschenrechtsverletzungen tolerieren, wenn sie nur islamisch begründet sind. Als in Afghanistan die Buddhastatuen von Bamian »mit Kanonen pulverisiert« wurden (Henryk M. Broder), gab es nicht wenige, die diesen barbarischen Akt rechtfertigten, auf jeden Fall dafür um Verständnis warben und behaupteten, die ökonomisch-kulturelle Hegemonie des Westens höhle die buddhistische Lebensweise stärker aus als die Zerstörung der Statuen.

Aus Schuldbewußtsein wegen früherer Verbrechen von Christen an Muslimen scheuen viele ein klares Wort über die Wahnideen und Untaten von Fundamentalisten. In Saudi-Arabien wurden Mitte 2001 dreizehn christliche Gastarbeiter inhaftiert. Es handelt sich um Menschen aus Afrika und Asien, die Religionspolizei verhaftete sie bei christlichen Gebetstreffen. Zum Christengott zu beten gilt in Saudi-Arabien als schweres Verbrechen.

Die falschen Multikulturellen fordern das Recht auf den Unterschied, auf die Differenz, auf kulturelle Identität, und zwar ohne Einschränkung. Sie diskreditieren die Menschenrechtsmultikulturellen, die sich als Erben der Aufklärung verstehen und für die eine Aufweichung der republikanischen Grundsätze nicht in Frage kommt. Die Streichung des Religionsprivilegs im Vereinsgesetz durch den Deutschen Bundestag war daher überfällig. Islamistische Gruppen in der Bundesrepublik können sich nicht mehr darauf berufen, eine Religionsgemeinschaft zu sein.

Zum Beispiel wird die Islamische Gemeinschaft Milli Görüs (IMG) vom Verfassungsschutz als extremistisch eingestuft. Sie steckt auch hinter dem Islamrat. Diese und andere Organisationen konnten sich in Deutschland unter dem Schutz des Religionsprivilegs ungehindert bewegen. »Schläft Deutschland?« fragen sich türkische Zeitungen schon seit Jahren. »Die Schlange, die mich nicht beißt, soll tausend Jahre leben«, zitierte der türkische Ministerpräsident Bülent Ecevit Ende September 2001 ein anatolisches Sprichwort. Er wollte damit auf die Untätigkeit gegenüber diesen extremistischen Organisationen in Deutschland aufmerksam machen. Nicht umsonst war Deutschland der Ruheraum für die Mehrzahl der Terroristen, die den Anschlag auf das *World Trade Center* verübt haben. In einer Reihe von Islamzentren wird nach Auffassung des Verfassungsschutzes der Haß gegen den Westen geschürt.

Vor der IMG warnen die Verfassungsschützer seit langem. Diese Türkenorganisation hat 27000 Mitglieder und über 100 000 Anhänger in Deutschland. Nach Einschätzung des SPD-Europaabgeordneten Ozan Ceyhun täuscht die

IMG die Öffentlichkeit systematisch über ihren wahren Charakter, wozu ihr auch Hunderte von Tarnorganisationen dienen. Über diese Organisation heißt es schon im Verfassungsschutzbericht 1994: »Sie tritt für die Einführung einer auf dem Koran basierenden Staatsordnung in der Türkei und für die weltweite Islamisierung ein«, und »sie betreibt antisemitische Hetzkampagnen«. Die IMG betreibt unter anderem Koranschulen und 300 Moscheen. In Milli-Görüs-Zeitungen stehen Sätze wie: »Ihr müßt willig sein, das Haus des Ehemannes, das ihr mit einem weißen Brautkleid betreten habt, nur mit einem weißen Totenhemd zu verlassen.« Die Mütter werden aufgefordert: »Ihr sollt eure Kinder so erziehen, daß sie zu jeder Zeit für den Dschihad bereit sind und wie Löwen kämpfen.«

Blauäugige Sympathisanten?

Die Unfähigkeit der deutschen Politik, den Islamismus richtig zu bewerten, zeigte sich in vielfältiger Weise und war hauptsächlich von der Furcht diktiert, wirtschaftliche Nachteile in Kauf nehmen zu müssen, wenn die Menschenrechte zu sehr betont würden.

Als der deutsche Bundestag 1996 den iranischen Außenminister Ali Welajati parteiübergreifend zur unerwünschten Person erklärte, da der iranische Staatschef Ali Rafsandjani die Ermordung des israelischen Ministerpräsidenten Itzhak Rabin begrüßt hatte, kam es in Bonn fast zu einer Regierungskrise. Der damalige Bundesaußenminister Klaus Kinkel sah in dieser Entscheidung des Bundestags, die mit Stimmen von CDU/CSU, FDP, SPD und Grünen zustande gekommen war, einen Affront gegen seine Politik »des kritischen Dialogs« mit dem Iran. Daß dieser kritische

Dialog mit Leuten geführt wurde, die eher im kriminellen als im diplomatischen Bereich angesiedelt waren, stellte sich heraus, als das Berliner Kammergericht Welajati und den Teheraner Geheimdienstchef Fallahian als Drahtzieher des Mykonos-Attentats beschuldigte.

Bei der Einweihung der König-Fahad-Akademie in Bonn 1996 waren auch Außenminister Klaus Kinkel und Ministerpräsident Johannes Rau zugegen, genauso wie die bekannte Orientalistin Annemarie Schimmel, der später ein Exkurs gewidmet sein soll. Auch der islamische Fundamentalist Ali Jyksel von Milli Görüs war erschienen. Die König-Fahad-Akademie wurde mit Unterstützung der deutschen Regierung errichtet und von Saudi-Arabien bezahlt, das weltweit Hauptgeldgeber der fundamentalistischen Offensive ist. Die Akademie soll helfen, eine »heilige Allianz« von Muslimen und Christen zu formieren, die sich gegen die Ideale der Aufklärung, gegen die Universalität der Menschenrechte, gegen die Trennung von Kirche und Staat und für die Missionierung der Ungläubigen einsetzt.

Der Islamismus findet auch Unterstützung durch ehemalige Linke wie zum Beispiel Claus Leggewie, der in der »Zeit« für die autoritäre Erziehung eintrat und in seinem Buch »Alhambra. Der Islam im Westen« der Bundesregierung empfiehlt, in islamische Universitäten und Kirchen zu investieren: »Eine gewisse Islamisierung des christlichen Abendlandes, das nach dem Tod Gottes den Glauben an sich selbst verloren hat, kann nicht nur den modernen Muslimen aufhelfen, sondern auch Europa nachhelfen.«

Es gibt aber auch von der rechten Seite Zuspruch. Rechtsextremisten sehen in den Islamisten Verbündete gegen Israel, die Juden und den »modernen Jahwekult, den Mammonismus« (Horst Mahler).

Alle politischen Parteien befürworten inzwischen die Einführung des islamischen Religionsunterrichts an den Schulen. Im Rahmen des christlich-islamischen Dialogs haben katholische Bischöfe in Frankreich den muslimischen Schleier in weltlichen Schulen verteidigt. Die Einführung des islamischen Religionsunterrichts ist grundsätzlich richtig, aber so lange bedenklich, wie nicht kontrolliert wird, wer den Religionsunterricht gibt. Der Zentralrat der Muslime und der Islamrat der Bundesrepublik Deutschland bemühen sich um die Erteilung des Religionsunterrichts. Beide sind Sammelbecken islamischer Fundamentalisten.

Hinter dem Zentralrat der Muslime steckt der Verband der Islamischen Kulturzentren (VIKZ), dem 269 Moscheen gehören, jede fünfte in Deutschland. Schätzungsweise besuchen 60 000 Jugendliche den Koranunterricht des Verbands, der in Köln ein eigenes Internat unterhält. Der VIKZ ist die deutsche Tarnorganisation des in der Türkei verbotenen Derwisch-Ordens, des Geheimbunds *Sölemanli*, der türkische Parteien und Behörden unterwandert und die Theokratie einführen will. Vertreter des VIKZ veröffentlichen in der katholischen Zeitschrift »Cibedo« Beiträge zum Gespräch zwischen Christen und Muslimen. Auch Annemarie Schimmel, der Konvertit Murad Wilfried Hoffmann und Nadeem Elyas, Vorsitzender des Zentralrats der Muslime, schreiben in diesem Organ. »Cibedo«-Herausgeber ist Hans Vöcking, der sich dafür eingesetzt hatte, Annemarie Schimmel den Friedenspreis des Deutschen Buchhandels zu verleihen. Vöcking gehört zu den »Weißen Vätern von Afrika«, die ganz Afrika missionieren wollten und heute den christlich-islamischen Dialog als ihr Betätigungsfeld ausgesucht haben.

Der Friedenspreis für Annemarie Schimmel

Die Verleihung des Friedenspreises des Deutschen Buchhandels an die Orientalistin Annemarie Schimmel im Jahr 1995 war mehr als problematisch. Frau Schimmel hat, das ist ihr großes Verdienst, mit zahlreichen einfühlsamen Büchern die geistige Welt des Islam bekannt gemacht. Sie fühlt sich aber vielleicht zu heimisch darin. Jedenfalls will sie unser Einfühlungsvermögen dafür wecken, daß »Beleidigungen des Propheten« seit Jahrhunderten ein todeswürdiges Verbrechen seien, folgt man den meisten islamischen Rechtsschulen. Daher sei die Empörung der Muslime über Salman Rushdies Buch »Satanische Verse« verständlich. Da sie aber auf der anderen Seite die Morddrohung gegen Salman Rushdie als etwas Gräßliches bezeichnete, konnte man in dieser Hinsicht gegen die Verleihung des Preises schlecht argumentieren.

Sie hat sicher Recht mit ihrer Meinung, daß die Ehrfurcht vor den heiligen Büchern eine wichtige Voraussetzung sei für die Verständigung zwischen den Kulturen. Sie erklärte, Salman Rushdie habe »auf eine sehr üble Art die Gefühle gläubiger Muslime verletzt«. Sie habe »erwachsene Männer weinen sehen«.

Die Debatte wegen der Verleihung des Preises entzündete sich aber an der Tatsache, daß sie Verständnis zeigte für die verletzten Gefühle der Männer, aber mit keinem Wort auf die Gefühle der Frauen einging, auch nicht in ihren Büchern. Wirklichen Grund zum Weinen haben 500 Millionen Frauen in islamischen Ländern, deren Entrechtung mit der Islamisierung voranschreitet. Diese wird forciert durch Koranschulen, die vor allem in Pakistan, dem muslimischen Lieblingsland von Annemarie Schimmel, ihren Sitz haben.

Man hätte von ihr ein Wort erwartet gegen die in vielen arabischen Staaten religiös und juristisch legitimierte Verstümmelung und Verstoßung von Frauen und Mädchen. Es sind ja nicht einige perverse Fundamentalisten, die das Bild des Islam verdunkeln und Frauen drangsalieren. Das antimoderne Frauenbild wird mit Hilfe religiöser und staatlicher Stellen durchgesetzt.

Annemarie Schimmel hätte aufgrund ihrer privilegierten Stellung das offensichtliche Unrecht gegen Frauen öffentlich mißbilligen können (und müssen). Bei der Verleihung des Friedenspreises an sie blendeten die Vertreter des Börsenvereins des Deutschen Buchhandels die Frauenfrage im Islam aus. Sie existierte für diese Männer in der Jury nicht. Und für Annemarie Schimmel offenbar auch nicht: »Ich hatte im Iran nie Probleme als Frau.«

Diese Aussage hätte reichen müssen, ihr den Friedenspreis zu verwehren. Es ist bedauerlich, daß ein bedeutender Mann wie der ehemalige bayerische Staatsminister Hans Maier, bis 1999 Inhaber des Lehrstuhls für christliche Weltanschauung, Religions- und Kulturtheorie in München, gemeinsam mit dem katholischen Literaturwissenschaftler Wolfgang Frühwaldt, ebenfalls Universität München, die Verleihung des Preises an Annemarie Schimmel besonders stark propagierte.

Das Kopftuch

Die Chefideologin von Milli Görüs, die Konvertitin Amina Erbakan, organisierte lange Jahre Prozesse gegen deutsche Schulleiter und Schulleiterinnen, um den Kopftuchzwang für muslimische Schülerinnen und ihre Freistellung von Sport und Sexualkundeunterricht zu erzwingen. Sie ist ein gerngesehener Gast bei evangelischen und katholischen Kirchentagen. Sie bekämpfte an ihrer Schule die Emanzipation. Auf keinen Fall sollten türkische Mädchen das Kopftuch in der Schule ablegen. Das wäre, so sagte sie, die totale Anpassung. Sie selbst unterrichte in Köln mit Kopftuch, und zwar mit Erlaubnis des nordrhein-westfälischen Kultusministeriums. Bei anderen Religionen ist das Ministerium strenger. Rote Kleidung von Kopf bis Fuß, Zeichen der Baghwan-Sekte, wurde einem deutschen Lehrer verboten. »Allah ist eben größer als Baghwan«, schreibt die Zeitschrift »Emma«. Das Kopftuch wird zum Kampfinstrument für die Fundamentalisierung der türkischen Mädchen. Heute hat jedes zweite türkische Mädchen über vierzehn ein Kopftuch, berichtet die Lehrerin Gisela Binners aus Köln-Kalk.

Der Kopftuchstreit wurde ausgelöst von Feresata Ludin, einer 26jährigen Deutschen afghanischer Herkunft. Sie war Lehramtsanwärterin in Baden-Württemberg und wollte ins Beamtenverhältnis übernommen werden. Sie wollte ihr Kopftuch auch im Klassenzimmer tragen. Kultusministerin Annette Schavan, eine gescheite und mutige Frau, hat ihr dieses Ansinnen abgeschlagen mit der Begründung: »Das Tragen des Kopftuches gehört nicht zu den religiösen Pflichten einer Muslimin. Die Mehrheit muslimischer Frauen trägt weltweit kein Kopftuch. Vielmehr wird das Kopftuch in der innerislamischen Diskussion auch als Symbol für politische Abgrenzung und damit als politisches Symbol gewertet.«

Der Verband Bildung und Erziehung (VBE) und die Lehrergewerkschaft GEW waren sich nicht zu schade, von einem Berufsverbot zu sprechen, und unterstützten die Klage vor dem Verwaltungsgerichtshof in Mannheim.

Inzwischen gibt es in Deutschland eine ähnliche Entwicklung wie in Frankreich, nämlich einen Schulterschluß zwischen religiösen Fundamentalistinnen und weltlichen »Differenzialistinnen« quer durch alle Lager. Beide halten nichts von den universellen Menschenrechten, sie pochen im Gegenteil auf die Unterschiede zwischen den Menschen, vor allem zwischen Frauen und Männern.

Leider ist die Front in Deutschland nicht geschlossen. Weder in Bayern noch in Hessen, noch in Nordrhein-Westfalen gibt es Einwände gegen das Kopftuch. Berlin und Niedersachsen dagegen liegen auf der Linie von Baden-Württemberg.

Das Kopftuch wird vor allem von den 5000 konvertierten deutschen Frauen propagiert, die inzwischen »die deutschsprachige islamische Frauengemeinschaft« mit Sitz in Köln gegründet haben. Diese Gemeinschaft zeichnet sich, wie alle Konvertiten, durch besonderen Eifer aus.

Mehrere deutsche Gerichte bestätigten klagenden muslimischen Eltern auch das Recht auf Unterrichtsbefreiung ihrer Töchter, zum Beispiel vom Sportunterricht. Die Lehrerin Cornelia Hein-Behrens von der Dortmunder Anne-Frank-Gesamtschule, wo jede zweite Schülerin Muslimin ist, berichtet in »Emma«: »Das Verhalten der Mädchen hat sich in den letzten sechs bis acht Jahren grundlegend geändert. Das war ein schleichender Prozeß. Früher haben sie ihr Kopftuch an der Ecke vor der Schule abgesetzt und nach dem Unterricht wieder aufgesetzt. Heute kommen die

Menschen in vollem Ornat: Kopftuch, langer Mantel und lange Hose. In der Oberstufe wird das noch extremer. Da weigern sich inzwischen manche Mädchen, bei der Übergabe des Abiturzeugnisses einem männlichen Kollegen die Hand zu geben.«

Nach Auffassung vieler Islamexperten hat das Ganze System. Auffällig ist auch, daß ausländische Kinder kaum mehr Deutsch sprechen, der Integrationswille erlahmt, und der Einfluß der Koranschulen wächst. Im islamischen Religionsunterricht gehen die Islamisten in die Offensive. Ein Berliner Gericht legte die Verantwortung für den Unterricht in die Hände der »Islamischen Föderation«. Deren Leiter arbeitet in führender Position bei der vom Verfassungsschutz wegen fundamentalistischer Umtriebe überwachten Organisation Milli Görüs in Köln.

Murad Wilfried Hoffmann, 61 Jahre, ehemaliger deutscher Botschafter in Marokko, ist ein fundamentalistischer Moslem. Das betrachtet der Münchener Diederichs Verlag als Werbeargument für ein Buch, das Hoffmann veröffentlich hat: »Der Islam als Alternative«. In diesem Buch wird unter anderem die Scharia propagiert: »Im engeren Sinne ist unter Einführung der Scharia zu verstehen, daß der Koran zum Grundgesetz eines Staates gemacht wird. Dies ist die Forderung selbst des gemäßigten Moslems.« Der Koran als Grundgesetz des Staates: Hinrichtung bei Gotteslästerung, Steinigung bei Ehebruch, Handabhacken bei Diebstahl, Todesstrafe bei Homosexualität. Es ist einigermaßen beruhigend zu wissen, daß in Deutschland nicht die Scharia, sondern immer noch das Grundgesetz gilt.

Klartext und Dialog

Viele, auch führende Vertreter beider Kirchen, scheuen sich, in der Öffentlichkeit mit den Vertretern der Islamisten Klartext zu sprechen. Das läuft unter der Überschrift »Dialog«. Christen, die in anderen Gegenden der Welt von Muslimen verfolgt werden, fühlen sich von den Kirchen inzwischen im Stich gelassen, so in Nigeria, im Sudan oder im Irak. Nigerianische Christen greifen zur Selbsthilfe, weil sie die Einführung der Scharia nicht akzeptieren und ihr Schicksal im Westen niemanden kümmert. In den Dialogen zwischen Christen und Muslimen wird darüber nicht gesprochen. Natürlich ist es richtig, daß man den Islamisten Recht gäbe, wenn man sich ihnen gegenüber in Deutschland genauso verhielte, wie sich diese gegenüber Christen in den von ihnen beherrschten Regionen benehmen. Wir dürfen nicht selbst zu Taliban werden. Es hilft aber nichts, wenn die Differenzen vertuscht werden und in den Dialogen vermieden wird, die Vertreter des Islam zu fragen, warum es einer muslimischen Frau verboten ist, einen Christen zu heiraten, warum in vielen islamischen Ländern Mädchen keine Schul- und Berufsausbildung bekommen, warum die Söhne doppelt soviel erben wie die Töchter, warum Frauen, aber nicht Männer bei Ehebruch mit Steinigung bestraft werden, warum die Zeugenaussage eines Mannes vor Gericht dreimal mehr wert ist als die einer Frau.

Das Konzept des Islamismus, also der radikalen Form des Islam, besteht im wesentlichen aus drei Bestandteilen: Das erste Ziel ist die Reinigung der Welt des Islam von allen angeblich islamfeindlichen Elementen, also vom Atheismus, vom westlichen Schulwesen und Rechtssystem bis hin zur westlichen Kleidung und zum westlichen Fernsehen. Das zweite Ziel ist die Schaffung eines einheitlichen islamischen Staats auf dem Fundament von Koran, Tradition und islamischem Recht. In einem solchen Staat umfaßt der Islam das Private, das Gesellschaftliche und das Staatliche: Dogma und Kultur, Volk und Regierung, Religion und Staat. Ziel ist, zuerst alle arabischen Staaten und anschließend die anderen Kulturen durch missionarische Arbeit zu islamisieren. Drittens verfolgt der Islamismus seine Ziele in einem fortdauernden Kampf, der auch die Anwendung von Waffengewalt einschließt. Inzwischen begegnen uns die Gotteskrieger auf der ganzen Welt.

Dieses geistige und politische Konzept des Islamismus kann zu einer ernsten Bedrohung für die freiheitlichen Demokratien werden. Was ist zu tun?

Die Behauptung, daß der Islam eigentlich eine friedliche Religion sei, wird unter anderem mit seinem Verhalten im mittelalterlichen Andalusien begründet. Das ist nicht falsch, und es ist auch wahr, daß damals, vor allem unter der Herrschaft des Kaisers Friedrich II., ein reger kultureller und wissenschaftlicher Austausch zwischen Europa und dem Islam stattfand. Die abendländische Philosophie wurde befruchtet durch die Gedanken großer arabischer Philosophen wie Ibn Ruschd (Averroes), Ibn Sina (Avicenna) und dem Universalgelehrten Al Birune. Arabische Naturwissenschaftler, vor allem Mathematiker und Astronomen, beeinflußten die europäischen Universitäten und Klöster. Wir schreiben arabische Zahlen und keine griechischen oder lateinischen, wie es unserer kulturellen Tradition entspräche, und haben von den Arabern die Dezimalbrüche, das Ziehen von Wurzeln und den Dreisatz gelernt.

Die Zeit des Islam in Andalusien liegt zwar inzwischen 900 Jahre zurück, und Amnesty International stellt fest, daß in allen islamischen Staaten die Menschenrechte massiv verletzt werden. Aber es gibt keine bessere Alternative als an diesem gemeinsamen Erbe anzuknüpfen und einen Dialog über die gemeinsame Zukunft zu führen.

Die islamische Welt ist weder geistig noch politisch eine Einheit. Es kommt darauf an, die gemäßigten und zum Dialog bereiten Kräfte zu stärken. Das beste Mittel gegen die Feinde des freien Denkens ist das freie Denken selbst. Die westlichen Demokratien sollten versuchen, durch eine internationale Soziale Marktwirtschaft die Grundlage für eine neue Weltwirtschaftsordnung zu schaffen, und gleichzeitig in einer konzertierten Medienaktion im Nahen und Mittleren Osten eine geistige Offensive für Menschenrechte und Freiheit beginnen. Daß Gedanken und Ideen ansteckend sind, haben die Ajatollahs mit ihren Predigten selbst bewiesen. Warum sollten die Ideale der Freiheit und der Demokratie nicht genauso eine ansteckende Kraft in den Völkern des Nahen und Mittleren Ostens entfalten können, wenn die Menschen dort richtig informiert werden?

Auf der anderen Seite gibt es eine gemeinsame Geschichte und enge Verbindungen zwischen den europäischen und den arabischen Völkern und gemeinsame Werte, die den Islam und die Freiheit demokratischer Gesellschaftsordnungen miteinander verbinden können. Die Christen haben mit den Moslems und den Juden den Glauben an einen Gott gemeinsam. Aber das ist nicht alles. Auch das islamische Gesetz garantiert die Entfaltung der eigenen Persönlichkeit und gibt jeder Person, auch den Frauen, das Recht auf eigenen Besitz. Ich finde es interessant, daß dieser nach islamischer Auffassung nicht den Menschen, sondern Gott gehört. Er bleibt also solidarisches Eigentum der islamischen Gemeinde. Diese Auffassung begründet die Distanz des Islam gegenüber einem unbeschränkten Kapitalismus genauso wie gegenüber einem egalitären Sozialismus.

Es wird von entscheidender Bedeutung sein, daß die führenden Köpfe der demokratischen Länder des Westens endlich mit der islamischen Geisteswelt einen ernsthaften Dialog beginnen und durch Aufklärung und Information für das Menschenbild Verständnis wecken, das unserer republikanischen Verfassung zugrunde liegt. Die Millionen von islamischen Frauen werden es nicht als eine Zumutung empfinden, wenn sie über die Medien erfahren, daß ihre tatsächliche und rechtliche Diskriminierung kein Naturgesetz ist. Dieser Dialog, zu dem vor allem die Kirchen und die Universitäten aufgerufen sind, kann herausarbeiten, welche Gemeinsamkeiten zwischen diesen beiden geistigen Welten bestehen, so, wie Hans Küng es mit seinem *Projekt Weltethos* versucht. Der Dialog kann den Versuch unternehmen, gemeinsame geistige und politische Grundlagen zu schaffen, auf denen Christen und Muslime, Bewohner des Orients und des Okzidents, auch politisch zusammenarbeiten können und die sie in die Lage versetzen, gemeinsam gegen die Anwendung von Gewalt und gegen den politisch-religiösen Terrorismus zu kämpfen.

Animal imperfectum
Intoleranz gegen Frauen

> *Die Frau ist ein mißglückter Mann und hat im Vergleich zum Mann eine defekte und fehlerhafte Natur.*
> Albertus Magnus (1200–1280 n. Chr.), in: »Questiones super de animalibus«

> *Wenn ihr fürchtet, daß Frauen sich auflehnen, dann ermahnt sie, meidet sie im Ehebett und schlagt sie.*
> Sure 4,34

Alexander der Große (356-323 v. Chr.), Sohn des Königs Philipp von Makedonien, war schon vor 2300 Jahren bis zum Hindukusch vorgedrungen, wo heute noch unmenschliche Strafen gegen Frauen verhängt werden. Er heiratete Ruxana, die Tochter des Fürsten von Sogdiana, heute Usbekistan, angeblich die einzige Frau, die er wirklich geliebt hat. Im Jahr 336 hatte er Theben erobert. Dabei vergewaltigte ein thrakischer Hauptmann, der zum Heer Alexanders gehörte, die vornehme Timoklea. Danach fragte er sie nach ihren Schätzen. Sie zeigte auf einen Brunnen im Garten. Als er sich über den Brunnenrand beugte, um besser sehen zu können, stieß sie ihn von hinten in die Tiefe und warf so lange Steine auf ihn, bis er tot war. Als Timoklea mit ihren Kindern vor Alexander gebracht wurde, ließ er sie aus Bewunderung für ihre Tat frei.

Die durch ihre Schönheit und ihren Geist im Athen des 4. Jahrhunderts v. Chr. berühmte Hetäre Phryne wurde vor dem Areopag, dem Gerichtshof Athens, angeklagt, weil sie sich auf einem Fest vor allem Volk nackt gezeigt hatte. Das galt als Religionsfrevel und konnte bestraft werden. Nach der Rede ihres Verteidigers tat Phryne etwas Unerwartetes. Sie entblößte ihre Brust vor den Richtern. Ergriffen von Staunen und Furcht vor der göttlichen Schönheit des Anblicks, sprachen die Richter sie frei.

Leider hat nicht die Griechin Eleutheria die Geschichte ihrer Geschlechtsgenossinnen bestimmen können. Diese Geschichte war vielmehr ein Konglomerat aus philosophisch-theologischen Irrtümern wie denen des Albertus Magnus, aus Aberwitz, Machtmißbrauch der Männer, Dummheit, Absurditäten und Perversitäten, Ausgrenzung und Stigmatisierung. Dieser tragische Teil der Menschheitsgeschichte besteht aus Anbetung und Verdammung, Mythen und Zauberglauben, Verehrung, Idealisierung und Verteufelung – die Geschichte der Frau ist eine Geschichte der Intoleranz.

Weltweit werden Frauen zum Teil brutal diskriminiert. In vielen Staaten ist sexuelle Folter, Vergewaltigung, Verstümmelung und Verstoßung üblich. Die frauenspezifische Verfolgung, die Deklassierung, Demütigung, Verachtung und Unterdrückung, ist in zahlreichen Ländern der Welt auch rechtlich sanktioniert. Der Universalitätsanspruch der Menschenrechte von Frauen richtet sich, mit Ausnahme von Buddhismus und Hinduismus, nicht zuletzt an die Adresse der Weltreligionen. Diese müssen sich schwerste Vorwürfe gefallen lassen, weil sie in weitem Umfang die geistigen Urheber des geschlechts- und frauenfeindlichen Klimas in großen Teilen der Erde sind.

Es gehört zu den größten Blasphemien der Kirchengeschichte, daß diese Religionen Gott zur Begründung dieser Diskriminierung mißbrauchen. Jesus, ein Freund der Frauen, ist von den Theologen der christlichen Kirchen, vor allem der katholischen, zum zweiten Mal ans Kreuz geschlagen worden. Denn sie haben seine menschenfreundliche Lehre mit ihrer vom Sündenwahn beherrschten Moraltheologie ins Groteske verfälscht. Der in der katholischen Kirche entwickelte Marienkult ist kein Gegenbeweis, sondern umgekehrt das Alibi für das schlechte Gewissen der verantwortlichen Theologen – ein Kult, in dem unterdrückte Sexualität in teilweise frömmelnder Verehrung sublimiert wird.

Von Tieren nicht zu unterscheiden

Albertus Magnus, Mentor Thomas von Aquins, heiliggesprochener Kirchenlehrer und Bischof, dessen Namen der ICE 820 von Nürnberg nach Köln trägt, gab mit seiner am Kapitelanfang zitierten Meinung über Frauen das wieder, was in Jahrhunderten in Literatur, Philosophie und Theologie allgemeine Überzeugung war. Heute, 750 Jahre später, hat sich in weiten Teilen der Erde in dieser Hinsicht nichts geändert. Der frühere Talibangouverneur von Herat, Mullah Jar Mohamed, sagte 1996 zur Begründung des alles verhüllenden Tschador: »Wenn Frauen unbedeckt sind, sind sie von Tieren nicht zu unterscheiden.«

Die Deklassierung der Frauen gehört zum Grundmuster der die Entwicklung der Menschen beherrschenden patriarchalischen Religionen und der daraus entstandenen Gesellschaftsordnungen. Gerechtfertigt wird die Vorherrschaft der Männer in aller Regel mit der »Natur« der Frauen. Sexualangst, Sadismus, die körperliche Überlegenheit der Männer und die daraus resultierende Herrschsucht sind die psychologischen Grundlagen dieser größten Perversion in der geistigen Evolution des Menschen.

Auch Dummheit und Ignoranz waren und sind die Ursachen für die geschlechtsspezifische Intoleranz. So haben die antiken Zeugungstheorien bis in die Neuzeit hinein die Auffassungen über die Geschlechter bestimmt: Die Mutter produziert für ihr Kind in ihrem Leib das stoffliche Rohmaterial, wogegen das Kind seine Seele dem väterlichen Sperma verdankt. Dementsprechend galt die Frau als minderwertig. Ihr wurden infolgedessen eine Reihe von bürgerlichen Rechten vorenthalten. Die Ehe war kein auf freier Willensentscheidung oder gar auf Liebe beruhender Kontrakt, sondern eine Art Kaufvertrag, aufgrund dessen die Frau in das Eigentum des Mannes überging.

Eine Entmündigung besonderer Art widerfuhr den Frauen durch die jüdisch-christliche Tradition. Obwohl die erste Erzählung von der Erschaffung der Welt davon ausgeht, daß Adam und Eva als Ebenbilder Gottes gleichberechtigt sind, wird das Bild der Frau in der gesamten Religionsgeschichte zum einen durch die Behauptung beherrscht, Eva sei aus der Rippe Adams geschaffen worden. Und zum anderen durch den Unsinn, daß Eva den Einflüsterungen der Schlange erlegen sei und den unschuldigen Mann verführt habe. Die Frau ist die *janua diaboli*, die Einfallspforte des Teufels, durch die der Mann in die Sündenfalle tappt.

Die Männer haben das die Frauen über die Jahrtausende schwer büßen lassen. Biologische Unkenntnis (die Frau als »animal imperfectum« oder »mas occasionatus«) und eine falsche Interpretation vor allem des Neuen Testaments mußten in Europa dazu herhalten, die Unterordnung der Frau unter den Mann zu begründen. Hinzu kam die Adaption einer eindeutigen Häresie – aus christlicher Sicht –, nämlich der Gnosis, eines unseligen Erbes der Stoa, die die Sexualität diskriminiert und alles Leibliche als schlecht betrachtet. Für Platon war der Leib der Kerker der Seele, die Gnostiker hielten ihn gar für eine Schöpfung der Dämonen. Die einzige Legitimation für den Geschlechtsverkehr war nach Ansicht der frühchristlichen Kirchenväter die Zeugung von Kindern. Sexuelle Kontakte während der Menstruation, der Schwangerschaft und nach der Menopause der Frau waren verboten. So schrieben es die Kirchenväter Origines, Gregor von Nissa, Johannes Chysostomus, Ambrosius von Mailand, Hieronymus, Augustinus und andere theologische Sexualexperten. Folgerichtig durfte noch im Jahr 1977 in München eine junge Frau ihren querschnittsgelähmten Partner nicht kirchlich heiraten, da der Mann »beischlafunfähig« sei.

Im Gegensatz zum Neuen Testament spaltete diese Lehre den Menschen in einen guten und einen schlechten Teil, in Geist und Körper. Im Lauf der Geschichte wurde die Frau das körperliche Symbol des Schlechten, des Bösen. Die Verfemung des Sexuellen, seine Isolierung von der Ganzheitsbetrachtung des Menschen, der psychosomatischen Einheit, die Pönalisierung des Geschlechtlichen haben Leid und Elend über die christliche Menschheit gebracht, vor allem über die Frauen. Ein Auswuchs dieser Intoleranz war es im Mittelalter, daß menstruierende Frauen Kirchen nicht betreten und die Kommunion nicht empfangen durften. Schwangere galten als entweiht, weil sie Geschlechtsverkehr gehabt hatten, und mußten daher nach der Geburt eines Kindes ausgesegnet werden. Erst danach durften Frauen die Kirche wieder betreten. Frauen, die starben, bevor sie ausgesegnet waren, erhielten kein Begräbnis auf dem Friedhof.

Mit der frohen Botschaft des Evangeliums hatte das nichts mehr zu tun. Selbst der eheliche Geschlechtsakt galt Thomas von Aquin als eine »immundicia« (»Schmutzigkeit«). Augustinus glaubte sogar, die Vielweiberei sei moralischer, als eine einzige Frau um ihrer selbst willen zu lieben und zu begehren: »Nun hat aber ein Sklave niemals mehrere Herren, wohl hat ein Herr mehrere Sklaven. So haben wir auch noch nie gehört, daß die heiligen Frauen mehreren lebenden Ehemännern dienten, wohl lesen wir, daß viele heilige Frauen einem Ehemann dienten. Das ist nicht gegen das Wesen der Ehe.« (So Augustinus in seiner Schrift »De bono coniugali«.)

Für die Frauendiskriminierung gibt es in den Evangelien keine Belegstelle. Die Berufung auf Paulus ist eine Beleidigung des Apostels. Daß die Frau in der Kirche zu schweigen habe, betrifft einen konkreten Fall in der jungen Christengemeinde Korinth. Im selben Brief (Erster Korintherbrief 14,34) berichtet jedoch Paulus, daß Frauen öffentlich in der Kirche predigten (11,5). »Im übrigen gilt dem Herrn weder die Frau anders als der Mann, noch der Mann anders als die Frau, denn wie die Frau aus dem Mann, so ist auch der Mann durch die Frau, alles aber aus Gott.« Der Empfehlung, »Frauen sollen sich ihren Männern unterordnen« im Brief an die Epheser (5,22), steht die Anweisung gegenüber: »Ordnet Euch einander unter« (5,21). Es ist ohnehin lächerlich, zu glauben, Paulus wäre damit einverstanden gewesen, die weibliche Hälfte der Menschheit über 2000 Jahre lang unter Berufung auf drei Sätze in zwei seiner Briefen so zu diskriminieren, wie es im Lauf der Geschichte geschehen ist.

Jan Roß hat in seiner glänzend geschriebenen Biographie über Papst Johannes Paul II. der Sexualmoral dieses säkularen Kirchenoberhaupts, die er sonst mit Skepsis beurteilt, eine positive Seite abzugewinnen versucht. In der Tat finden sich in der katholischen oder auch der evangelischen Kirche keine Dokumente, in denen so »hymnisch« über das Verhältnis von Mann und Frau und die Bedeutung des menschlichen Körpers geschrieben wird, wie zum Beispiel in seinen Ansprachen über die »Theologie des Leibes«, die er von 1979 bis 1984 gehalten hat: »Die Tatsache, daß die Theologie auch den Leib mit einbezieht, darf niemanden, der vom Geheimnis und der Wirklichkeit der Inkarnation weiß, verwundern oder überraschen. Dadurch, daß das Wort Gottes Fleisch geworden ist, ist der Leib (...) wie durch das Hauptportal in die Theologie eingetreten.« Jan Roß setzt dieses Bild in einen Gegensatz zu der These vieler, daß die kirchliche Sexualethik auf einem dualistischen Weltbild beruhe: Der Geist sei edel, das Fleisch irgendwie schmutzig; daher könne Sex nichts Gutes sein und, so Jan Roß: »Tatsächlich gibt es in der Geschichte des Christentums eine solche Tradition.«

Das ist allerdings falsch, es ist *die* Tradition der katholischen Kirche. Aber bei genauerem Hinsehen steht das positive Bild der körperlichen Liebe, das Johannes Paul II. gemalt hat, in der Tradition der von der katholischen Theologie adaptierten Irrlehre des Manichäismus, nur mit anderem Vorzeichen. Körper und Sexualität werden nicht mit dem Bösen und Schlechten identifiziert, sondern die Lust verdampft sozusagen in der Theologisierung des Geschlechtsakts, der Dualismus wird verdrängt, die körperliche Liebe vergeistigt und in Höhen geführt, in die schon der polnische Bauer nachts mit seiner Bäuerin im Bett nicht zu folgen vermag, geschweige denn der zwangsgetaufte Indio in Chichicastenango. Es stimmt traurig, daß der Mensch in seiner Sexualität vom Papst in den Himmel entrückt wird.

Aber nicht die veredelte Sicht des elementarsten Vorgangs aller Lebewesen garantiert die Fortpflanzung, sondern die bis zur Ekstase steigerungsfähige Lust. Sie stellt für die meisten Menschen einen unschätzbaren Wert dar als höchste Ausdrucksform der Liebe, die unglaublich Spaß macht und ohne die die Menschen zur Fortpflanzung nicht bereit wären. Die katholische Moraltheologie – und darin unterscheidet sich der Papst von der herrschenden Meinung in keiner Nuance – macht diese aber zum ausschließlichen Ziel des Liebesakts. Männer und Frauen schlafen jedoch nicht miteinander, damit die Welt, Europa oder Polen eine Zukunft haben.

Die der Natur des Menschen widersprechende Irrlehre der Kirche findet ihren klarsten Ausdruck in der Haltung zur Empfängnisverhütung. Jan Roß interpretiert die Auffassung des Papstes nicht so sehr mit Blick auf die Hierarchie der »Ehezwecke«, also des Primats der Fortpflanzung, sondern »mehr aus der Logik des Liebesaktes heraus, der als Hingabe keinen eingebauten Vorbehalt, kein schlaumeierndes Ausbremsen duldet«. Ein Paar, das dies mit sich anstelle, entwürdige sich selbst und die eigene Partnerschaft, sagt der Papst. Denn der Körper sei kein »Gebrauchsgegenstand zur Lusterzeugung«. Und weiter:

»Der menschliche Leib ist nicht nur das Feld sexueller Regungen, sondern gleichzeitig das Ausdrucksmittel des ganzen Menschen, der Person, die sich selbst durch die Sprache des Leibes offenbart. (...) Der eheliche Akt [bedeutet] nicht nur die Liebe, sondern auch die mögliche Fruchtbarkeit und darf nicht durch künstliche Eingriffe um seine volle ihm eigene Bedeutung gebracht werden. Diese Verletzung der inneren Ordnung der ehelichen Vereinigung, deren Wurzeln in die personale Verfassung des Menschen hinabreichen, ist das eigentliche Übel des empfängnisverhütenden Aktes.«

Diese Moraltheologie verkennt aber, vielleicht auch mangels praktischer Kenntnis des Geschehens, daß es kein schlimmeres Ausbremsen und Auskalkulieren im Rahmen dieser Liebesakte gibt, als – und nur das erlaubt die katholische Kirche – die empfängnisfreien Tage auszurechnen und einen Monat mit der Furcht leben zu müssen, falsch kalkuliert zu haben. Die Degradierung der sexuellen Lust zu einer zwar notwendigen, aber eigentlich unwichtigen Variante des Fortpflanzungsakts ist ein moralisches Konstrukt, ein Menschenwerk, ein Gesetzeskorsett, in das sich die Menschheit, von wenigen Ausnahmen abgesehen, niemals hineinzwängen läßt und das über 95 Prozent der katholischen Frauen als unerfüllbar ablehnen. Afrikanische Islamisten belassen es nicht bei der Theorie, sondern schreiten zur Tat und schneiden konsequenterweise die Quelle der (weiblichen) Lust, die Klitoris, einfach ab.

Jesus hat sich mit großem Nachdruck gegen die Anmaßung der Mächtigen gewandt, die den Menschen Lasten aufbürden, die sie nicht zu tragen vermögen. Die Pille ist eine Befreiung, vor allem für die Frauen. Sie hat den Sex leichter und risikoloser gemacht. Warum sollte dies die Vertreter des Evangeliums, der frohen Botschaft, die von der Befreiung des Menschen kündet, stören? Manche verbleiben offenbar lieber in der häretischen Vorstellung, daß Sex etwas Schlechtes sei, eben »immundicia« (»Schmutzigkeit«), »macula« (»Befleckung«), »foeditas« (»Abscheulichkeit«), »turpitudo« (»Schändlichkeit«), »ignominia« (»Entehrung«), »deformitas« (»Entartung«) und »morbus« (»Krankheit«), wie Thomas von Aquin, der *doctor angelicus*, die Generationen der ihm nachfolgenden Moraltheologen gelehrt hat.

So wie sich die Kirche politisch im Mittelalter zum Staat gemacht hat, so bemächtigt sie sich mit ihrer Sexualmoral des Geschlechtsakts und dekretiert eine moraltheologische Scharia, in der die Einzelheiten der geschlechtlichen

Liebe von der Onanie bis zu Fellatio und Cunnilingus der kirchlichen Jurisdiktion unterworfen werden.

Im übrigen: Jan Roß hat recht, die Welt des Karol Woytila ist eine Männerwelt, in die das marianische Weiblichkeitsideal »von außen hereinleuchtet, tröstend und wegweisend«, »als Leitstern am dunklen Firmament«. Dann ist aber nicht einzusehen, warum die Aufgabe, den trostsuchenden Menschen die Liebe und Güte Gottes auch durch die Sakramente zu vermitteln, nämlich das Priesteramt, ausgerechnet den Frauen verwehrt wird und der Papst an vorderster Front die Frauenordination verwirft.

Wenn die katholische Kirche nach wie vor daran festhält, daß Priester nicht heiraten und Frauen nicht Priester werden dürfen, befindet sie sich außerhalb der jesuanischen Botschaft. Im Gegensatz zu den vom sexuellen Sündenwahn befallenen Kirchenlehrern war Jesus ein Freund der Frauen, der sich mit revolutionärem Verhalten für eine praktizierte Gleichberechtigung von Frauen und Männern einsetzte.

Er mißachtete bewußt die Reinheitsvorschriften und holte Frauen, auch wenn sie als Sünderinnen galten, zu sich an seinen Tisch zum Essen. Er verlangte die Unauflöslichkeit der Ehe und stellte damit Frauen und Männer rechtlich auf eine Stufe. Er wollte die Über- und Unterordnung zwischen Frau und Mann abschaffen und die patriarchalische Struktur der jüdischen Ehe verändern. Er bewahrte angebliche Ehebrecherinnen vor der Steinigung, wovor heute noch, 2000 Jahre später, Tausende von islamischen Frauen geschützt werden müßten.

Der Sexismus gehört zum Grundbestand patriarchalischer Gesellschaftsordnungen. In einem mühsamen Prozeß haben in Europa und in Amerika die Frauen die rechtliche Gleichstellung erkämpft und erreicht. Mit welchen Schwierigkeiten die Frauen noch im 19. Jahrhundert zu kämpfen hatten, kann man daraus ersehen, daß sogar die Arbeiterbewegung und die Linksparteien über lange Jahrzehnte weibliche Erwerbstätigkeit als Schmutzkonkurrenz, Lohndrückerei und Gefährdung der proletarischen Familie ablehnten. Die Linksparteien der Dritten Französischen Republik sprachen sich gegen das Wahlrecht für Frauen aus mit dem Hinweis, die Französinnen seien klerikal geprägt und politisch unmündig.

Die zerstampften Oleanderbeeren

In anderen Kulturkreisen ging es den Frauen um kein Haar besser. Kein Argument war zu dumm, um Frauendiskriminierung zu begründen. Die Männer von Stämmen in Afrika und Ozeanien konstruierten aus den monatlichen Blutungen der Frau deren Unreinheit und schlossen sie deshalb von Teilen des gesellschaftlichen Lebens aus, zum Beispiel von Kulthandlungen. Die Männer machten, wie auch woanders, das öffentliche, berufliche und intellektuelle Leben zu ihrer ausschließlichen Domäne. In China wurden die Frauen seit dem 12. Jahrhundert in ihrem Wirkungskreis auf das Haus und die Familie beschränkt. Der unmenschliche Brauch, die Füße der kleinen Mädchen einzuschnüren, verkrüppelte die Frauen lebenslänglich und behinderte sie in ihrer Bewegungsfreiheit.

Erst die Kommunisten befreiten die Frauen und setzten mit ihrem Sieg in China deren Gleichstellung durch. Diese echte Befreiung der Frauen von mittelalterlichen Torturen durch den Kommunismus muß nicht wegen des sonstigen Desasters dieser Ideologie verschwiegen werden.

In Indien wird bis auf den heutigen Tag die Position der Frau in allen Kasten, mit Ausnahme der Kriegerkaste, von den Männer bestimmt. Die Geburt von Töchtern gilt als Unglück, weshalb jedes Jahr eineinhalb Millionen Mädchen kurz nach der Geburt umgebracht werden. Dies ist nicht die Folge des Hinduismus, sondern jahrhundertealter von Männern bestimmter Tradition. Die kleinen Mädchen werden auf Druck der Familien von ihren Müttern mit dem Saft der überall blühenden Erukkanjediblume oder mit zerstampften Oleanderbeeren vergiftet, mit Sand oder ungekochtem Reis erstickt, in nasse Saris eingewikkelt, bis sie an Unterkühlung sterben, oder lebendig begraben. Mobile gynäkologische Praxen ziehen über das Land. Sie teilen nach der Ultraschalluntersuchung die ungeborenen Kinder nicht in Kategorien »männlich« oder »weiblich« ein, sondern in »richtig« oder »falsch«. In Indien stirbt jedes vierte Mädchen vor dem 15. Geburtstag an Hunger und mangelnder medizinischer Betreuung.

Auch in anderen Religionen und Kulturen gibt es, wie wir gesehen haben, frauendiskriminierende Normen und Bräuche. In den Zeiten, in denen Religion und Politik, Kirche und Staat nicht oder nur teilweise getrennt waren, wie im Europa des Mittelalters und der Renaissance, haben sich diese religiösen Vorstellungen auch in den staatlichen Rechtsordnungen niedergeschlagen, zum Beispiel im Verbot der Scheidung, in der Strafbarkeit des Ehebruchs und der Homosexualität. Erst mit der Aufklärung, die eine strikte Trennung von Kirche und Staat durchsetzte, wurde diese Abhängigkeit des staatlichen Rechts von der Theologie grundsätzlich beendet, allerdings nicht von heute auf morgen, sondern in einem langen Prozeß, der sich in verschiedenen Ländern unterschiedlich gestaltete. Wenn man genau hinsieht, ist dieser Prozeß bis heute nicht abgeschlossen. Noch Mitte der fünfziger Jahre konnte in der Bundesrepublik Deutschland eine Ehefrau ohne Genehmigung des Ehemanns kein Konto auf einer Bank eröffnen – eine Regelung, die sich viele Männer zurückwünschen. Die Französinnen durften erst 1944 das Wahlrecht ausüben und die Frauen im Kanton Appenzell-Innerrhoden gar erst 1990.

Die Theologie bestimmt in weiten Teilen Europas auch heute noch die Diskussion um wichtige politische Fragen, zum Beispiel um Scheidung und Scheidungsfolgen, Abtreibung, Vergewaltigung in der Ehe, Homoehen und Embryonenschutz. Aber theologische Normen werden nicht mehr automatisch umgesetzt in staatliches Recht, vielmehr wird nach offenem Meinungsbildungsprozeß demokratisch entschieden, welche Normen gelten sollen.

Am schlimmsten hat es die Frauen in den islamischen Ländern erwischt. Ihre Stellung ist weitgehend durch den Koran und die Scharia festgelegt.

Die Frauen im Islam

Für den Islam ist die Trennung von Glaube und öffentlichem Leben, von Koran und staatlichem Recht falsch. Glaube und Leben, ob privat oder politisch, sind eine Einheit. Deshalb gibt es für die Frauen in den islamistischen Ländern wie Saudi-Arabien, Iran, Sudan, inzwischen auch in Teilen von Nigeria, kein Entrinnen vor der Scharia. Und in den anderen muslimischen Ländern besteht ein erheblicher gesellschaftlicher und familiärer Druck, die islamischen Regeln konsequent einzuhalten. Auch in Deutschland und anderen europäischen Ländern wachsen die moralischen Pressionen auf Musliminnen, sich islamgerecht zu kleiden und zu verhalten. Die heftigen Auseinandersetzungen um das Tragen eines Kopftuchs sind dafür ein Beweis. Die Regeln, die Grund für viele menschliche Tragödien sind, sind eindeutig und in der Auslegung fast unumstritten.

Die *religiöse* Gleichwertigkeit von Mann und Frau vor Gott ist die feste Glaubensüberzeugung der Muslime, womit die Gleichberechtigung im Islam allerdings erschöpft ist. Denn in allen übrigen Bereichen des menschlichen Lebens stehen die Männer »über den Frauen«, wie es in der Sure 4,34 heißt, weil »Gott sie (von Natur aus) vor diesen ausgezeichnet hat, und wegen der Ausgaben, die sie von ihrem Vermögen gemacht haben. Und die rechtschaffenen Frauen sind Gott demütig ergeben und geben acht auf das, was (den Außenstehenden) verborgen ist, weil Gott darauf acht gibt. Und wenn ihr fürchtet, daß Frauen sich auflehnen, dann ermahnt sie, meidet sie im Ehebett und schlagt sie! Wenn sie euch wieder gehorchen, dann unternehmt weiter nichts gegen sie!«

Daß dem Mann im Altertum und im Mittelalter wegen seiner größeren Körperkraft die Aufgabe des Schutzes und des Unterhalts der Familie in erster Linie oblag, mußte als Begründung dafür herhalten, daß diesen besonderen Pflichten auch besondere Rechte entsprechen, zum Beispiel das alleinige Scheidungsrecht für die Männer. Heute ist die Berufung auf eine gesellschaftliche und wirtschaftliche Situation vor 1500 Jahren unsinnig. Dennoch ist die Ehe im Islam immer noch ein Vertrag zwischen zwei Familien. Bei Vertragsabschluß muß die Frau noch nicht einmal persönlich zugegen sein. Es reicht, wenn der Vater, der älteste Bruder oder ein anderer männlicher Befugter als ihr Vertreter den Vertrag abschließen.

Voreheliche Beziehungen zwischen Jungen und Mädchen, zwischen Männern und Frauen kommen der Unzucht gleich und sind mit Ehrverlust und weiteren Sanktionen verbunden. Für junge Menschen, die wie in Deutschland in einer gemischten Gesellschaft aufwachsen, führt dies oft zu Tragödien, manche enden im Selbstmord. Heute würde das Stück von Romeo und Julia nicht mehr in Verona oder wie bei der »West-Side-Story« in der Bronx spielen, sondern in Deutschland oder Frankreich, und es hätte das Leben muslimischer Mädchen und Jungen in einer modernen Gesellschaft zum Gegenstand.

Muslimische Männer dürfen nach überwiegender Meinung Nichtmusliminnen heiraten, wenn es sich um Christinnen oder Jüdinnen handelt. Umgekehrt ist nach islamischem Recht die Ehe eines Nichtmuslims mit einer Muslimin verboten. Konsequenterweise muß eine islamische Ehe geschieden werden, wenn ein Partner vom Islam abfällt, also zum Beispiel zum Christentum konvertiert. Tritt eine nichtmuslimische Frau, die mit einem nichtmuslimischen Mann verheiratet ist, zum Islam über, dann muß auch diese Ehe geschieden werden, wenn der Mann nicht ebenfalls Muslim wird. Musliminnen ist es nicht gestattet, mit einem Nichtmuslim verheiratet zu sein.

Der Islam erlaubt nur den Männern die Mehrehe, nicht aber den Frauen. Eine besondere Form sexueller Diskriminierung ist bei den Schiiten die sogenannte Ehe auf Zeit, »die für die Frist von einer Stunde bis zu 99 Jahren« geschlossen werden kann. Der Vertrag endet nach Ablauf der festgelegten Frist. Das verklemmte und gleichzeitig übersteigerte Sexualbedürfnis muslimischer Männer zeigt sich in der Begründung der schiitischen Theologen für diese religiös legitimierte Prostitution. Demnach ist diese Regel als Ausweg für junge Männer gedacht, »die noch nicht heiraten können und die durch den Sexualdruck Lebertumore oder Gehirnerweichungen bekommen könnten«, oder für Reisende, zum Beispiel für iranische Geistliche, die zu schiitischen Heiligtümern pilgern, oder für Männer, deren Frauen krank oder schwanger sind, denen aber die Religion zugesteht, durch das Mieten einer Frau ihren sexuellen Druck loszuwerden. Daß Gott für einen solchen moralischen Schwachsinn herangezogen wird, ist eine spezielle Form islamischer Blasphemie.

Ein Skandal der Scharia besteht darin, daß zwar Männer sich scheiden lassen können, Ehefrauen jedoch nicht. Das gilt nicht für alle islamischen Länder, kann aber von den Ehemännern dort, in Europa oder Amerika angewendet werden. Ursula Spuler-Stegemann schildert, wie eine Deutsche einen muslimischen Asylbewerber heiratet, um ihm die Abschiebung zu ersparen. Der Mann arbeitet nicht, sorgt nicht für den Lebensunterhalt seiner Familie und lebt vom Geld der Ehefrau, vernachlässigt also alle Pflichten, die ihm vom Koran aufgetragen sind. Obwohl er sie ständig beschimpft und verprügelt, ist er natürlich nicht bereit, sich von seiner Frau zu trennen, die sich scheiden lassen will. Auch der Ausweg, sich mit dem Brautgeld freizukaufen, scheitert, weil der Ehemann nicht zustimmt. Eine zivilrechtliche Scheidung ist irrelevant, weil das Ehepaar nach der Scharia weiterhin verheiratet ist. Sie bleibt sozusagen in den islamischen Fängen dieses Mannes. Sie könnte sich vom Islam abwenden, aber dies wäre nach islamischem Recht eines der schwersten Verbrechen. Die Frau müßte auch in Deutschland Sanktionen fürchten, zum Beispiel Entführung, Körperverletzung und Mord.

Diese und andere diskriminierenden Bestimmungen sind nach dem Islam göttliches und gleichzeitig irdisches Recht. Die Frage ist, ob sie in einer rechtsstaatlichen Demokratie aus Toleranz gegenüber einer Religion akzeptiert werden müssen, wie dies die Islamisten in Deutschland, aber auch in der laizistischen Türkei verlangen. Das Problem besteht nicht darin, daß ein Muslim diese Normen als richtig, ja sogar als heilig und für die ganze Welt gültig ansieht. Glauben kann jeder, was er will. Das Problem sind die Maßnahmen, die Väter gegenüber ihren Töchtern und Islamzentren gegenüber Familien ergreifen, um durchzusetzen, daß die Regeln befolgt werden.

Die Praxis ist für die betroffenen Frauen in den meisten Fällen trostlos, was viele Frauen hinnehmen, weil sie nicht wissen, daß es auch für sie ein schöneres Leben geben kann. Nach islamischer Auffassung hängt zum Beispiel die Ehre der ganzen Familie von der Keuschheit der Frau ab. Verliebt sie sich außerhalb der Ehe in einen Mann oder gar in eine andere Frau, kann sie in Saudi-Arabien oder im Iran schwer bestraft werden, auch mit dem Tod. Die männlichen Familienmitglieder haben das Recht, die verletzte Familienehre durch Säureangriffe, Prügel oder den Tod der Frau wiederherzustellen. In bestimmten islamischen Ländern, zum Beispiel in Pakistan, geht die Rechtlosigkeit der Frau so weit, daß bei Vergewaltigung der Vergewaltiger straffrei bleibt, die Frau jedoch eine zweifache Diskriminierung erfährt: einmal die Vergewaltigung, zum anderen die Ächtung in Familie und Gesellschaft.

Ein Beispiel aus dem Jahr 2000: Pakistan hält sich im Namen des Islam immer noch an die berüchtigten Haadood-Verordnungen, die Opfer sexueller Gewalt bestrafen. Safya Bibi, eine junge, fast blinde Hausmagd, war von ihrem Arbeitgeber und dessen Sohn vergewaltigt und geschwängert worden. Da sie nicht aussagen durfte und auch nicht, wie vorgeschrieben, vier unbescholtene islamische Männer als Entlastungszeugen herbeischaffen konnte, wurde sie wegen *Zina*, das heißt wegen Ehebruchs und Unzucht (!), zu zehn Jahren Zuchthaus und hundert Peitschenhieben verurteilt.

In vielen islamischen Ländern gehört die Frau zur beweglichen Habe des Manns. Wenn er sie loswerden will, braucht er nur *Zina* zu rufen. Frauen dürfen in Pakistan nach wie vor keine wichtigen Dokumente unterschreiben, es wäre unislamisch. Es sind zwei weibliche Zeugen nötig, wo ein Mann genügt. Auch in Ländern, die im Westen hoch im Kurs stehen wie Malaysia dürfen Frauen zum Beispiel nicht Richterinnen werden. Das gleiche gilt für Staaten wie Bangladesch, Sudan, Saudi-Arabien oder den Jemen. In Koranschulen in Pakistan und in Afghanistan werden die Schüler nicht nur zum Dschihad erzogen, sondern auch zur Verachtung der Frauen. In Bangladesch haben in den vergangenen Jahren Dorfmullahs die Fatwa gegen etwa 3000 Frauen verhängt, meistens wegen *Zina*. Die Frauen werden ausgepeitscht, dann bis zur Hüfte eingegraben, dann gesteinigt oder mit Petroleum übergossen und angezündet. Neuerdings fährt man auch mit Bulldozern über den lebenden Körper, der aus dem Boden herausragt. Die Peiniger sagen, im Koran stehe geschrieben, daß Frauen gezüchtigt werden müssen.

Grenzen der Religionsfreiheit

In einer Diskussion bei den »Landauer Gesprächen« im Dezember 1994 habe ich den Rechtsstandpunkt vertreten, daß sich auch Muslime an die Verfassung halten müssen und daß die Zugehörigkeit zu einer bestimmten Religion nicht das Recht gebe, Artikel des Grundgesetzes zu verletzen, in denen etwa die Gleichberechtigung der Frau oder die Religions- und die Gewissensfreiheit garantiert werden. Die Präsidentin des Bundesverfassungsgerichts, Jutta Limbach, vertrat demgegenüber die Auffassung, daß die

Religionsfreiheit auch mit anderen Normen kollidieren könne. Die Freiheitsrechte der Religionen könnten mit anderen verfassungsrechtlich garantierten Grundrechten, wie der Gleichberechtigung von Mann und Frau, in Konflikt geraten. Auf Nachfrage von Ursula Spuler-Stegemann, was unter »anderen Normen« zu verstehen sei, reagierte die Präsidentin ausweichend.

Schlachten und schächten

Wie Menschen Tiere behandeln, dressieren (quälen) und schlachten, gibt Auskunft über Wesen und Charakter der betreffenden Menschen und über die Zivilisation, in der wir leben. Ob jüdisches, muslimisches Schächten oder deutsches Schlachten – man sollte die Hand nicht herumdrehen. Forellen (Deutschland) oder Hunde (China, Korea) lebendig zu kochen ist entsetzlich, aber verfassungsrechtlich irrelevant. Der Deutsche Bundestag hat es Mitte der neunziger Jahre abgelehnt, den Tierschutz in das Grundgesetz aufzunehmen. Daß die CDU/CSU mehrfach die dazu notwendige Zweidrittelmehrheit verhindert hat, ist weniger auf ihr anthropozentrisches Weltbild zurückzuführen als auf die Pressionen der Bauernlobby. Der Grundwert der Solidarität ist nicht nur zwischen Männern und Frauen ausgehöhlt, sondern auch zwischen Mensch und Schöpfung.

Konrad Lorenz, der akademische Lehrer vieler Verhaltensforscher, nennt die Fließbandhaltung von Tieren eines der schandhaftesten Kapitel der menschlichen Kultur: »Wenn sie jemals vor einer Tiermastanstalt gestanden und gehört haben, wie Hunderte von Kälbern ›Mamaaa‹ schreien, wenn sie den Notruf des Kalbes verstehen, dann haben sie genug vom Menschen.« Auch hapert es in der Tierwelt bekanntlich mit der Folter. Auf welche Grundmuster und archaischen Strukturen sind also Elektroschocks, Daumenschrauben und Gehirnwäsche, Massenvergewaltigungen und KZ-Greuel, überhaupt die Kategorie des Bösen, zurückzuführen? Ist das tierisch oder menschlich?

Die Position von Jutta Limbach ist alarmierend, weil sie die Möglichkeit eröffnet, daß es, rechtlich gesehen, Parallelgesellschaften in Deutschland gibt. Ihre Auffassung beruht aber auf einem Rechtsirrtum. Die Religionsfreiheit berechtigt zwar jedermann zu glauben, was er will, sogar dazu, die Verfassung und die in ihr enthaltenen Grundsätze abzulehnen und dies auch öffentlich zu äußern. Religionsfreiheit bedeutet aber nicht das Recht, die Menschenrechte anderer Menschen, vor allem wenn sie abhängig sind, zu verletzen. Mädchen zu beschneiden ist zum Beispiel ein Verstoß gegen Artikel 2 des Grundgesetzes und schwere Körperverletzung. Dieser brutale »chirurgische« Eingriff könnte niemals unter Berufung auf die Religionsfreiheit gerechtfertigt werden.

Am Universalitätsanspruch der Menschenrechte muß der demokratische Staat kompromißlos festhalten, sonst brechen alle Dämme: Warum sollte es sonst falsch sein, Menschen zu diskriminieren, weil sie einer anderen Kaste, einem anderen Volk oder einer anderen Rasse angehören? Die Geschlechtsapartheid kann nicht anders bewertet werden als die Rassenapartheid.

Immer wieder hört man in der Öffentlichkeit entschuldigende und verharmlosende Worte. Es wird darauf verwiesen, wie schwierig es sei, den Anforderungen undAnsprüchen zweier unterschiedlicher Kulturen gleichzeitig zu genügen. Was in Europa jahrhundertelang praktiziert wurde und was in islamischen Ländern heute die brutale Wirklichkeit ist, hat allerdings mit Kultur nichts zu tun. Der französische Schriftsteller und Philosoph Alain Finkielkraut schreibt, es gebe keine Kultur dort, »wo man über Delinquenten körperliche Züchtigungen verhängt, wo die unfruchtbare Frau verstoßen und die Ehebrecherin mit dem Tode bestraft wird, wo die Aussage eines Mannes so viel Wert ist wie die von zwei Frauen, wo eine Schwester nur Anspruch auf die Hälfte des Erbes hat, das ihrem Bruder zufällt, wo die Frauen beschnitten werden, wo die Mischehe verboten und die Polygamie erlaubt ist«.

Die Diskriminierungen konzentrieren sich auf das sexuelle Verhalten der Frau. Die Frau muß dem Mann jederzeit zur Verfügung stehen, und sie hat sich allein um dessen Familie zu kümmern. Er kann sich jederzeit von ihr trennen und sich bis zu drei Nebenfrauen nehmen. Besser können es Machos nicht haben.

Es ist nur konsequent, daß die Vertreter männerfixierter Religionen, die Ajatollahs, die Mullahs und die Legaten des Vatikans, auf den Weltfrauenkonferenzen alle Resolutionen für die sexuelle Selbstbestimmung der Frau Arm in Arm abgelehnt haben, was den Papst beim jüngsten Gericht noch in Schwierigkeiten bringen dürfte. Auf der Weltfrauenkonferenz in Peking 1995 brachte es dieses seltsame fundamentalistische Bündnis zustande, daß vierzig Staaten die von internationalen Frauenorganisationen über Jahre erarbeitete Aktionsplattform ablehnten, da diese »die nationale Souveränität, die Ehe, die Familie und die Mutterschaft gefährdet«.

An einer Vorbereitungstagung am 15. September 1995 in Alexandria hatten auch Vertreter des Vatikans teilgenom-

men, um sich mit den Islamvertretern für die Weltfrauenkonferenz in Peking abzusprechen. Diese Tagung fand sin-
nigerweise in der Kairoer Azhar-Universität statt, die ein
geistiges Zentrum der islamischen Fundamentalisten ist
und Gutachten erstellt hat, in denen die Klitorisver-
stümmelung an muslimischen Mädchen und die Zwangs-
scheidung eines ägyptischen Professors wegen »Gotteslästerung« wissenschaftlich untermauert wurden. Die
Wichtigtuerei und das Imponiergehabe der katholischen
Prälaten und muslimischen Mullahs bei diesen internationalen Zusammenkünften der Eliten moderner und mu-
tiger Frauen aus der ganzen Welt waren lächerlich und
töteten jeden Ansatz von Sympathie für die großen Weltreligionen. Die Ordnung, auf die sich deren Abgesandte
berufen, dient dem Unrecht und der Unterdrückung. Sie
beruht nicht auf Freiheit und Selbstverantwortung, sondern auf Unterordnung und Rechtlosigkeit.

Nicht alle Mißstände gehen zurück auf religiöse Gründe
oder auf bewussten Mißbrauch einer Religion. Aber die
weitverbreitete Diskriminierung der Frauen ergibt sich aus
Vorurteilen und Irrtümern der Moraltheologie, die von
männlichen Priestern und Schriftgelehrten der großen
Weltreligionen formuliert worden sind, oft gegen den
eigentlichen Sinn der Lehre, wie eben zum Beispiel des
Evangeliums.

Sexismus – die Diskriminierung, Verachtung, Benachtei-
ligung aufgrund des Geschlechts – ist neben der Folter, die
gerade auch die Frauen immer häufiger erdulden müssen,
heute wahrscheinlich weltweit die schwerwiegendste
Menschenrechtsverletzung. Früher Hexenprozesse, heute
Massenvergewaltigungen, Witwenverbrennungen, körperliche und seelische Gewalt, Beschneidung, Aussetzen und
Vernachlässigen weiblicher Säuglinge und gezieltes Abtrei-

ben weiblicher Föten gehören zu dieser Unmenschlichkeit, die aus perversen männerorientierten Theologien entstanden ist.

»Die verlorene Hoffnung auf Resurrektion hinterläßt eine spürbare Leere«, sagte Jürgen Habermas in seiner Rede, als er den Friedenspreis des Deutschen Buchhandels erhielt. Er folgt damit einem weltweiten Trend zur Spiritualisierung und zum Transzendentalen. Dieser Trend ist so erstaunlich wie bedrohlich. Der französische Soziologe Gilles Kepel sieht die Extremisten innerhalb der Religionen auf dem Vormarsch: Die Welt soll wieder auf eine sakrale Grundlage gestellt werden. Die Islamisten betreiben die Reislamisierung, die christlichen Charismatiker träumen von einer Rechristianisierung der Welt, und führende Hindus, vor allem die Bharatiya-Janata-Partei (BJP), verfolgen das Ziel, den Hinduismus zur indischen Staatsreligion zu machen. Die Retheologisierung der Gesellschaft aber richtet sich immer zuerst gegen die Frauen.

Geschlechtsapartheid – Rassenapartheid

Die Diskriminierung von Frauen zu bekämpfen hat nichts mit Kulturimperialismus zu tun, sondern mit dem Schutz der Menschenwürde. Frauen, die Steinigungen oder Verstümmelungen erleiden, würden sich den »Menschenrechtsimperialismus« oder den »Eurozentrismus« gern gefallen lassen, der sie vor solchen Bestialitäten bewahrt. Aber ohne die großen Weltreligionen wird die Diskriminierung der Frauen langfristig nicht beseitigt werden können. Statt immer neue theologische Gründe für eine Bevormundung der Frauen zu erfinden und ihre heiligen Schriften gegen die Frauen auszulegen, sollten sie endlich die Gleichberechtigung aller Menschen im gemeinsamen Weltethos der Religionen verankern.

Der UN-Generalsekretär und Friedensnobelpreisträger Kofi Annan hat bei seiner Eröffnungsrede auf der Frauenkonferenz »Peking + 5« im Jahr 2000 in New York gesagt: »Die Zukunft des Planeten hängt von den Frauen ab.« Da hat der Erdball vorläufig eher schlechte Aussichten. Denn der Horrorkatalog der Menschenrechtsverletzungen an Frauen ist nach wie vor lang. Einkommensungleichheit, Frauenarbeitslosigkeit, Unvereinbarkeit von Familie und Beruf, Unterrepräsentanz in Entscheidungsgremien sind die mildere Seite der Diskriminierung. Die schärfere Variante besteht in der Schutzlosigkeit vor Gewalt, der sexuellen Gewalt, der Verletzung der körperlichen Integrität, der Verweigerung von Selbstbestimmung und Bildung.

In den nach wie vor von Männern beherrschten westlichen Demokratien wird die Gleichstellung der Frau inzwischen weithin akzeptiert. Es gibt entsprechende Gesetze und Normen bis hin zu Quotenregelungen in Parteien. Trotzdem glauben nach wie vor viele Männer, auch solche, die an den Schaltstellen in Politik und Wirtschaft sitzen, sie seien Frauen intellektuell und kulturell überlegen, auch wenn sie natürlich die Exzesse des Mittelalters verurteilen. Anders ist es nicht zu verstehen, daß Geschlechtsdiskriminierung national und international als weniger schwerwiegend angesehen wird als Rassendiskriminierung. Dabei verletzt die Frauendiskriminierung die Menschenrechte nicht weniger als etwa die Apartheid in Südafrika.

Warum wird Rassendiskriminierung beim Sport geächtet, Geschlechtsapartheid aber geduldet? Bei den Olympischen Spielen 1996 in Atlanta und 2000 in Melbourne haben Frauen aus Äthiopien, Syrien oder Algerien große sportliche Leistungen vollbracht. Im Iran, in Saudi-Arabien, in Afghanistan, im Sudan, in den Vereinigten Arabischen Emiraten, in Pakistan, Kuwait, Katarrh, Oman und im Jemen ist Frauen Sport verboten, oder er wird ihnen unmöglich gemacht, im harmloseren Fall durch Bekleidungsvorschriften, sonst aber auch durch Terror. In der Olympischen Charta heißt es in Kapitel 1: »Alle Formen der Diskriminierung mit Bezug auf ein Land oder eine Person, sei es aus Gründen von Rasse, Religion, Politik, Geschlecht oder aus sonstigen Motiven, sind mit der olympischen Bewegung unvereinbar.« Wer diese Prinzipien nicht beachtet, kann entweder suspendiert werden oder die Akkreditierung verlieren, beziehungsweise überhaupt keine Akkreditierung erhalten. Ein in dieser Weise bestraftes nationales Olympisches Komitee dürfte keine Delegation zu den Olympischen Spielen entsenden. Dennoch: Das Internationale Olympische Komitee (IOC) lehnte Anträge ab, Länder zu sperren, die weibliche Sportler von ihrer Mannschaft ausschließen. Dieses Ansinnen sei eine politisch motivierte Attacke gegen eine Religion. Auch der Präsident des deutschen Nationalen Olympischen Komitees (NOK), Walther Tröger, sah sich bei einem mehrstündigen Gespräch im Reichstag nicht in der Lage, eine entsprechende Initiative zu starten. Trotz mehrfacher Interventionen wurde bei der Vergabe der Olympischen Spiele an Peking im Sommer 2001 in Lausanne die Frage der Gleichberechtigung der Frau nicht auf die Tagesordnung gesetzt.

Man kann sagen, daß die doppelte Moral des IOC den sonstigen anrüchigen Gepflogenheiten dieses Altherrenclubs entspricht. Der Hauptwiderstand gegen die Gleichberechtigung der Sportlerinnen ging vom langjährigen IOC-Präsidenten Juan Antonio Samaranch aus, einem früheren Franco-Diplomaten. Es bleibt die Hoffnung, daß unter dem neuen Präsidenten, dem Belgier Jacques Rogge, diese Frage neu aufgerollt wird.

Eine Veränderung der traurigen Verhältnisse hat zumindest zwei Voraussetzungen: Einmal müssen diejenigen, die die Verhältnisse ändern wollen, organisierbare Interessen haben und organisierbar sein. Und zweitens müssen sie fähig sein, Macht auszuüben, sei es politische Macht, sei es als Ultima ratio militärische Macht. Es zeigt sich aber, daß Frauen nur schwer organisierbar sind, vor allem, weil sie millionenfach die eigene Lage unterschiedlich einschätzen und weil sie durch den Ausschluß von Bildungsinstitutionen die Alternative eines menschenwürdigen Lebens oft gar nicht kennen. Dennoch arbeiten Frauenorganisationen in Europa und den USA an der Gründung eines Weltfrauenverbands. Frauen wären allerdings kaum in der Lage, sich Waffen zu beschaffen, Guerillaverbände zu bilden und eine Änderung ihres gesellschaftlichen Status zu erzwingen. Die Macht der Männer auf der Welt, vor allem im Islam, ist eine Macht der Gewehre und der Peitschen, wie man auch nach der Vertreibung der Taliban im Fernsehen noch sehen konnte.

Infolgedessen bleiben die Frauen auf Hilfe von Männern angewiesen, die außer der Menschenrechtsverletzung auch das sehen, was Kofi Annan angesprochen hat, nämlich den Schaden, den es für die künftige Menschheitsentwicklung bedeutet, wenn Frauen von wichtigen Positionen in Politik und Wirtschaft ausgeschlossen bleiben. Joschka Fischers Ablehnung des »Menschenrechtsinterventionismus« bedeutet, daß Außenpolitik klassische machtpolitische Ziele und nicht soziale oder menschenrechtliche Interessen zu verfolgen habe. Das ist kein Zeichen von Feigheit, sich in die inneren Angelegenheiten anderer Länder einzumischen, sondern Ausdruck des Desinteresses an einer Frage, die man nicht zu den vordringlichen Problemen der Politik zählt oder zählen will. Aber wenn die westlichen Demokratien die Menschenrechtspolitik für Frauen nicht fest in ihrer Außenpolitik verankern, wird sich das Leben der Frauen nicht verbessern. In der Politik gibt es keine Entwicklung ohne Druck. Es liegt daher auch an den Frauen im Westen, die abgeschlaffte Frauenbewegung zu reaktivieren und wieder zu einer politischen Waffe werden zu lassen, die die Männerhierarchien fürchten.

Die Vertreibung der Frauen von den Olympischen Spielen durch islamische Staaten ist nicht nur ein grundsätzliches Problem. Das Sportverbot für Millionen von Frauen schränkt ihr Recht auf Selbstbestimmung und Selbstverwirklichung entscheidend ein. Jeder hat die Freiheit, sich körperlich zu betätigen. Es gibt allerdings immer wieder Situationen, in denen dieses Problem an Bedeutung zu verlieren scheint, weil es von Diskriminierungen ganz anderen Kalibers überlagert wird. Das gilt sogar für das Tragen des Schleiers und der Burka. In vielen Menschenrechtsorganisationen wird die Meinung vertreten, man könne die Sportfrage so lange vergessen, wie es nicht gelingt, die schwersten Formen von Menschenrechtsverletzungen an Frauen, nämlich die Genitalverstümmelung, die Schandemorde und den Frauenhandel, zu unterbinden. Die zunächst naheliegende Erwägung, daß es möglicherweise leichter sei, den Zugang der Frauen zu den Olympischen Spielen zu erzwingen, als den jahrhundertealten männlichen Sexualehrenkodex zu verändern, scheitert an der sozialen Wirklichkeit von Männergesellschaften. Die werden ihren Frauen die Teilnahme an den Olympischen Spielen so lange verwehren, wie sie es für rechtmäßig, hygienisch und moralisch notwendig ansehen, Frauen mit

Scherben, Scheren und Rasierklingen die Klitoris abzu-
schneiden.

Beschneidung und Ehrenmorde

»Mona Lisa«, das Frauenmagazin des ZDF, hat Ende der
neunziger Jahre den Vorgang gefilmt. Der Sendung waren
heftige Diskussionen vorausgegangen, weil ein Teil der
Redaktion der Auffassung war, diese entsetzlichen Bilder
könne man keinem Zuschauer zumuten. Es handelt sich
bei dieser Mißhandlung ja nicht nur um die Exzision der
Klitoris und der inneren Schamlippen. Es werden außerdem die inneren Seiten der äußeren Schamlippen entfernt und die Reste mit Dornen aneinander befestigt oder
mit Seide beziehungsweise Katgut (Fäden aus Rinder-
darm) zusammengenäht, bis auf eine kleine Öffnung,
durch die der Harn und das Menstruationsblut fließen
kann. Die medizinischen Folgen sind furchtbar, der
Geschlechtsverkehr ist erst nach der »chirurgischen« Öffnung des Restgenitals möglich und für beschnittene
Frauen in der Regel extrem schmerzhaft. Der psychische
Schock mündet meist in einem lebenslangen Trauma.
Neben den unmittelbar auftretenden Beschwerden haben
die Betroffenen unter Miktions-, Menstruations- und
Geburtsproblemen, Infektionen, Fisteln, Inkontinenz und
anderen Krankheiten sowie unter dramatischen Sexual-
problemen zu leiden.

Die Beschneidung wird hauptsächlich praktiziert in
Somalia (90 Prozent der Frauen sind dort davon betrof-
fen), Dschibuti, Äthiopien, Ägypten, Mali, Gambia, Ghana,
Nigeria, Liberia, Sierra Leone, Guinea, Burkina Faso,
Benin, der Elfenbeinküste, Tansania, Togo, Uganda, Sene-

gal, Kenia, der Zentralafrikanischen Republik, Kamerun, Mauretanien, Niger, Jemen, Indonesien, Malaysia, im Kongo, im Sudan und im Tschad. Pro Jahr fallen weltweit etwa zwei Millionen Frauen und Mädchen dieser Brutalität zum Opfer. Auf internationaler Ebene wurde die Genitalverstümmelung zuletzt von der 2. UN-Weltkonferenz über Menschenrechte in Wien 1993, der 4. UN-Weltfrauenkonferenz in Peking 1995, der 56. UN-Menschenrechtskonferenz und der UN-Sonderkonferenz »Frauen 2000« (oder »Peking + 5«) in New York als Menschenrechtsverletzung verurteilt – weitgehend ohne Wirkung. Gesetzliche Verbote werden, soweit in den jeweiligen Staaten vorhanden, nur lückenhaft durchgesetzt. In Kenia hat 1996 ein Beschneidungsverbot erst gar nicht das Parlament passiert. Die Befürworter der Beschneidung argumentieren nicht zu Unrecht, sie dämpfe den Geschlechtstrieb der Frauen und verhindere häufig wechselnden Geschlechtsverkehr – nur der Frauen natürlich.

Durch Migrantinnen, Migranten und Flüchtlinge ist die Genitalverstümmelung auch in Deutschland und anderen Industrienationen akut geworden. Nach Angaben der Menschenrechtsorganisation *Terre des Femmes* leben etwa 21 000 von Genitalverstümmelung betroffene Mädchen und Frauen in Deutschland. Weltweit sind es über 100 Millionen.

Diesen Frauen kann nur geholfen werden, wenn die UNO die Staaten ächtet, die diese Unmenschlichkeit ermöglichen oder dulden. Entscheidend sind Informationskampagnen, vor allem mit Blick auf die Stammesältesten, Häuptlinge oder Dorfvorsteher, Zauberer, aber auch auf die Familien sowie die »Beschneiderinnen« und »Beschneider«. UNICEF und WHO sowie jene Nichtregierungsorganisationen, die sich dieses Problems annehmen, müssen auch finanziell besser unterstützt werden, als es bisher der Fall ist.

Genitalverstümmelung verstößt nicht nur gegen die Menschenwürde, sondern auch gegen Artikel 2 des Grundgesetzes, und sie ist eine schwere Körperverletzung. Genitalverstümmelung ist, juristisch gesprochen, eine nicht einwilligungsfähige gefährliche Körperverletzung im Sinn des Strafgesetzbuches. Ärzte oder Familienangehörige, die eine Beschneidung durchführen, machen sich strafbar. Die Staatsanwaltschaften müssen dieses Verbrechen *ex officio* verfolgen, das heißt ohne Antrag von außen.

Es ist unerträglich, wenn eine drohende Genitalverstümmelung, der sich zum Beispiel eine Mutter mit ihrer kleinen Tochter durch Flucht entziehen will, nicht als Asylgrund anerkannt würde, etwa weil die Verstümmelung nicht von Behörden, sondern von nichtstaatlichen Stellen vorgenommen werden soll. Auch müssen Mädchen Abschiebungsschutz bekommen, wenn sie von ihren Eltern aus Deutschland zum Zweck der Beschneidung in ihre Heimatländer gebracht werden sollen.

Genitalverstümmelung kann nicht mit der Berufung auf eine Religion oder eine Kultur gerechtfertigt werden. Sie wird im übrigen von keiner heiligen Schrift gefordert, nicht einmal vom Koran. Die Befürworter dieses »Brauchs« beziehen sich statt dessen meist auf Auslegungsschriften.

Daß es Ehrenkodizes gibt, die von muslimischen Männern geschaffen wurden, aber nur für Frauen gelten, wundert einen nicht. Aber daß Männer berechtigt sind, Frauen zu ermorden, die gegen diese Normen verstoßen, ist schon erstaunlich. Nach UNO-Schätzungen werden in einigen islamischen Ländern, wie Bangladesch, Pakistan, Somalia, Saudi-Arabien und Jemen, jährlich 5000 Frauen und Mädchen im Namen der Ehre getötet, zum Selbstmord gezwungen, gesteinigt, verbrannt oder mit Säure übergossen. Diesen Leiden sind die Frauen vor allem dann ausgesetzt, wenn sie die Beschuldigung nicht widerlegen können, außerehelichen Geschlechtsverkehr gehabt oder Ehebruch begangen zu haben. Die Beweislast liegt bei den Frauen. Für diese Gewaltakte, oft in familiärer Selbstjustiz, genügt meist allein der Verdacht oder das Gerücht, sich nicht an den Verhaltenskodex gehalten zu haben. Es ist Aufgabe der westlichen Demokratien, in der UNO die Staaten anzuprangern, in denen solche Fememorde geduldet werden.

Geschlechtsspezifische Verfolgung
Wenn frauendiskriminierende religiöse Vorschriften in bestimmten Staaten (zum Beispiel in Saudi-Arabien oder im Sudan) Bestandteil der staatlichen Rechtsordnung sind, haben die Menschenrechtsverletzungen politischen Charakter und müssen die Opfer nach Artikel 16 Absatz 2 des Grundgesetzes geschützt werden.

Geschlechtsspezifische Verfolgung ist in vielen Fällen per se politische Verfolgung. Viele Jahre hat das Bundesamt für ausländische Flüchtlinge die Auffassung vertreten, es sei nicht Aufgabe der Asylbehörden, die religiösen Bräuche anderer Länder zu kritisieren. Es hat abgestritten, daß es sich um politische Verfolgung handle, wenn in islamischen Staaten Frauen keinen Beruf ausüben und das Haus nur in Begleitung eines Mannes verlassen dürfen. In dieser Haltung des Bundesamts – sie hat sich inzwischen geändert – zeigte sich eine derartig krasse Ignoranz, daß der damit verbundene Rechtsirrtum fast unbedeutend wirkte. Genauso abwegig ist die ständige Rechtsprechung des bayerischen Verwaltungsgerichtshofs. Er betrachtet körperliche Mißhandlung,

zum Beispiel die Auspeitschung wegen eines Ver-
stoßes gegen Bekleidungsvorschriften, nur dann
als eine asylrechtlich relevante Verfolgung, wenn
sich im Verstoß eine regimefeindliche Haltung aus-
drücke. Die Frau müsse überzeugend den Eindruck
einer politisch aktiven und konsequenten Regime-
gegnerin vermitteln. Auch diese Rechtsprechung
mißachtet die Tatsache, daß die religiösen Vorschriften in einigen Ländern Bestandteil der staatlichen
Rechtsordnung sind. Wenn sich eine Religion zum
Staat macht, wie der islamische Fundamentalismus
der Wahabiten in Saudi-Arabien oder der Schiiten
im Iran, sind religiös begründete Entscheidungen
politische Entscheidungen.

Sie alle sitzen auf dem Wagen des Xerxes: die
Eisenfresser der Rechts- und Innenpolitik, die Ver-
waltungsrichter mit Hornhaut auf der Seele, die IOC-
Mitglieder, Legaten, Saudi-Prinzen und Ajatollahs.
Wenn es ein Weltgericht gäbe, müßten die beiden
göttlichen Schwestern aus Asien und Hellas sie in
den Orkus schleudern.

Frauenhandel und Kinderprostitution

Ein besonders trauriges Kapitel der Intoleranz ist der Frauenhandel. Nach Angaben der Vereinten Nationen werden
jährlich vier Millionen Mädchen und Frauen in Ehe und
Sklaverei verkauft, zwei Millionen Kinder arbeiten als Pro-
stituierte. Kinder werden wie Ware gehandelt und viele für
die Herstellung von Kinderpornos mißbraucht. Zwar ist in
der Bundesrepublik seit 1993 auch der sexuelle Mißbrauch

im Ausland strafbar. Aber es fanden zwischen 1996 und 2000 lediglich 51 Ermittlungsverfahren statt, obwohl jedes Jahr schätzungsweise 10 000 Deutsche ins Ausland fahren, um Sex mit Kindern zu haben. Nach internationalen Schätzungen verschleppen Menschenhändler jedes Jahr bis zu 700 000 Frauen und Kinder. Ausländische Frauen werden in Katalogen oder im Internet als Ehefrauen angeboten, sie landen meist in Bordellen oder werden illegal als billige Arbeitskräfte eingeschleppt. Nach Schätzungen der EU-Kommission werden allein aus den mittel- und osteuropäischen Staaten jährlich 120 000 Frauen und Kinder in die Europäische Union gelockt.

Der Frauenhandel ist ein lukratives Geschäft geworden, aus dem international operierende Banden mit geringem Risiko enorme Profite herausschlagen. Der Markt boomt, und der Jahresgewinn aus diesem Geschäft liegt bei sieben bis dreizehn Milliarden Dollar – wesentlich mehr als aus dem Drogenhandel. Früher kamen die Frauen aus Lateinamerika und Südostasien, heute konzentriert sich der Handel auf das Gebiet des ehemaligen Ostblocks. Die Schlepper haben nun kurze Wege.

Das eigentliche Problem ist auch hier die Intoleranz der Behörden und der Politik in Deutschland. Deutschland ist gleichzeitig Ziel- und Transitland. Die Frauen werden unter Vorspiegelung falscher Tatsachen angeworben und kommen mit oder ohne Visum über die Grenze. Nach dem Grenzübertritt wird ihnen der Paß abgenommen, sie werden eingesperrt, geschlagen, vergewaltigt und erpreßt mit Blick auf ihre im Heimatland lebende Familie. Wenn die Frauen bei einer Razzia aufgegriffen werden, sind sie in strafrechtlicher Hinsicht nicht nur Opfer, sondern sie haben sich auch strafbar gemacht, ihr Aufenthalt und ihre Erwerbstätigkeit sind illegal. Ihnen droht die sofortige Ausweisung oder Abschiebung. Bestenfalls wird ihnen eine Ausreisefrist eingeräumt, damit sie als Zeuginnen aussagen können.

Die Frauen sind aber oft nicht imstande, sich schnell zur Aussage zu entschließen. Sie sind traumatisiert, schämen sich und haben bereits schlechte Erfahrungen mit Behörden in Deutschland und in ihrem Heimatland gemacht. Hinzu kommt, daß die Zuhälter oder die Schlepper sie und ihre Familien bedrohen. Dringend notwendig wäre daher ein Zeugenschutzprogramm, das die Aussagebereitschaft dieser Frauen fördern würde. Nur so ließen sich die Mafia-strukturen der Schlepper zerschlagen.

Ängste
Intoleranz und Fremde

Wenn der Mensch das Bedürfnis hat zum Leben, dann für die Vernunft, für das Wissen, für ein freundliches Wesen, für ein gutes Herz. Dummheit ist: Der Dumme zeigt sich darin, daß er mit seiner Abstammung prahlt.
Hazerti Ali, Weggefährte des Propheten Mohammed und Begründer des Alivetismus

Es ist nicht leicht zu entscheiden, von welchen Ängsten die Menschen am meisten getrieben werden. Diese Frage entzieht sich zunächst einer allgemeinen Antwort, weil Ängste subjektiv empfunden werden. Manchen Unternehmer plagt angesichts der Weltwirtschaftskrise die Existenzangst, der Zusammenbruch der Aktienmärkte läßt nicht wenige Kapitalbesitzer um ihr Vermögen zittern, und viele Studierende fürchten sich vor dem Examen und ihrer beruflichen Zukunft. Ist jemand Angestellter in einer Großbank und hat einen geldgierigen Vorstand, der nicht einmal mit einer Kapitalrendite von zehn Prozent zufrieden ist, muß er Angst um seinen Arbeitsplatz bekommen. Früher hatten die Leute Angst vor den Russen, genauer gesagt vor den Kommunisten, die drauf und dran waren, DDR-Verhältnisse gewaltsam in ganz Europa einzuführen. Die Friedensbewegung ängstigte sich zu Recht vor den Raketen – allerdings hatte sie die falschen im Visier, nämlich die amerikanischen, die es noch gar nicht gab, während die sowjetischen, 300 an der Zahl, mit jeweils drei Atomsprengköpfen bestückt, auf Hamburg, Bonn und München gerichtet waren; vor denen aber hatte die Friedensbewegung weniger Angst.

Hutu und Tutsi, Tamilen und Singhalesen haben auch Angst, aber nicht vor Raketen, sondern davor, daß sie von den jeweils anderen abgeschlachtet werden. Viele fürchten sich vor dem Teufel, und diese Angst hat globalen Charakter.

Angesichts dieser Themenliste könnte man meinen, der Bedarf an Ängsten sei für ein normales Menschenleben gedeckt, wobei die Alltagsängste wie die vorm Zahnarzt, vorm Gewitter, vor der Dunkelheit, vorm Vorgesetzten oder Lampenfieber noch gar nicht eingerechnet worden sind.

Weit gefehlt! Die in Deutschland heftigste Angst ist die Angst vor Fremden: vor Ausländern, Andersfarbigen, Ungläubigen, also die Angst – man sollte es nicht glauben – vor anderen Menschen. Nun kommen und gehen die Ängste, wie die meisten der oben aufgezählten. Es gibt begründete und unbegründete, rationale und irrationale Ängste. Eine begründete Angst ist die Todesangst. Ist jemand in seinem Leben ständig in Kollision geraten mit den Zehn Geboten und sei es auch nur mit einer der sieben Hauptsünden, nämlich der Völlerei, kann er aus metaphysischen und physischen Gründen leicht Angst vor dem Tod bekommen, vielleicht noch gesteigert durch die Ungewißheit über die Zeit danach. Da von hundert Menschen hundert sterben müssen und der Tod total demokratisch ist, also den Mann von der Müllabfuhr genauso packt wie den amerikanischen Präsidenten, ist die Todesangst weit verbreitet. Das hat sie mit der Fremdenangst gemeinsam, aber so begründet die eine ist, so unbegründet ist die andere – zumindest grundsätzlich.

Das Herrenrecht des Daseins

Die Furcht vor Europa wird zum Beispiel gespeist durch die Angst, in einen *melting pot* zu geraten, einen Schmelztiegel, wie (angeblich) in den USA. Das ist eine Angst, der Edmund Stoiber schon mal früher durch seine Warnung vor einer »durchrassten Gesellschaft« politisches Gewicht und Stimme verliehen hatte, was ihn allerdings hinterher gereut hat.

Die aus dieser Angst erwachsende Intoleranz ist, weil unbegründet, in hohem Maß irrational. Das Konzept des *melting pot* ist schon in Amerika gescheitert. Man sollte ihm nicht nachtrauern, denn es hat etwas Gewalttätiges, Rohes, Egalitäres, Diktatorisches an sich. Dies gilt im übrigen auch für die Vorstellung, in Deutschland dürften die Menschen nur Kirchenglocken, aber nicht den Ruf des Muezzin hören. Eine total assimilierte Gesellschaft ist nicht demokratisch. Sie funktioniert nicht und provoziert vor allem Gegenreaktionen. Insofern sind die Ängste vor einer solchen Entwicklung begründet.

Auf dem Höhepunkt des Kosovodramas gab es eine lebhafte Diskussion in der Arbeitsgruppe Außenpolitik der CDU/CSU-Bundestagsfraktion. Einige Mitglieder bezweifelten, daß die politische Lösung darin bestehen könne, daß Serben und Albaner friedlich zusammenleben. Weder in einem gemeinsamen Land und schon gar nicht in einem Dorf würden Serben und Kosovaren miteinander auskommen. Bei einer Diskussion mit Kosovo-Albanern sagte einer von ihnen, nie mehr dürften Serben im Kosovo eine Heimat haben.

Was gilt nun? Behalten im Kosovo diejenigen recht, die – wie manche Verhaltensforscher – behaupten, Fremdenscheu sei angeboren, Fremdenliebe gefährde die ethnische Identität und im Verhältnis miteinander gelte nicht der kategorische, sondern der territoriale Imperativ? Landsäugetiere sicherten sich Territorien, die sie einzeln oder als Gruppe abgrenzten und verteidigten. Entsprechend sei die

Ausgrenzung des »andersartigen« Mitmenschen eine anthropologische Konstante. Intoleranz gegenüber artfremden Menschen gehöre zur Natur des Menschen. Beim Menschen spiele sich die Auslese gewissermaßen auf zwei Beinen ab, das Recht des Stärkeren beruhe nicht auf dem Willen zur Macht, sondern gehöre zur »Natur des Menschen«.

Hitler schreibt in »Mein Kampf«: »Der stärkste an Mut und Fleiß erhält dann als der Natur liebstes Kind das Herrenrecht des Daseins zugesprochen.« Hitler schwärmt von den »gnadenlosen Auslesegrundsätzen der freien Wildbahn«, die sogenannte »Humanität« des Menschen sei nur die Dienerin seiner Schwäche und damit in Wahrheit die grausamste Vernichterin seiner Existenz.

Nun würden sich Verhaltensforscher mit Recht dagegen verwahren, für die nationalsozialistische Rassenideologie und ihre Folgen in Anspruch genommen zu werden. Allerdings hat Konrad Lorenz, der bekannteste Verhaltensforscher, zumindest zeitweise Sympathien für die Nazis bekundet. Aber Nietzsches Verabsolutierung der Macht fand ihre biologistische Untermauerung in den Ergebnissen der Verhaltensforscher. Eibl-Eibesfeldt, ein Schüler von Lorenz, schrieb in der »Süddeutschen Zeitung« (6. Mai 1993), die »der Erhaltung dienenden Mechanismen der Abgrenzung« gegenüber artfremden Lebewesen »sind in uns angeborenen Programmen vorgebildet«. Dies manifestiere sich bereits sehr früh in der Kindesentwicklung als Fremdenscheu, die zur angeborenen archaischen Struktur des Menschen gehöre (so 1990 in seinem Buch »Chancen einer multi-ethnischen Gesellschaft aus der Sicht eines Ethnologen«).

Ich bin als Fünf- bis Siebenjähriger in Ravensburg mit einem Zigeuner groß geworden, dessen Zuhause ein paar hundert Meter von unserer Wohnung entfernt war. Es war ein schöner buntbemalter Zigeunerkarren. Der Junge hieß Kajetan, wir waren fast unzertrennlich beim täglichen Spiel im Binsendickicht und den Sandlöchern des Schussentals. Ich habe bei seinen Eltern zu Hause gegessen, der Zigeunerjunge wurde mit mir eingeschult, und ich randalierte so lange, bis ich mit ihm zusammen in einer Schulbank sitzen durfte. 1938 waren er und seine Familie plötzlich verschwunden. Die Nazis hatten sie deportiert. Ich habe 1985, als ich Bundesminister und auch zuständig für die Sinti und Roma war, nach ihm suchen lassen und ihn wiedergefunden. Seine Schwestern und seine Eltern waren in Auschwitz-Birkenau umgebracht worden.

Die Frage ist also, ob ich damals normal oder möglicherweise doch falsch programmiert war. Ist bei mir und dem Zigeuner irgend etwas schiefgelaufen – ein lockeres Gen, falsche Erziehung? An der Schule kann es nicht gelegen haben. Kajetan wurde ein halbes Jahr nach der Einschulung aus unserer Schulbank geholt und »artgerecht« in der letzten Reihe isoliert, der kindliche Widerstand durch Schläge erstickt. Bleibt als Grund für mein Verhalten die »falsche« Erziehung durch meine Eltern, die die Freundschaft zu dem Zigeunerjungen erlaubten und es als selbstverständlich empfanden, daß ich mit der Zigeunerfamilie im Wagen zu Mittag aß.

Eine zunächst plausible These der Verhaltensforscher lautet, das friedliche Zusammenleben gestalte sich mit Menschen als schwieriger, »die im Aussehen stark von der einheimischen Bevölkerung abweichen«, also zum Beispiel in der Haar- und Augenfarbe oder der Form der Nase. Aber kann man daran immer einen Deutschen erkennen? Der frühere sächsische Justizminister Steffen Heitmann – dessen Kandidatur für das Amt des Bundespräsidenten von

Helmut Kohl gefördert wurde, aber am Widerstand aus der Union und der Kritik der Presse scheiterte – sagte nach einem Besuch in Stuttgart, er könne sich dort nicht wohl fühlen, er sei einer fremden Welt begegnet wegen der vielen Leute, denen man ihre ausländische Herkunft sofort angesehen habe. Der BGS betrieb Mitte der neunziger Jahre so etwas wie eine visuelle Rasterfahndung. Man gab den Beamten an der Grenze typisierte Physiognomien an die Hand, mit deren Hilfe sie Deutsche beziehungsweise nordische, sagen wir germanische Typen herausfinden sollten. Das Vorhaben scheiterte.

Es ist gefährlich, physiognomisch definieren zu wollen, wie ein Deutscher aussieht. Ist er eher schwarz und finster wie Kohl und Schröder oder hell und blond wie Stoiber und Heino?

In Diskussionen lassen Ethologen solche Einwände durchaus gelten, betonen aber, daß die Europäer nicht das eigentliche Problem seien. Nur die Vertreter kulturferner Ethnien würden als Eindringlinge wahrgenommen. Dafür kämen dann in Deutschland die über zwei Millionen Muslime, vor allem aus der Türkei, in Frage. Aber mit denen leben wir nun schon seit zwei Jahrzehnten ohne größere Probleme zusammen. Wer gefährdet dann den territorialen Imperativ? Es kommen nur noch Asylbewerber und Flüchtlinge in Frage. Von diesen waren in den letzten Jahren mehr als achtzig Prozent Europäer, nämlich Vertriebene aus Ost- und Südosteuropa. Die Deutschen werden also gar nicht Opfer kulturferner Eindringlinge und der massenhaften Zuwanderung kraushaariger Diebe und Mörder. Aber selbst wenn die Zahl der »Kulturfernen«, zum Beispiel der Green-Card-Spezialisten aus Indien, wüchse – müßte dies wegen eines angeblich angeborenen Verhaltens zum Bürgerkrieg und zum Kollaps unserer

Gesellschaft führen? Darf man aus dem territorialen Abgrenzungsverhalten unserer »Tierverwandten« politische Schlüsse für die Ordnung einer menschlichen Gesellschaft ziehen?

Man kann 7,5 Millionen Ausländer, deren Zahl weiter wächst, nicht in einen deutschen Schmelztiegel werfen und germanisieren. Nähme man die Thesen der Verhaltensforscher politisch ernst, müßte man diese Menschen aus Deutschland hinauswerfen. Selbst bei Mobilisierung der gesamten NATO wäre dies ein Ding der Unmöglichkeit.

Nun wird man dennoch nicht bestreiten können, daß es – wenn auch im wesentlichen unbegründet – Fremdenfurcht gibt. Aber muß Fremdenfurcht mit Fremdenhaß gleichgesetzt werden? Auch die Verhaltensforschung sagt, Fremdenhaß sei nicht angeboren, sondern zu Fremdenhaß werde erzogen. Aber dann muß die Gegenfrage erlaubt sein, warum man nicht zu Fremden- und Nächstenliebe erziehen kann. Jedenfalls hat dies bei mir in meinem Verhältnis zu dem Zigeuner funktioniert.

Dagegen scheint die biologistische These zu sprechen, daß durch die Gene die Menschen so programmiert seien, daß sie gar nicht frei entscheiden könnten, sondern nur glaubten, sie würden frei entscheiden. Der Evolutionsbiologe Hubert Markl, langjähriger Präsident der Max-Planck-Gesellschaft, weist darauf hin, daß zum Beispiel zwar unser Sprachvermögen angeboren sei, aber die Sprache erlernt werden müsse. Das heißt, die Gene erzwingen wenig, aber sie ermöglichen viel. Bei dem einen mehr, bei dem anderen weniger.

Offenkundig sind die Gene nicht unbedeutend für das menschliche Leben. Unsere Erbanlagen ähnelten nicht so sehr einem Computerprogramm, sondern eher einer Partitur, sagt Markl, die vom Menschen zum Klingen gebracht werden könne. Aber man kann, wie beim Klavier, gewaltig danebenhauen, Fehlentscheidungen können in einer Katastrophe münden. Das heißt, der Mensch kann selbst entscheiden, was er aus den Möglichkeiten macht, die ihm gegeben sind, und wird es auch weiter tun müssen. Dazu gehört das Verhalten anderer Menschen gegenüber, das weder ausschließlich erlernt, noch völlig angeboren ist. Was im Genom verankert ist, gilt als angeboren. Aber das muß nicht heißen, daß es nicht durch Lernprozesse veränderbar wäre. Was ist denn mit der freien Assoziation von Informationen, einem Grundvorgang jeder Intelligenzleistung, und der Fähigkeit, Gedächtnisinhalte kombinieren und spontan verwirklichen zu können? Im Gegensatz zum Tier verfügt der Mensch über Phantasie und Kreativität, er ist nicht total genetisch programmiert, und er kann lernen, Informationen aufnehmen und verarbeiten. Er kann intelligenter werden als seine Vorfahren, er kann dichten, komponieren, Bücher schreiben, moralisch handeln und politisch gestalten.

Ein wichtiges Glied in der Argumentationskette der Verhaltensforschung und der Politik zur Begründung der Xenophobie ist die Übervölkerung, von der auch der europäische Kontinent betroffen sei. In Wirklichkeit aber sterben und vergreisen fast alle europäischen Völker. Dies widerlegt auch die These, die Übervölkerung lasse aus der Fremdenfurcht Fremdenhaß werden.

Heute leben in Deutschland trotz der starken Einwanderung in den letzten zwanzig Jahren nicht mehr Menschen als früher. Hat der neu aufgeflammte Antisemitismus etwas mit Übervölkerung zu tun? Ich wiederhole: Es gibt in Deutschland nur ungefähr 80 000 Juden, zur Zeit des Judenpogroms 1938 waren es 400 000. Es gäbe Antisemitismus in Europa und in Deutschland auch ohne einen einzigen Juden. Die Juden wurden im Dritten Reich verfolgt, ohne daß damals jedes Jahr 100 000 oder 200 000 Einwanderer ins Land gekommen wären. Wie kann man angesichts dieser Tatsachen behaupten, in Deutschland, also einem Kulturvolk, sei die Krisensituation erreicht, in der »die archaischen Verhaltensmuster der Territorialität und Xenophobie (...) in Haß umschlagen«?

Die Abschottungspolitik der Union, sollte sie Wirklichkeit werden, wird Deutschland schweren Schaden zufügen. Wir haben heute bereits 7,5 Millionen »Nichtdeutsche« bei uns. Und es steht jetzt schon fest, daß die Zahl der Deutschen bis zum Jahr 2030 auf 65 Millionen sinken wird, gleichzeitig werden die Deutschen immer älter. Wegen einer analogen Lage akzeptieren die Vereinigten Staaten legale Einwanderer, und zwar seit Jahrzehnten, vor allem aus den asiatischen Ländern – mehr als der Rest der Welt zusammengenommen.

Man kann den Menschen, wenn man will, sicher als Landsäuger oder als geselligen Säuger bezeichnen. Er ist aber erwiesenermaßen kein Grizzlybär und als erwachsener Mensch in der Regel auch kein Säugling.

Die Vertreter einer homogenen Gesellschaft haben aber noch mehr zu bieten. Zur Begründung ihrer Intoleranz gegen Fremde führen sie an, die Fremdenliebe gefährde die ethnische Identität. Sie beantworten allerdings nicht die Frage, ob denn die ethnische, das heißt völkische, Identität überhaupt notwendig ist für ein friedliches Zusammenleben der Menschen. Die Identität eines Menschen erschöpft sich nicht darin, Mitglied eines völkischen Kollektivs zu sein. Nationale Identität, die viele für wichtig halten, muß nicht in jedem Fall das gleiche heißen. Es hängt davon ab, wie die Menschen ihre Nation verstehen – als Kultur- und Sprachnation, als Verantwortungsgemeinschaft oder als Willensnation (Ernest Renan) wie die Schweizer, Franzosen und Amerikaner. Außerdem ist Christ und Demokrat zu sein für nicht wenige wichtiger, als Deutscher zu sein. Ihnen steht der überzeugte Demokrat aus Polen näher als der rechtsradikale Skinhead aus Cottbus.

Natürlich wäre es blinder Moralismus, zu glauben, das Zusammenleben zwischen Einheimischen und Ausländern sei ohne Konflikte. Jede demokratische Gesellschaft braucht verbindliche Werte, über die Einigkeit hergestellt werden muß. Aber dieses einigende Band kann nicht eine völkische, rassistische, biologistische Idee sein, sondern nur die Verfassung, weil das Völkische Millionen von Menschen ausgrenzen würde. Die Ursache für Bürgerkriege, Mord und Totschlag liegt nicht in der biologischen Programmierung des Menschen, sondern in der Intoleranz und der rechtlichen und sozialen Diskriminierung der Schwächeren. Die Beseitigung der Diskriminierung auf dieser Welt ist der Schlüssel für eine friedliche Weltordnung. Konflikte können nicht wegdiskutiert werden. Aber demokratische Gesellschaften haben den Vorteil, daß sie Konflikte humanisieren können.

Zum Völkischen hat der Nobelpreisträger Konrad Lorenz – eine seiner späteren Einsichten – als eine ethologische Erfahrung wiedergegeben: »Ich brauche wohl kaum zu sagen, wo man im kulturellen Leben der Menschheit die Analoga zu lebenden Fossilien finden kann. Ein typisches Beispiel hierfür sind die Nationalisten. Wer heute noch nicht verstanden hat, daß dieses System ›Ganzheit‹, die es zu verteidigen gilt, hier bei uns in Europa eine Kultur und nicht eine Nation ist, darf als Fossil gelten.«

Die Politik in Deutschland und auf der Welt darf sich nicht an ethnologisch begründeter Abschottung, Ausgrenzung, Auslese, an archaischen Verhaltensmustern und biologischen Determinanten orientieren, sondern muß sich ausrichten an den humanen und realistischen Modellen der Partnerschaft, des Föderalismus, am Universalitätsanspruch der Menschenwürde und der Menschenrechte und am Primat der Erziehung gegenüber archaischen Phobien. Ein Primat, der mir dank meiner Eltern drei glückliche Kinderjahre mit einem Zigeuner geschenkt hat.

Um auf den Anfang zurückzukommen: Ob im Kosovo Albaner und Serben auf die Dauer zusammenleben können, kann noch nicht entschieden werden. Aber die freien Wahlen im Kosovo im November 2001 sind eine gute Voraussetzung für eine positive Entwicklung. Allerdings müssen die KFOR-Truppen noch auf lange Zeit im Kosovo bleiben.

Die Behauptung, ein multikulturelles oder multiethnisches Zusammenleben innerhalb eines Staats sei nicht möglich, ist auch durch die Entwicklung in Mazedonien nicht bekräftigt worden. Immerhin hat das mazedonische Parlament, wenn auch auf massiven Druck der Europäischen Union, die Verfassung geändert. Jetzt wird der albanischen Minderheit in Mazedonien in Schule und Sprache Autonomie garantiert, und sie hat mehr Einfluß auf die personelle Zusammensetzung der Beamtenschaft. Am Ziel einer multiethnischen und multikulturellen Gesellschaft muß festgehalten werden, wenn Südosteuropa nicht ins Chaos des Balkankriegs zurückfallen will. Völkermordende, vergewaltigende Armeen, Konzentrationslager, faschistische Banden, Verbrecherfiguren wie Milošević, Mladić und Karadzić beherrschten die Politik, und die Geschichte schien sich zu wiederholen mit der unheilvollen Konstellation aus Pazifismus, Nationalismus und Rassismus. Diese Epidemie des ultranationalistischen Wahnsinns, wie Jacques Delors die Lage beschrieben hat, wurde gestoppt, sie zeigte aber augenscheinlich, daß der »aufgeklärte Nationalismus« (»F. A. Z.«) gescheitert ist. Der Nationalsozialismus ist besiegt, der Kommunismus hat sich selbst erledigt. Noch nicht verbannt aus den Köpfen und Herzen ist die Intoleranz, die auf Rassismus und Nationalismus beruht.

Wenn die Fahne fliegt, ist der Verstand in der Trompete
Über den Nationalismus

Der Nationalismus ist eine sehr schwere Gefahr. Er ist seit Jahren die Ursache von allen Leiden Indiens. Und da wir von einer Nation regiert und beherrscht werden, die in ihrer Haltung ausschließlich politisch ist, haben wir trotz des Erbes unserer Vergangenheit versucht, den Glauben in uns zu entwickeln, daß wir auch vielleicht eine politische Aufgabe haben.
Rabindranath Tagore

Die Unterbindung der Zuwanderung von Ostjuden und von anderen schmarotzenden Ausländern. Lästige Ausländer und Juden können abgeschoben werden.
Nur der Deutsche, der sich zur deutschen Kultur- und Schicksalsgemeinschaft bekennt, kann staatsbürgerliche Rechte ausüben.
Offizieller Kommentar zum Programm der NSDAP, 1927

Kaum eine Ideologie hat in den vergangenen Jahrhunderten soviel Unglück über die Menschheit gebracht wie der Nationalismus, vor allem dann, wenn er zusammen mit religiösem Fundamentalismus oder Rassismus auftrat. Es ist, wie wir gesehen haben, nie religiöser Fundamentalismus allein, der Fanatismus produziert und die Fanatisierten zu Wahnsinnstaten treibt. Der Zündstoff, der den fundamentalistischen Sprengsatz zur Explosion bringt, heißt Nationalismus. So, wie Hitler die Deutschen mit nationalistischen Parolen zum Rassismus verführte, hat der durch Armut, hegemoniale Präsenz des Westens im Nahen und Mittleren Osten und dessen Parteinahme für Israel begründete und geschürte arabische Nationalismus die Terroristen zu ihren Verbrechen getrieben. Die soziale, ökonomische und rechtliche Diskriminierung und Unterdrückung von Nationalitäten und Völkern sind oft die Ursachen für den religiös unterfütterten Haß, der sich in Vertreibung und Massenmord entlädt. Nordirland, Kosovo, Mazedonien, Bosnien, Bergkarabach, Osttimor, Kongo und Sudan zeigen das moderne religiös-nationalistische Schnittmuster, nach dem sich die Völker selbst zerstören können.

Was ist die Nation?

Nationalismus kann nicht diskutiert werden, ohne die Frage zu beantworten: Was ist die Nation? Ist die Nation eine durch Abstammung, Sprache und gemeinsames geschichtliches Schicksal bestimmte Gesinnungsgemeinschaft? Oder leitet sich die Nation aus dem freien Willen und dem subjektiven Bekenntnis des Individuums ab, als Ergebnis einer individuellen und einer daraus folgenden gemeinschaftlichen Selbstbestimmung, wie der französische Religionshistoriker Ernest Renan es formuliert hat: Das Dasein einer Nation ist *un plébiscite tous les jours*. In diesem Verständnis ist die Nation eine Solidargemeinschaft, die davon abhängt, daß die Menschen diese Gemeinschaft wollen – in der Regel innerhalb eines historisch gewachsenen Territoriums. Staatsangehöriger ist derjenige, der dazugehört und dazugehören will. Die Nation also als Willensnation, als demokratisch legitimierte und bewußte politische Gemeinschaft gleichberechtigter Bürger, unabhängig von Geburt, Beruf und Glauben. Frankreich, die Schweiz und die USA sind nach diesen Kriterien zu Nationen geworden, die identisch sind mit den betreffenden Staaten: die Nation als Staatsnation.

Nach Peter Alter, dem stellvertretenden Rektor des Deutschen Historischen Instituts in London, liegt es auf der

Hand, daß dies ein anderes Verständnis der Nation ist, als wenn die gemeinschaftsstiftenden Merkmale einer Nation abhängig gemacht werden von dem kollektiven Bewußtsein, anders oder etwas Besonderes zu sein (Peter Alter, Nationalismus, 1985). In diesem Fall geht es um ethnische, sprachliche, geschichtliche oder konfessionelle Homogenität. Das Bewußtsein, eine Nation zu sein, kann sich auch von einer gemeinsamen Religion ableiten und dann nationalstaatliche Grenzen übersteigen, wie zum Beispiel in der Geschichte der Polen, Griechen und Serben. Es gibt auch die Sprachnation, die vom Bewußtsein einer gemeinsamen Sprache lebt.

Der Nationalismus im 19. und 20. Jahrhundert hat multinationale und multikulturelle Staaten wie das osmanische Reich, Österreich-Ungarn und zuletzt die Sowjetunion zerschlagen. Sie sind in eine Vielzahl von nationalen Nachfolgestaaten zerfallen. Auch das Bismarck-Reich ist so entstanden, keineswegs als eine Willensbildung des Volks und ohne einen großen Teil derer, die dazugehören wollten und auch dazugehörten. Die Österreicher wurden bewußt und mit Hilfe eines Kriegs ausgeschlossen. Die kleindeutsche nationalstaatliche Lösung war der Anfang des Niedergangs des Reichs.

Deutschland ist spät Nationalstaat geworden. George Kennan, einer der bedeutendsten Kenner Europas und Deutschlands, sagte, keine Nation in Europa, die nicht schon vor Napoleon ein gesicherter Nationalstaat gewesen sei, habe nachher das Aufkommen des Nationalismus seelisch gut verkraftet. Als sich die Deutschen anschickten, sich nationalstaatlich zu organisieren, gelang ihnen nur diese unter preußischer Führung erzwungene kleindeutsche Lösung.

Dieses zweite Reich war von Anfang an eine national-staatliche Mißgeburt in der Mitte Europas. Es lebte nur 47 Jahre, nicht viel für ein Kaiserreich. Es war ein Reich der Intoleranz. Es gründete nicht auf einer Abstimmung des Volks, sondern auf einem Vertrag der Fürsten. Das Überge-wicht Preußens war erdrückend. Viele Menschen, vor allem in Süddeutschland, betrachteten das neue Reich nicht als Deutschland, sondern als »Groß-Preußen«. Der von Bismarck willkürlich entfesselte Kulturkampf, ein Höhepunkt der Intoleranz, und die Sozialistengesetze taten ein übriges, um weite Teile der Bevölkerung dem Reich zu entfremden. Das zweite deutsche Reich war gekennzeich-net von Militarismus und völkischem Nationalismus. Die-se, kombiniert mit nationalstaatlicher Abschottung, haben den Deutschen kein Glück gebracht.

Mit der Bildung des deutschen Nationalstaats 1871 begann das Verhängnis für die Deutschen, das in einem ver-brecherischen Kataklysma endete. Wer die heutige soge-nannte Berliner Republik mit dem Bismarck-Reich in eine Kontinuität bringt, hat nicht nur das Gedächtnis, sondern auch den Verstand verloren. Das Berliner Schloß wieder-aufzubauen wäre ein Signal nach rückwärts. Was hat unse-re Republik mit der dekadenten Hohenzollern-Monarchie zu tun? Und was hat unsere Republik mit Preußen zu tun? Preußen, wie es sich zum Schluß präsentierte, hatte nichts mehr gemein mit dem Preußen Friedrichs II., Harden-bergs und des Freiherrn vom Stein, es ist zu Recht unter-gegangen.

Nationale Aggressivität entsteht nicht allein durch die Überlegenheitsgefühle einer Nation, sondern auch, wenn eine Nation von einer anderen unterdrückt wird. Natio-nale Diskriminierung, die Kolonisierung eines Volks, die Besetzung einer Nation durch eine andere können genauso Haß und Gewalt produzieren. Ernst Moritz Arndt schrieb 1813:

»Ich will den Haß, festen und bleibenden Haß, der Teutschen gegen die Welschen (...), brennenden und blutigen Haß, weil die Fremden laut ausrufen, sie seien unsere Sieger und Herren von Rechts wegen. (...) Ich will den Haß gegen die Franzosen nicht bloß für diesen Krieg, ich will ihn für lange Zeit, ich will ihn für immer. Dieser Haß glühe als die Religion des teutschen Volkes, als ein heiliger Wahn in allen Herzen und erhalte uns immer in unserer Treue, Redlichkeit und Tapferkeit.«

Knapp sechzig Jahre später, 1871, hatte Frankreich im deutsch-französischen Krieg eine Niederlage erlitten, wurde das deutsche Kaiserreich im Herzen des besiegten Feindes, im Spiegelsaal des Versailler Schlosses, ausgerufen und der Aufstand der Kommune in Paris niedergeschlagen. Der Essayist Paul de Saint-Victor schreibt über den heiligen Haß der Franzosen:

»Eines der größten Verbrechen der Kommune wird gewesen sein, den Haß auf Preußen in der Seele Frankreichs geschwächt zu haben. Die Kommune ist gestürzt, die Anarchie vergeht, Frankreich wird wiedergeboren. Wenn wir jedoch wollen, daß es von neuem zu seiner ganzen Größe gelangt, dann müssen wir schnell diesen unmittelbaren, lebendigen, wirklichen Haß in unserer Seele zurückkehren lassen. Nähren wir ihn dort wie ein heiliges Feuer. Verlöscht er, dann stirbt das Leben unserer Nation. Ihm abzuschwören gliche einem Verzicht. Haß über alle Maßen (...) haben wir während der Invasion aufgehäuft. Er wurde von so viel Schande und Erniedrigung, so viel an Beleidigungen und Schmähungen gespeist, daß er nahezu für ewig vorzuhalten scheint.«

Diese Form des Nationalismus wird zur Bedrohung anderer Nationen. Nationalismus wird zu einem Synonym für Intoleranz, Inhumanität und Gewalt, in seinem Namen werden nicht nur Kriege geführt, sondern geschehen auch die größten Verbrechen. Die Deutschen waren keine Rassisten, aber sie sind von Adolf Hitler durch den Nationalismus zu diesen Verbrechen verführt worden, sagt Dieter Oberndörfer, der Vorsitzende des Rats für Migration.

Als Antikolonialbewegung verband sich mit dem Nationalismus aber auch Hoffnung auf Freiheit, Gleichheit, Brüderlichkeit, Befreiung von politischer und sozialer Diskriminierung. Diese Seite des Nationalismus ist auch heute noch virulent: im Kosovo, in Tibet, Kaschmir, in den Nachfolgestaaten der Sowjetunion (Befreiung vom Kommunismus), in Tschetschenien. Der Nationalismus ist dann nicht akzeptabel, wenn er zu einer neuen Diktatur führt (Tschetschenien als Gottesstaat). Das Kriterium für eine positive Bewertung sind die Demokratie und der Schutz der Minderheitenrechte.

Nationalismus kann auf der einen Seite Antiimperialismus und Emanzipation und auf der anderen Seite Imperialismus und Unterdrückung bedeuten. Wenn die Nation als Gemeinschaft gleicher Sprache, gleicher Abstammung, gleicher Kultur den höchsten Wert darstellt, zur alleinverbindlichen Instanz für das Leben der Menschen in der Gemeinschaft wird, dauert es nicht mehr lange, bis die Nation zur Religion erklärt wird. Sie wird religiös geweiht und schließlich heilig. Die Beschmutzung der Nationalfarben und die musikalische Verzerrung der Nationalhymne werden zum Sakrileg, so, wie Thomas Nipperdey es klassisch

formuliert hat: »Das Religiöse wird im Nationalen säkulari-
siert, das Säkulare sakralisiert.«

Der Krieg um Bosnien und um den Kosovo hat seinen
Ursprung in großserbischen Phantasien der Gruppe um
Milošević und seine serbischen Generale. Die Unterdrük-
kung des tibetischen Buddhismus und der katholischen
Kirche in China hat ihre Ursache weniger im Atheismus,
der Staatsideologie des Kommunismus, als vielmehr im
chinesischen Nationalismus, dessen Zementierung die
kommunistische allchinesische Einheitspartei dient. Der
Kampf gegen den Dalai Lama ist ein Kampf gegen die
Bestrebungen tibetischer Unabhängigkeit. In »patriotischen Erziehungskampagnen« wurden viele Mönche und
Nonnen aus ihren Klöstern vertrieben, weil sie den Dalai
Lama nicht verunglimpfen wollten. Die Kampagnen sollten diese Menschen zwingen, sich in ihrer Religion und Ge-
schichtsauffassung der Regierungspolitik zu unterwerfen.
Sie sollten nur die von der chinesischen Regierung bestätigten nationalen religiösen Führer und Wiedergeburten
anerkennen und sich vom Dalai Lama abkehren. Eine ähnliche Motivation steht hinter der Verfolgung romtreuer
Katholiken. Die chinesische Regierung will keine religiöse
Instanz außerhalb ihres nationalen Hoheitsgebiets anerkennen. Die chinesische Führung macht eine Entlassung
dieser Christen aus dem Gefängnis davon abhängig, daß
der Vatikan keine Beziehungen zu Taiwan pflegt und offi-
ziell erklärt, Taiwan gehöre nicht zu China.

Deutsche Leitkultur und nationale Identität

Die Frage ist, ob in Deutschland die geschichtlich-ethni-
sche Definition der Nation, die bis zum Jahr 2000 dem

Staatsbürgerrecht zugrunde lag, auch heute noch gültig sein kann. Es besteht der Verdacht, daß mit der Forderung nach einer deutschen Leitkultur und nationaler Identität bewußt oder unbewußt genau dieser Nationenbegriff bestätigt werden soll. Und mit dem Satz »Ich bin stolz, Deutscher zu sein« sollen völkische Emotionen geweckt werden. Manchmal hat man den Verdacht, daß mancher sich mit der Nation identifizieren und die Zustimmung für sich persönlich beanspruchen will. FDP-Chef Guido Westerwelle spricht vom »gesunden« Patriotismus, einem Stück der nationalen Identität. Er stellt die emotionale Bindung an das eigene Land in einen Gegensatz zum Verfassungspatriotismus. Der Vorsitzende der CDU/CSU-Bundestagsfraktion Friedrich Merz erklärt, daß nur gemeinsame Identität und emotionale Bindung die Bereitschaft herstellten, auch für andere etwas zu leisten. Und er fragt: »Wie sollen wir denn Zuwanderung und Integration ausländischer Mitbürger erfolgreich bewältigen, wenn wir mit uns selbst nicht im reinen sind?« Man müsse sich des »eigenen« vergewissern und sich seiner Entwicklung und Zugehörigkeit »bewußt sein«. Was soll damit gemeint sein?

Die Begriffe »deutsche Leitkultur« und »nationale Identität« passen nicht in unsere Zeit, weil sie einem Staat verordnet werden sollen, der schon vor Jahrzehnten die völkische Homogenität verloren hat. Er ist darauf angewiesen, daß alle – entsprechend Artikel 3 und 4 des Grundgesetzes – nach ihrer Façon leben und glücklich werden können, wenn die Einheimischen und die Zugewanderten friedlich zusammenleben wollen. Man mag davon ausgehen, daß es neben der personalen Identität des einzelnen, also seiner Unverwechselbarkeit mit anderen und den daraus resultierenden Menschenrechten, auch eine kulturelle Identität gibt im Sinn Herders. Aber gerade diese begründet das universale Recht auf Gleichberechtigung *aller* Kulturen, also zum Beispiel der islamischen mit der westlichen, und dies auch innerhalb eines Staatsverbands. Wenn daraus aber nicht autonome Parallelgesellschaften entstehen sollen, müssen die Anhänger aller Kulturen in Deutschland sich für ihr friedliches Zusammenleben mit Grundsätzen identifizieren, die allen gleichermaßen vorgegeben sind.

Wer von nationaler Identität redet, sollte sich fragen, was Zehntausende eingebürgerte Türken oder der gebürtige Ghanaer und deutsche Fußballnationalspieler Gerald Asamoah, der zweifellos als Staatsbürger zur deutschen Nation gehört, mit einem gebürtigen Pfälzer oder Niedersachsen gemeinsam haben. Die Hautfarbe, die Geschichte, die Religion, die Abstammung, »das Blut« der Vorväter? Wohl kaum. Also was ist die »nationale Identität« zwischen Guido Westerwelle, Gerald Asamoah und dem Bundestagsabgeordneten Cem Özdemir? Gemeinsame deutsche Großeltern haben sie nicht, aber dieselbe Sprache und Auffassung – so hoffe ich – von Menschenwürde, Gleichberechtigung, Toleranz, also den republikanischen Tugenden, die die nationale Identität der Franzosen begründen und die Inhalt unseres Grundgesetzes sind.

Damit soll also nicht gemeint sein, daß in Zukunft in Deutschland nur Kirchenglocken läuten, aber keine Muezzin mehr auf Minaretten singen dürfen. Es wäre mit der Meinungs-, Religions- und Gewissensfreiheit des Grundgesetzes nicht vereinbar. Soll die heute schon vorhandene Europäisierung und Internationalisierung unseres Lebens wieder rückgängig gemacht werden: die Vielfalt der Produkte, des Essens und des Trinkens, der Literatur, der Musik und der Malerei, der Wissenschaft und der Forschung, der Mode, des Designs? Dieses Massenerlebnis des Alltags werden sich die Leute von keiner Partei nehmen lassen.

Die deutsche Leitkultur, so wird gesagt, soll die »nationale Identität« zum Inhalt haben. »Wenn die Fahne fliegt, ist der Verstand in der Trompete«, sagt ein ukrainisches Sprichwort. In diesem Instrument versammelt sich zur Zeit die Intelligenz eines Teils der politischen Klasse Deutschlands. Sie sucht die Identität der Deutschen und bestätigt damit wieder einmal den psychiatrischen Befund Friedrich Nietzsches, dem zufolge es die Deutschen kennzeichne, daß sie die Frage »Was ist Deutsch?« niemals aussterben ließen. Die nationale Euphorie, die durch solche Begriffe mobilisiert werden soll und die an die völkische Homogenitätsphilosophie der ersten Hälfte des letzten Jahrhunderts anknüpft, hat etwas Unwirkliches an sich. Das Nationalgefühl in diesem Sinn gibt in einer Zeit nicht mehr viel her, in der der Nationalstaat zum Anachronismus wird, weil er für die großen Dinge zu klein und für die kleinen Dinge zu groß geworden ist, wie der amerikanische Soziologe Daniel Bell gesagt hat.

Natürlich braucht der Staat, gerade in einer High-Tech-Gesellschaft, ein menschliches Gesicht, das heißt in erster Linie, Heimat behalten und Heimat finden zu können. Dies wird nicht möglich sein, wenn wir dem türkischen Facharbeiter und dem indischen Computerspezialisten eine deutsche Leitkultur im völkischen Sinn verpassen wollen.

Sicher gehört es zur Menschlichkeit, daß die Menschen sich dort, wo sie leben, auch zu Hause fühlen. Der italienische Ministerpräsident Silvio Berlusconi spricht von der Überlegenheit der westlichen Kultur und Zivilisation gegenüber anderen. Umberto Eco hat in einem Essay versucht, seinen Ministerpräsidenten zu interpretieren. Berlusconi habe nur für die Menschen im Westen gesprochen und sich nicht etwa an die Araber gewandt. Er habe ausdrücken wollen, daß er lieber in der Nähe von Mailand als in Kabul lebe und sich lieber in einem Mailänder als in einem Bagdader Krankenhaus behandeln ließe. Dies sogar dann, wenn man ihm sagte, daß man in Bagdad über das am besten ausgestattete Krankenhaus der Welt verfüge. In Mailand sei er zu Hause, es würde die Heilungskräfte beflügeln. Umberto Eco würde lieber in Limoges als in Moskau leben. »Wieso das? Ist Moskau etwa keine wunderschöne Stadt? Gewiß doch, aber in Limoges würde ich die Sprache verstehen.«

Das kann man getrost unterschreiben. Dieses Heimatgefühl besitzen inzwischen Millionen sogenannter Ausländer, die längst Einheimische geworden sind, allerdings ohne deutschen Paß. Manfred Rommel hat auf der Königsstraße in Stuttgart einmal einen jungen Mann angesprochen und ihn im schönsten Schwäbisch gefragt: »Gell, Sie sind Ausländer?« Darauf antwortete der Angesprochene, ebenfalls im schönsten Schwäbisch: »Noi, i bin a Türk.« Ein großer Teil dieser sogenannten Ausländer – nicht alle, das hat sich bei den Auseinandersetzungen um den Islamismus gezeigt – kennt keine andere Heimat als Deutschland oder die Pfalz oder Stuttgart. Sie fühlen sich als deutsche Türken oder türkische Deutsche, so, wie es deutsche Bayern gibt oder schwäbische Deutsche. Die Sprache vor allem entscheidet darüber, ob man sich zu Hause fühlen kann. Das ist ja die Tragik der jungen Aussiedler, die aus Kasachstan, Rußland, Usbekistan nach Deutschland kommen: Sie sind durch das Grundgesetz deutsche Staatsbürger, aber können kein Wort Deutsch. Sie haben null Chance, einen Arbeitsplatz zu bekommen, und leben auf Dauer von der Sozialhilfe. Ohne sprachliche Verständigung gibt es keinen Arbeitsplatz.

Bei Worten wie »Leitkultur« und »nationale Identität« steht die Angst vor rechts Pate, vor der Schill-Partei und einem Anwachsen des Rechtsextremismus. Das gleiche gilt für den Begriff »Nationalbewußtsein«. Der neue katholische Militärbischof Walter Mixa sattelte noch einen drauf und erklärte, ein »gesundes« Nationalbewußtsein sei wahrscheinlich eine große Hilfe gegen extreme politische Richtungen, womit er den Rechtsextremismus meinte.

Nun möchte man den Bischof nicht mißverstehen, denn er könnte ja die Rückbesinnung auf die Werke der großen deutschen Dichter und Denker gemeint haben, zum Beispiel auf die Ringparabel in »Nathan der Weise« von Lessing, auf den »Don Carlos« von Schiller, Goethes »West-östlichen Divan« oder die menschenfreundlichen Ideen von Friedrich von Spee, Immanuel Kant und Hermann Hesse. Vielleicht hat er auch ein angemessenes Verständnis der Musik Mozarts, Beethovens und Bachs angemahnt, die wegen ihrer Rationalität und aufklärerischen Transparenz nicht zu schlechten Zwecken mißbraucht werden kann, anders als das musikalische Raunen des Judenhassers Richard Wagner. Die Besinnung auf die Werke der deutschen Kulturnation wäre in der Tat kein schlechtes Mittel, jungen Menschen die richtigen Ziele des menschlichen Lebens aufzuzeigen. Wenn da nur nicht das Wörtchen »gesund« stünde. *Gesunde* deutsche Literatur, *gesunde* deutsche Musik, *gesunder* Glaube an Gott und seine Gebote?

Nehmen wir einmal an, der Bischof hätte das gemeint, was viele gern darunter verstehen: Stolz auf Deutschland. Und damit will er den Rechtsextremismus bekämpfen? Werden, wenn wir stolz auf Deutschland sind, aus den Glatzen friedliche Lämmer? Entwickeln sich Nächstenliebe und Toleranz aus dem deutschnationalen Haß auf Ausländer? Werden die Leute, die in Ostdeutschland »befreite nationale Zonen« erfunden und durchgesetzt haben, zu integrationsbereiten Mitmenschen? Gerade sie berufen sich auf ihren »Stolz auf Deutschland«, wenn sie Farbige und »Sozialschmarotzer« zusammenschlagen. Eine Wiedererweckung des Nationalismus, um den Rechtsextremismus zu bekämpfen, das wäre eine neue Variante der Austreibung des Teufels durch den Belzebub. Die Feuerwehrleute haben für eine solche Strategie die Geschichte eines Kollegen parat. Der sagte seinem Vorgesetzten nach einem Brand: »Melde: Kein Stück Vieh verbrannt, alles ersoffen.«

Kann ich stolz darauf sein, daß ich Deutscher bin? Es ist mehr als mißverständlich. Es geht mir nicht um die Differenzierung, daß man nur stolz sein könne auf das, was man geleistet habe. Dagegen ist zu Recht eingewendet worden, daß man auch stolz sein könne auf seine Eltern oder auf den 1. FC Kaiserslautern, wenn man Pfälzer ist. Wenn ich sage, ich kann stolz sein auf unser Land, dann ist damit implizite gesagt, daß ich unter Umständen auch nicht stolz sein kann. Zum Beispiel dann, wenn in diesem Land keine soziale Gerechtigkeit vorhanden wäre oder die Freiheit unterdrückt würde. Beim Satz »Ich bin stolz, Deutscher zu sein« reicht aber die Zugehörigkeit zum völkischen Kollektiv als Begründung.

Daß ein solcher Satz schlecht ist, kann man auch an folgendem erkennen: Man stelle sich einmal vor, man stünde Auge in Auge einem Ausländer gegenüber, einem Engländer, Franzosen oder Argentinier. Man sagt ihm ins Gesicht: Ich bin stolz, Deutscher zu sein. Der Ausländer muß dies als Abwertung seiner Person verstehen. Und so ist es ja auch meistens gemeint.

Warum überhaupt Stolz? Stolz ist keine gute Eigenschaft. Stolz gehört zu den sieben Hauptsünden. Kann man sagen: Ich bin stolz, ein Christ zu sein (also kein Muslim)? Ich bin stolz, ein Demokrat zu sein (also kein Kommunist)? Ich bin stolz, eine Frau zu sein (also kein Mann)? Ich bin stolz, ein Mann zu sein (also keine Frau)? Da schwingt Überheblichkeit mit, Arroganz und Besserwisserei.

Nationalgefühl gibt als Grundlage für Gemeinsinn in unserer Gesellschaft nicht viel her. Dazu sind kollektive Emotionen viel zu irrational und wandlungsfähig. Wenn man sich dagegen an den Grundwerten Freiheit, Solidarität und Gerechtigkeit orientiert, kann man sich ohne weiteres als Deutscher, Europäer oder Weltbürger verstehen, ohne die eigene Nation aufzugeben, ohne in nationale Stumpfsinnigkeit abzugleiten, ohne zum europäischen Illusionisten oder Gralshüter des Internationalismus zu werden. Entscheidend bleibt das christliche Menschenbild, die unantastbare und unteilbare Würde des Menschen.

Liebe zum Volk oder Liebe zum Nächsten

Es ist oft erklärt worden, daß das Nationalgefühl der Deutschen die wichtigste Voraussetzung dafür sei, die Einheit zwischen Ost- und Westdeutschland voranzubringen. Viele hofften, das Nationale sei das einigende Band der Solidarität, das den ostdeutschen Ländern zum ökonomischen Erfolg verhelfen könne. In Wirklichkeit ist das Gegenteil eingetreten. Die innere nationale Einheit ist heute gefährdeter als im Jahr 1990. Ost- und Westdeutsche haben sich in ihrer Mehrheit weiter auseinandergelebt. Der nationale Gedanke wird nicht helfen, die Probleme zu lösen.

Nicht die Liebe zum Volk kann etwas bewirken, sondern höchstens die Liebe zum Nächsten, der Wille zur Solidarität. Das Nationale ist zu emotional, zu flatterhaft, zu schwammig, zuwenig greifbar, als daß es politische Wirksamkcit entfalten könnte. Nicht der Nationalismus wird die innere Einheit Deutschlands zustande bringen, sondern eine bessere Politik, die begründet ist auf einem richtigen Verständnis vom Menschen und den Grundwerten der Freiheit, der Gleichheit und vor allem der Solidarität. Mehr als alle völkischen Reden hätte den Ostdeutschen eine Industriepolitik geholfen, so wie ab 1950 im Westen, als die Alliierten Betriebe demontiert hatten.

Ludwig Erhard führte 1950 eine Investitionsabgabe ein, die alle Unternehmen bezahlen mußten, die von der Demontage nicht betroffen waren. Der Begriff »Industriepolitik« galt den neoliberalen Marktfetischisten in der Bundesregierung vierzig Jahre später nur noch als sozialistisches Gedankengut, und diese Haltung bestimmte auch die Politik der Treuhand. Die industriellen Kerne zu erhalten und auszubauen war klassische Erhard-Politik. So wurde das Ruhrgebiet saniert. Über Jahre hinweg wurden Kohle und Stahl subventioniert, am Ende zu lange, aber im Osten wurde in der Chemie, der Textilbranche, im Bau, beim Stahl genau das Gegenteil gemacht. Was im Ruhrgebiet recht war, war für Eisenhüttenstadt nicht billig. Die Treuhand baute nicht auf, sondern zerstörte, indem sie privatisierte. Die damalige Koalition von CDU/CSU und FDP war zunächst nicht einmal bereit, für die deutsche Einheit die Steuern zu erhöhen. Aber das hielt sie nicht durch und handelte sich prompt den Vorwurf der Steuerlüge ein. An nationaler Gesinnung hat es nicht gefehlt, sondern an dem, was schon vor 2500 Jahren der Gesetzgeber Athens Solon klassisch formuliert hatte und was die Regierung den Westdeutschen hätte abverlangen müssen. Auf die Frage, wie man Unrecht verhindere, antwortete Solon: »(...) indem sich die Unbetroffenen ebenso betroffen fühlen wie die Geschädigten.«

Man sollte den Respekt vor Schwarz-Rot-Gold nicht übertreiben. Wenn die Fahne fliegt, ist der Verstand in der Trompete – ich muß diesen schönen Satz wiederholen. Die Menschen sind weniger aufgeregt, als die politische Klasse vermutet. In den Schrebergärten einer Taunusgemeinde haben Leute aus Solidarität mit den Amerikanern nach dem 11. September nicht die Nationalfahne, sondern die Ferrariflagge von Michael Schumacher auf Halbmast gesetzt. Zu Hause fühlt der Deutsche sich an der Spree oder im Schwarzwald und nicht in Deutschland. Die Vorstellung, die Nation, ein völkisches Kollektiv als Blut- und Schicksalsgemeinschaft, könne Heimat sein, führt zum Rückzug in die deutschnationale Vergangenheit, als die Deutschen sich im »mystischen Leib der Nation« geborgen wissen sollten. Hat man schon größte Identifikationsprobleme mit nicht wenigen Kollegen im Deutschen Bundestag, so erscheint es als ziemlich absurd, sich mit jedem Volksgenossen identifizieren zu sollen, nur weil er in Castrop-Rauxel oder in Kyritz an der Knatter geboren ist. Deutschland, das Land in der Mitte Europas, mit mehr Nachbarn als jedes andere Land der Welt, ist wie die meisten modernen Staaten zu einer Willensnation geworden.

Verfassungspatriotismus als Leitkultur

In Deutschland lebten im Jahr 2001 rund 7,5 Millionen Menschen, deren Eltern eine andere Herkunft und eine andere Heimatsprache haben als Guido Westerwelle, Angela Merkel und Gerhard Schröder. Sie könnten, wenn der völkische Begriff der Nation weiterhin gelten sollte, niemals gleichberechtigte Bürger in Deutschland werden. Da diese Menschen nicht weniger werden, sondern mehr, und da wir über sieben Millionen nicht assimilieren oder germanisieren können, muß man sich um einen anderen Begriff der Nation bemühen.

Der tragende Gedanke ist der Verfassungspatriotismus. Dolf Sternberger hat in seiner berühmten Rede im Jahr 1982 darauf hingewiesen, daß die Schweiz mit ihren vier verschiedenen Sprachgemeinschaften nicht zusammenhalte als eine Nation üblicher Definition, sondern durch ihre Verfassung geeinigt werde. Das beweise die jährlich wiederkehrende Bundesfeier. Die Vereinigten Staaten mit einer Bevölkerung, die aus Europa, Asien und Afrika stamme und so bunt gemischt sei wie kein anderes Gemeinwesen der Welt, werde durch nichts anderes geeinigt als durch ihre Verfassung und durch die patriotischen Gefühle, die der Verfassung entgegengebracht würden. Die amerikanische Unabhängigkeitserklärung und die daraus resultierenden Gesetze sind die Grundlage des Zusammenlebens und des Zusammengehörigkeitsgefühls in Amerika geworden.

Allerdings muß eine Verfassung auch demokratisch legitimiert sein. Es war der große Irrtum von Josip Broz Tito, des 1980 gestorbenen jugoslawischen Staatspräsidenten, daß er den Menschen die Ideologie des Kommunismus als alle Sprachen und Nationalitäten überbrückende Gemeinsamkeit aufzwang, ohne daß diese Ideologie dem Willen der Menschen entsprungen wäre oder entsprochen hätte. Tito sagte in einer Rede vor der slowenischen Akademie der Wissenschaften und Schönen Künste im November 1948:

»Die kommunistische Partei muß alles tun, um die negativen Erscheinungen des Nationalismus zu eliminieren und die Menschen im Geiste des Internationalismus zu erziehen. (...) Im alten Jugoslawien bedeutete die nationale Unterdrückung vor allem für die großserbisch gesinnte kapitalistische Clique eine verstärkte wirtschaftliche Ausbeutung der unterdrückten Völker. Dies ist das unvermeidliche Schicksal von national unterdrückten Menschen. Im neuen, sozialistischen Jugoslawien macht die rechtliche Gleichheit aller seiner Nationalitäten jegliche wirtschaftliche Ausbeutung einer Nation durch die andere unmöglich. Dies ist durch die Tatsache bedingt, daß es bei uns nicht länger die Hegemonie einer Nation über eine andere gibt.«

Da die »rechtliche Gleichheit« nicht dem Willen der beteiligten Menschen und Völker entsprach, also nicht demokratisch legitimiert war, mußte dieses Band zerbrechen, als die kommunistische Diktatur unterging. Der Zerfall in einzelne Nationen und der daraus entstehende Bürgerkrieg waren die Folge.

An was sollen sich Menschen in Deutschland also orientieren? Sollte mit dem Begriff »Leitkultur« gemeint sein, daß die Zugehörigkeit zu diesem Land von der Zustimmung zu seiner Verfassung abhängt, dann ist »Verfassungspatriotismus« der richtige Begriff: Die Bindung an die Verfassung gilt für alle, unabhängig von ihrer Zugehörigkeit zu religiösen und kulturellen Gemeinschaften. Wer zum Beispiel als fundamentalistischer Muslim die Gleichberechtigung der Frau und die Religions- und Glaubensfreiheit nicht akzeptiert, kann nicht eingebürgert werden. Der Religionsimperialismus von Sikhs, Hindus und Muslimen überschreitet genauso die Grenzen der Verfassung wie der christliche Fundamentalismus. Die Koranschule darf ebensowenig wie der fundamentalistische Religionsunterricht einer christlichen Sekte an die Stelle des öffentlich-rechtlichen Schulwesens treten. Ein Muslim aus Bottrop darf auf dem Weg des Familiennachzugs keinen Harem aufmachen. Die Beschneidung von Frauen bleibt, auch wenn sie theologisch begründet wird, schwere Körperverletzung und ein Verstoß gegen Artikel 2 des Grundgesetzes.

Und wie reagiert der Rechtsstaat gegenüber einem gebürtigen Deutschen, der sich nicht an die Verfassung hält, also etwa gegenüber einem militanten Nazi? Artikel 18 des Grundgesetzes bestimmt, daß derjenige, der die Grundrechte zum Kampf gegen die freiheitlich-demokratische Grundordnung mißbraucht, diese Grundrechte verwirkt. Zu diesen Grundrechten zählt Artikel 18 die Freiheit der Meinungsäußerung, besonders die Pressefreiheit, die Lehrfreiheit, die Versammlungsfreiheit, die Vereinigungsfreiheit, das Brief-, Post- und Fernmeldegeheimnis, das Eigentum oder das Asylrecht. Die Verfassung fragt nicht nach völkischer Gesinnung, sondern nach dem Verfassungspatriotismus jedes einzelnen.

Kulturelle Eigenarten können dann keinen Bestand haben, wenn sie gegen die Grund- und Menschenrechte und damit gegen unsere Verfassung verstoßen. Eine multikulturelle Gesellschaft in Deutschland hat neben der gemeinsamen Sprache den Primat des Grundgesetzes und der Menschenrechte zur Voraussetzung. Diese Einschränkung ist unabdingbar für das friedliche Zusammenleben in einer multikulturellen Gesellschaft.

In einem Leserbrief an die »Frankfurter Allgemeine Zeitung« schildert der Islamexperte Bassam Tibi, wie einer Frau, die ein uneheliches Kind erwartete, in einem arabischen Land von ihren Brüdern der Embryo aus dem Leib getreten wurde. Er knüpfte daran die Frage, ob solches auch in einer multikulturellen Gesellschaft auf deutschem Boden möglich sein würde. Die Antwort ist natürlich: Nein. Die Frage hätte gar nicht gestellt werden müssen. Umgekehrt gilt für einen Schriftsteller wie Salman Rushdie, auch wenn er mit seinen »Satanischen Versen« die religiösen Empfindungen vieler Muslime verletzt haben mag, die Meinungsfreiheit. Deshalb muß er in Deutschland und in anderen westlichen Ländern geschützt werden.

Unsere Republik, die liberale Demokratie, hat ein weltbürgerliches Fundament. Sie leitet die Rechte, die sie ihren Bürgern gewährt, aus universal gültigen Menschenrechten ab und nicht aus der Zugehörigkeit zu einer Nation.

Der polnische Schriftsteller Witold Gombrowicz hat seinen Landsleuten, die vom »Polentum« fasziniert waren, Frankreich als Vorbild hingestellt: »Ist etwa ein Franzose, der für nichts Augen hat als für Frankreich, mehr Franzose oder weniger Franzose? Aber wirklich Franzose sein heißt doch gerade dies: etwas anderes außer Frankreich sehen zu können.« Dies gilt auch für Deutschland. Ist etwa ein Deutscher, der noch etwas anderes sieht außer Deutschland, ein schlechterer Deutscher? Sowenig wie sich Frankreich auf das Franzosentum beschränken läßt, sowenig kann Deutschland sich auf das Deutschtum beschränken lassen. Wie heißt es? Ich war Deutscher. Ich bin Deutscher. Ich bleibe Deutscher. Ja, haben wir den gar keinen Ehrgeiz mehr? Das »völkische Wir« (»Zeit«-Herausgeber Josef Joffe) grenzt aus, alles Fremde und damit Menschen, die ohne deutschen Paß in unserem Land leben, die aber dieses Land und diese Gesellschaft mittragen und mitgestalten.

Unsere Bundespräsidenten haben gute Perspektiven entwickelt und Richtiges gesagt. Als Gustav Heinemann gefragt wurde, ob er sein Land liebe, hat er geantwortet:

»Ich liebe nicht den Staat, ich liebe meine Frau.« Und Roman Herzog sagte: »Ich kann zur Not noch eine Landschaft lieben. Aber ich liebe keine Institution, den Staat ebensowenig wie beispielweise die Allgemeine Ortskrankenkasse.«

Den Ballermanntourismus der Deutschen kann man auch nicht lieben. Peter Alter macht in seiner Dokumentation über den Nationalismus auf einen interessanten Aspekt aufmerksam: Der Nationalismus sei eine »anspruchslose Ideologie«. Der Liberalismus und der Sozialismus sind große geistige Entwürfe, auch der Marxismus. Der Nationalismus hat nichts hervorgebracht, was dem an geistigem Gehalt auch nur ähneln würde. Die Tatsache allein, daß jemand in Bottrop oder Thaleischweiler-Fröschen geboren ist, gibt für die Beurteilung eines Menschen auch nicht viel her. Kein großer Philosoph hat eine Theorie der Nation entworfen. Was Johann Gottfried Herder über die Nation, ihre Rechte und Ansprüche gesagt hat, war ein Abfallprodukt seines umfassenden humanistischen und kosmopolitischen Denkens.

Multikulturelles Europa

Der Nationalismus zeigt sich als eine fast parasitäre Ideologie. Das Nationale ist kein Grundwert, es kann sich mit jeder anderen Ideologie verbinden. Die Kommunisten nannten sich national, genauso die Nationalsozialisten. Aber sie waren weder freiheitlich noch gerecht. Das Nationale kann Gutes bewirken, wenn es sich im Verfassungspatriotismus verbindet mit der Anerkennung demokratischer Grundwerte, vor allem der Menschenrechte. So ist auch unsere Verfassung konzipiert.

Aufschlußreich ist auch die Tatsache, daß der Nationalismus maskulinen Charakter hat. Nationalismus werde ausschließlich von Männern propagiert, und Männer bestimmten die nationale Rhetorik, schreibt Peter Alter. Das entspricht dem frauenfeindlichen Rollenverständnis von Nationalisten und Rechtsradikalen:

»Die Männer sind die Verteidiger, Ritter und Kämpfer für das Vaterland und die Nation. Vaterland und Nation werden hingegen als weibliche, allegorische Figuren gesehen: Germania, Britannia, Marianne, Mütterchen Rußland, Mutter Indien. In nationalen Bewegungen tauchen Frauen bis in unsere Tage als aktive Teilnehmerinnen allenfalls am Rande auf. Im Unterschied etwa zum Sozialismus ist die Rolle der Frauen im Nationalismus, in der nationalen Agitation lediglich eine akklamierende und unterstützende. Sie jubeln bei nationalen Feiern und Demonstrationen, sie nähen die nationalen Fahnen, sie bekochen die vom Kampf erschöpften nationalen Helden.«

Deutschland hat seine großen Erfolge in der Wirtschafts-, Sozial- und Außenpolitik nicht als klassischer Nationalstaat, sondern als demokratisches, weltoffenes und in Europa integriertes Gemeinwesen erzielt. Moderne Staaten sind inzwischen auch komplizierte Leistungssysteme geworden, deren Effizienz wesentlich abhängt von dem vernetzten Funktionieren ihrer Elemente: etwa dem Erziehungs- und Bildungssystem, den Sozialsystemen, der Freiheit der Forschung und des Markts. Damit ist natürlich längst nicht alles umschrieben, was das Innere und das Funktionieren einer Gesellschaft ausmacht. Man kann das Ensemble der in einer solchen Gemeinschaft tätigen Menschen als Nation bezeichnen. Diese Nation hat aber mit völkischem Kollektiv, also mit der Herkunft, nichts mehr zu tun.

Es ist wichtig, es zu wiederholen: Als Deutscher versuche ich gleichzeitig Christ und Demokrat zu sein. Die beiden letzten Eigenschaften sind mir wichtiger, als Deutscher zu sein. Wenn sich in Deutschland Nationalismus und Rassismus durchsetzten, dann müßte man diesen Staat bekämpfen.

»Die höchste Kultur aber, welche diesen letzten Zeiten gegönnt sein möge, erwiese sich wohl darin, daß alles Würdige, dem Menschen eigentlich Werte, in verschiedenen Formen nebeneinander müßte bestehen können und daß daher verschiedene Denkweisen, ohne sich verdrängen zu wollen, in einer und derselben Region ruhig nebeneinander fortwandelten«, schrieb Goethe.

Das Europa dieses Jahrhunderts setzt eine tolerante, multikulturelle Gesellschaft voraus, die allerdings durch gemeinsame Grundwerte gebunden sein muß. Die Europäer können sich Intoleranz nicht leisten, sie würde zum Unglück unserer Zeit werden, denn zur Europäischen Union werden bald nicht nur Polen, Tschechen und Ungarn gehören, sondern demnächst auch Serben, Kroaten, Slowenen, Bosnier, Mazedonier, Albaner, Bulgaren, Rumänen und – darauf werden wir uns einstellen müssen – die Menschen auf Zypern, in der Türkei und Israel.

Im Land in der Mitte Europas hat sich eine der vielfältigsten, schönsten und größten Kulturen entwickelt, die die Welt kennt. Der Schöpfer des deutschesten aller deutschen Lieder, »Kein schöner Land in dieser Zeit«, ist Wilhelm von Waldbröhl. Er nannte sich nach dem kleinen bergischen Städtchen, in dem er geboren wurde. Sein eigentlicher Name aber lautete: Anton Wilhelm Florentin von Zuccalmaglio. Solche gab es viele in Deutschland. Sie hießen

Clemens Brentano, Adalbert von Chamisso und Theodor Fontane. Goethe hatte einen französischen Großvater. Sie waren Kosmopoliten und schrieben die schönsten deutschen Gedichte.

Eine europäische multikulturelle Gesellschaft stößt auf Abwehr, die Stimmen der Intoleranz sind laut und schrill: »Einheitsbrei«, »durchrasste Gesellschaft«, »Bevölkerungsgulasch«, »Mosaikgesellschaft«, »multikriminelle Gesellschaft« – es gibt wohl keinen Begriff, der national bewegte Deutsche stärker erregt und in Front gegen Europa gebracht hat als »multikulturelle Gesellschaft«. Dieser Begriff, den ich im politischen Sinn erstmals 1988 in einem Interview mit der »Zeit« verwendet habe, ist in der Tat schillernd, »spektakelhaft« und »definitionsbedürftig«, wie Daniel Cohn-Bendit und Thomas Schmidt in ihrem Buch »Heimat Babylon« schreiben. Man könnte auch andere Begriffe verwenden, zum Beispiel »Toleranzgesellschaft« oder »Gleichberechtigungsgesellschaft«. Aber »multikulturelle Gesellschaft« beschreibt nicht nur die gesellschaftliche Wirklichkeit in Deutschland, sondern auch in Europa.

Ein ethnisch homogener Nationalstaat ist das Gegenteil der multikulturellen Gesellschaft. Dieser homogene Nationalstaat ist aber längst nicht mehr möglich. Die Idee der multikulturellen Gesellschaft ist der tolerante Gegenentwurf zum intoleranten Homogenitätskonzept »Deutschland den Deutschen« und dem »Kampf der Kulturen«.

Europa besteht aus Ländern eigener Prägung. Verbindende Institutionen sind zum Beispiel das Europäische Parlament, die europäische Regierung (EU-Kommission) und das europäische Geld. Europa arbeitet an einer Verfassung, aber in welcher Sprache sollen sich die Europäer verständigen? Heftige Reaktionen sind zu befürchten. Der Aufschrei der *Académie Française* wird weithin hörbar sein, aber vergeblich: Die Europäer werden sich in der Weltsprache Englisch, die eine europäische Sprache ist, verständigen. Diese Sprache muß infolgedessen auch schon in den Grundschulen gelehrt werden.

Unter dem Dach einer europäischen Verfassung können die kulturellen Identitäten bewahrt werden. Jugoslawen, Italiener und Spanier kann man nicht einmal in Deutschland zu Germanen machen. Sie werden europäische Staatsbürger werden, und das nationale Staatsangehörigkeitsrecht wird an Bedeutung verlieren. Sie werden Europäer sein mit türkischem, serbischem, jugoslawischem, deutschem, französischem Ursprung und entsprechender kultureller Prägung. Sie werden alle einen neuen Status bekommen, nämlich den des europäischen Bürgers deutscher Nationalität, mit islamischer, buddhistischer oder katholischer/protestantischer Religionszugehörigkeit. Wichtig ist, daß sich die Menschen mit den demokratischen Grundwerten identifizieren. Nicht wichtig ist, ob sie alle von den gleichen Ahnen abstammen, die gleiche Religion und Konfession haben.

Für die jungen Menschen ist dies eine faszinierende Entwicklung. Man wird in Deutschland geboren, studiert in Großbritannien, arbeitet später wieder in seiner Heimat oder in Frankreich und kann dann vielleicht in Mailand oder in Riga sein Glück versuchen. Der Nachbar kann Belgier, der Arbeitskollege Türke, die Schwiegertochter Dänin und der Vereinskamerad Spanier oder Ungar sein. Wir erleben ja heute schon eine Europäisierung, ja sogar Internationalisierung unseres Lebens, wie es zuvor nur den Reichen oder dem Adel vorbehalten war.

So wird Europa auch die Chance bekommen, sich zu regenerieren und seine intellektuellen und ökonomischen Ressourcen zu fördern. Die Vereinigten Staaten haben heute schon eine jüngere Bevölkerung als ihre fünf stärksten ökonomischen Rivalen zusammen. Über die Hälfte der Amerikaner, die zwischen 1945 und 2000 einen der medizinischen oder naturwissenschaftlichen Nobelpreise erhielten, waren nicht in den USA geboren.

Die Amerikaner lassen im übrigen Zehntausende von jungen Asiaten, die hungrig auf Wissen und leistungsbereit sind, in ihr Land. Sie erwarten von ihnen einen intellektuellen Pusch nach vorn. Um die Jahrtausendwende stellen die sogenannten *Asia-Americans*, die insgesamt zwei Prozent der US-Bevölkerung ausmachen, vierzehn Prozent der Studienanfänger an der Harvard-Universität. Diese Verjüngungs- und Anpassungsfähigkeit hat die amerikanische Gesellschaft schon heute den alten europäischen Nationalstaaten voraus.

Eine entsprechende Erneuerung Europas ist ohne eine politische Union unmöglich. Schon heute haben wir die Unionsbürgerschaft, es ist rechtlich möglich und wird immer öfter geschehen, daß Bürgermeister in Deutschland Dupont, Brown oder Astafay heißen und auf Mallorca oder in Rimini Dürrenmatt und Schiller. Wahrscheinlich wird eines Tages ein hier geborener türkischer Deutscher als Parteivorsitzender der CDU genauso eine Chance haben, Bundeskanzler zu werden, wie es der in Fürth geborene deutsche Jude Henry Kissinger oder der in Jamaika geborene Colin Powell zum Außenminister der USA bringen konnten.

Heimat geht im neuen Europa nicht verloren. Man kann bezweifeln, ob Heimat ohne weiteres in Verbindung gebracht werden kann mit dem Nationalstaat alter Prägung. Unter Heimat versteht jeder zunächst einmal das Dorf, die Stadt und die Region, in der er geboren wurde und aufgewachsen ist. Aber auch das stimmt längst nicht immer und nicht bei jedem Menschen. Eine intensive emotionale Beziehung zu einer Gegend kann der Mensch nur dann haben, wenn diese Beziehung Menschen einschließt, Eltern, Spiel- und Schulfreunde, Lehrer, Vereinskameraden – Menschen, mit denen er groß geworden ist und positive Erfahrungen verbindet. Ist jemand in seiner räumlichen Heimat aber Feindschaft begegnet, hat er Ausgrenzung und Isolation erfahren, wird statt Heimatliebe das Gefühl der Fremdheit, wenn nicht sogar der Abwehr und des Hasses, in Erinnerung bleiben. Diese Erfahrungen haben viele Emigranten machen müssen, die vor dem Nationalsozialismus geflohen sind.

In einer intoleranten Gesellschaft, in einem Deutschland voller Rassismus und Fremdenhaß möchte ich nicht leben. Wer seinen Hund liebt, muß nicht auch seine Flöhe lieben. Ich könnte nur schwer in einer Gemeinde wohnen, in der eine rechtsradikale Partei die Mehrheit hätte, selbst wenn es meine Heimatgemeinde wäre. In einem Dorf voller Rassismus und Fremdenhaß, auch wenn es formal demokratisch zuginge, fände ich keine Heimat. Wo die Freiheit wohnt, ist mein Vaterland, sagte John Milton. Und Hermann Hesse provozierte 1912, in der Blüte des wilhelminischen Nationalismus, mit seinem Wort: »Ich bin gerne Patriot, aber vorher bin ich Mensch. Und wenn beides nicht zusammengeht, dann gebe ich immer dem Menschen recht.«

Das Ostrakon
Über die Politik

An dem Seile schon zieht man den Freund
empor,
Da zertrennt er gewaltig den dichten Chor:
»Mich Henker!«, ruft er, »erwürget,
Da bin ich, für den er gebürget!«
(...)
Und zum Könige bringt man die Wundermär,
Der fühlt ein menschliches Rühren,
Läßt schnell vor den Thron sie führen.
Und blicket sie lange verwundert an,
Drauf spricht er: »Es ist euch gelungen,
Ihr habt das Herz mir bezwungen,
Und die Treue, sie ist doch kein leerer Wahn,
So nehmet auch mich zum Genossen an,
Ich sei, gewährt mir die Bitte,
In eurem Bunde der Dritte.
Friedrich Schiller, Die Bürgschaft

Es geht in diesem Gedicht um Dionysius den Älteren, 467–404 v. Chr. Tyrann von Syrakus. Folgt man Friedrich Schiller, dann müßte man glauben, daß Dionysius zu den guten Herrschern im Sinn von Platon gehörte. Er schenkte den beiden Freunden nicht nur das Leben wegen ihrer Bereitschaft, füreinander zu sterben, obwohl der eine den Tyrannen umbringen wollte. Er bot ihnen auch seine Freundschaft an.

Möglicherweise hat Schiller sich aber geirrt. Der Tyrann war einem Bericht von Diogenes Laertios zufolge derselbe, der Platon wegen eines mißglückten Streitgesprächs auf dem Sklavenmarkt in Ägina an den Spartaner Pollis verkaufen ließ. Wie dem auch sei, bei Schiller kommt Dionysius dem König im idealen Staat im Sinn Platons nahe, weil in diesem Staat die Philosophen Könige oder die Könige Philosophen sind.

Nun hat diese Einheit von individueller und politischer Ethik die Herrschenden schon immer in Nöte gebracht. Die Glaubwürdigkeitsdebatte in den westlichen Demokratien findet auch darin ihre Nahrung, daß es bei uns vorsokratische Typen in der Politik gibt, die Macht ausüben, ohne daß sie den von ihnen selbst formulierten Anforderungen gerecht werden. Sokrates hat ethische Forderungen aufgestellt. Die geistige Elite seiner Zeit hat den Philosophen weder in seiner Person noch in seinen ethischen Positionen angezweifelt. Bei Sokrates ist beides zusammengefallen: Er hat seine ethischen Maßstäbe genannt und ist ihnen durch sein Handeln gerecht geworden. Er wurde von denen umgebracht, die diese Einheit für sich selbst nicht akzeptieren wollten. Es gibt einen anderen Menschen, bei dem es genauso gelaufen ist, nämlich Jesus.

Gewiß, Menschen, die in die Politik gehen, werden nicht automatisch zu Heiligen. Auch ein Politiker macht Fehler. Aber der Eindruck hat sich verfestigt, daß zu viele sich leisten, was schon im Evangelium angeprangert wird, daß nämlich ihre Taten nicht ihren Worten entsprechen.

Aber schon Aristoteles hat erkannt, daß man die Frage nach der Qualität eines Staats nicht davon abhängig machen kann, ob die handelnden Personen in Wort und Tat glaubwürdig sind. Dann wäre die Menschheit verloren. Die Einheit von individueller und politischer Ethik ist nach Aristoteles kein hinreichendes Kriterium für einen guten Staat. Der Staat ist die höchste Form der menschlichen Gemeinschaft mit dem Ziel des Gemeinwohls, das heißt, er soll das sittlich gute, glückliche Leben aller Menschen ermöglichen. Die Tugenden der Klugheit und der Freundschaft, wir würden sie heute Toleranz und Solidarität nennen, sind wichtige Voraussetzungen für die Verwirklichung des Gemeinwohls.

Anders gesagt: Einseitige Interessen zerstören das Gemeinwohl, wenn sie das Staatshandeln bestimmen. Deshalb sind Parteien per definitionem nicht identisch mit dem Wohl des Ganzen. Sie sind von Natur aus zunächst intolerant, weil sie nur gewinnen können, wenn die andere Partei verliert. Kommt eine Partei an die Macht und wird sie nicht kontrolliert, dann gibt sie ihr Interesse als Allgemeininteresse aus und setzt es durch, notfalls mit Gewalt. Um dies zu verhindern, müssen sich Parteien in regelmäßigen Abständen Wahlen stellen und wird die Regierung von anderen Einrichtungen kontrolliert, vom Parlament und von Gerichten. Das garantiert aber immer noch keine Toleranz. Auch Athen, die Mutter der Demokratie, war nicht frei von Intoleranz. Sokrates mußte den Schierlingsbecher wegen Beleidigung der Götter trinken.

Aus jener Zeit stammt auch das Scherbengericht, der damals in Griechenland weitverbreitete Ostrakismos. Jeder Bürger konnte zur Agora gehen und den Namen seines Feindes auf eine Keramikplatte, das Ostrakon, schreiben. Machten genügend andere mit – es bedurfte keiner Mehrheit –, blieben dem Angeschwärzten noch zehn Tage, um ins Exil zu gehen. Diese Praxis hatte Kleisthenes eingeführt, um den Personenkult zu bekämpfen. Plutarch nannte sie später»eine milde Befriedigung des Neides«. Das Ostrakon, gedacht als Machtbegrenzung, verwandelte sich allerdings in der Praxis in eine besonders wirkungsvolle Form der Intoleranz.

Das Ostrakon von heute sind Hintergrundgespräche, Pressemeldungen, Interviews oder lancierte Leitartikel, mit deren Hilfe Mißliebige in das moderne Exil, in den Rücktritt, getrieben werden sollen. Auf dem Bundesparteitag der CDU in Leipzig Mitte Oktober 1997 hatten die Delegierten Wolfgang Schäuble per Akklamation zum Nachfol-

ger Helmut Kohls als Kanzlerkandidat für die Bundestagswahl 1998 bestimmt. Dies paßte weder der CSU noch Helmut Kohl, der noch am selben Tag dem Inhalt nach im Fernsehen erklärte, Schäuble sei sein Nachfolger, aber erst ab
dem Jahr 2003.

Die CSU, die die Nachfolgefrage offenhalten wollte, organisierte Ostern 1998 eine Pressekampagne gegen Schäuble.
Anlaß war die Vorstellung des Wahlkampfprogramms der
CDU, das vom Bundesvorstand verabschiedet worden war.
In diesem Papier stand weit hinten, auf Seite 64, in vier Zei-
len eine Forderung: europaweite Einführung eines erhöh-
ten Mehrwertsteuersatzes für den Energieverbrauch oder
einer aufkommensneutral gestalteten CO_2-Energiesteuer.
Diesen Satz nutzte die CSU, um einen politischen Sturm
gegen Wolfgang Schäuble auszulösen.

Der damalige bayerische Umweltminister Thomas Gop-
pel erklärte: »Dumme Wiederholung oller Kamellen, ohne
jeden Intelligenzblitz.« Die Leute hätten es satt, immer die
gleichen doofen Vorschläge zur Energieverteuerung zu
hören. CSU-Generalsekretär Bernd Protzner sprach von
einer neuen Form des Abzockens der Bürger. Der Vorsitzende des Verkehrsausschusses des Bundestags, Dionys
Jobst (CSU), nannte das »Schäuble-Papier«, in Wahrheit
das offizielle CDU-Wahlprogramm, »politisch höchst un-
klug«. Der Münchner Christsoziale Peter Gauweiler spot-
tete, Schäuble habe »offensichtlich jeden Maßstab dafür
verloren, was dem Volk sprachlich und inhaltlich zuzumu-
ten sei«. »Bild am Sonntag« zitierte als Ostergruß einen
CSU-Minister, der ungenannt bleiben wollte: »Schäubles
linksökologischer Kurs ist vielen Konservativen suspekt.
Ich kann mich nicht daran erinnern, daß unsere Parteigremien einen Kohl-Nachfolger namens Schäuble beschlossen haben.« Der stellvertretende CSU-Vorsitzende Ingo

Friedrichs sagte: »Niemand in der CSU spricht von einem Kronprinzen.« So wurde das Scherbengericht vollendet.

Die »F. A. Z« kommentierte: Wer die Usancen und die Hackordnung innerhalb der CSU-Hierarchie kenne, der wisse, daß es kein Zufall sei, wenn sich bestimmte CSU-Politiker mit Äußerungen wie »mit Schäuble nicht« und »Schäuble ist kein Siegertyp« in die Debatte um die Steuerung des Energieverbrauchs einmischten. Solche Zitate zielten nicht auf Intellekt und politische Qualität, sondern auf das körperliche Gebrechen. In ihnen drückte sich der Widerwille gegen den Rollstuhlfahrer aus – den ein führendes CSU-Mitglied schon davor mit dem Satz artikuliert hatte: Ein Krüppel kann nicht Kanzler werden.

Viele Konservative sind offenbar der Überzeugung, ein Bundeskanzler müsse, wie einst Reichskanzler Bismarck, reiten oder zumindest die Front des Wachbataillons der Bundeswehr abschreiten können. Die Vorstellung, daß ein Rollstuhlfahrer eine solche Front abfahren müsse, überstieg ihre Toleranzgrenze.

Dieses Scherbengericht hatte genauso gewirkt wie die Hintergrundgespräche im Dezember 2001 und Anfang Januar 2002, in denen Mitglieder des Präsidiums und des Bundesvorstands der CDU darlegten, daß ihre Vorsitzende Angela Merkel als Kanzlerkandidatin nicht geeignet sei und Edmund Stoiber den Vortritt lassen müsse. Auch aus der Bundestagsfraktion gab es ständig Meldungen, daß der Bayer eine Zweidrittelmehrheit habe, obwohl nie abgestimmt worden war. Auch hier war am Ende das Scherbengericht perfekt.

Für Aristoteles wären die modernen Diktaturen wegen der Dominanz von Partikularinteressen keine guten Staaten gewesen. Sie sind parteiisch, daß heißt, sie überhöhen die Interessen der Klasse oder der Rasse oder der nationalen Mehrheit oder der Religion oder der Männer und machen diese Interessen für alle Staatsbürger verbindlich. Geistiges und organisatorisches Herrschaftsinstrument ist die Einheitspartei mit ihren Satellitenorganisationen, die ihre Ziele als Interesse des Gemeinwohls ausgibt. Die Unterscheidung von Staat und Gesellschaft wird dadurch aufgehoben. Der totalitäre Staat durchdringt alles und greift sogar in die Intimität der Familie hinein, indem er die Kinder über staatliche Institutionen wie Schule und Kindergarten dazu anleitet, die eigenen Eltern zu denunzieren.

Wie im Islam war es im zaristischen Rußland nie zu Renaissance, Reformation und Aufklärung gekommen. Die erste Revolution mit dem Ziel eines totalitären Staats – der Diktatur eines Teiles der Gesellschaft, des Proletariats – war der bolschewistische Aufstand des Jahres 1917. Mit den monotheistischen Religionen hatte der sowjetische Kommunismus den Ausschließlichkeitsanspruch gemeinsam, den Bezug auf Gott jedoch abgeschafft. Die marxistische Geschichtsphilosophie gab den kommunistischen Staaten die Überzeugung, den kapitalistischen Ländern wegen der angeblichen Lösung der Klassenwidersprüche geschichtlich weit voraus zu sein, was die Anziehungskraft auf intellektuelle Kreise Westeuropas erklärt. Der intolerante Anspruch, diese Idee mit Gewalt durchzusetzen, wurde als geschichtlich notwendig in Kauf genommen.

»Den Unterdrückten von fünf Erdteilen muß der Herzschlag gestockt haben, als sie hörten, Stalin ist tot. Er war die Verkörperung ihrer Hoffnung.« Mit diesen Sätzen gab Bertolt Brecht im Jahr 1953 den Schmerz jener großen Geister des Zeitalters wieder – Gerd Koenen hat sie in seinem Buch »Die großen Gesänge« aufgelistet –, die an das Gute im Kommunismus geglaubt hatten: von Pablo Piccaso bis Pablo Neruda, von George Bernhard Shaw bis Heinrich Mann, und sich zu einem globalen Requiem vereinigten, mit besonders vielen Stimmen aus Deutschland: Seghers, Kuba, Weinert, Huchel, Wolf, Hermlin, Zweig, Becher, Heym, Bloch, Kunert. Die Millionen von Menschen, die durch die totalitäre Intoleranz der Kommunisten ihr Leben verloren hatten, waren in ihren Augen die unvermeidlichen Opfer, die vorab auf dem Altar der Weltrevolution dargebracht werden mußten, um eines Tages die klassenlose Gesellschaft errichten zu können.

Deutschland war zwar zur Wiege der Reformation geworden und seine großen Denker hatten in Literatur und Musik die Gedanken der Aufklärung besungen. Aber anders als in Frankreich erstickten Nationalismus und Militarismus die politische Konsequenz der Aufklärung, die Demokratie. Daß die geistige Elite Deutschlands sich wie in Frankreich an die Seite eines verfolgten Juden gegen das Militär gestellt und durchgesetzt hätte, wäre im wilhelminischen Preußen-Deutschland undenkbar gewesen. Heinrich Mann schrieb 1904, als er noch einen klaren Kopf hatte, an Ludwig Evers: »Die deutsche Militärjustiz hätte zehnmal Gelegenheit gegeben zu einer Dreyfus-Affäre, aber die idealistische Kraft, die ein Volk oder doch die Besseren aufbringt gegen die dumme Brutalität der Machthaber, die fehlt in diesem Lande. Die Franzosen haben sie.« Der nationale Wahn und das geschichtliche Defizit an Demokratie waren der Nährboden für den anderen Totalitarismus des 20. Jahrhunderts, den Nationalsozialismus.

Bei allen Unterschieden zwischen diesen beiden totalitären Systemen hatten sie eines gemeinsam: die fundamentalistische Überzeugung, im Besitz der absoluten Wahrheit zu sein, und die daraus erwachsende Intoleranz gegen alle abweichenden Meinungen. Der Philosoph Vittorio Hösle beschreibt in seinem Standardwerk »Moral und Politik« den skandalösen kulturellen Bruch, den Deutschland durch den Nationalsozialismus erlitten hat:

»Zwar sind in der Geschichte leider genügend Genozide vorgekommen, aber daß ein Rechts- und Kulturstaat ersten Ranges innerhalb weniger Jahre zu einer perfekten, im Vollständigkeitsstreben formal-universalen Mordmaschinerie verkommen konnte, das hatte es noch nicht gegeben. Westeuropa hatte im 19. Jahrhundert kaum Folter gekannt. Etwa hundert Jahre nach Goethes Tod wird wenige Kilometer von seinem Wohnhaus, einem Zentrum der abendländischen Humanität und dem heutigen Weltkulturerbe, das KZ Buchenwald errichtet. Zwar waren von Kambodscha bis Ruanda und vom Kosovo bis Irak und Kurdistan Menschen zu ähnlichem fähig. Aber die nationalsozialistischen Verbrecher haben ihre Untaten auf dem Boden einer europäischen Hochkultur vollbracht, einer Hochkultur, die allerdings keine demokratische Tradition gekannt hatte.«

Das Ideal des aristotelischen Staats, *allen* Menschen Glück in Gestalt des Gemeinwohls zu ermöglichen, hat sich als unzureichend erwiesen, und dies auch, weil es Machthabern vorbehalten blieb, dieses Gemeinwohl in ihrem Sinn zu definieren. Der griechischen Staatslehre fehlte wie den totalitären Diktaturen die Idee einer vom Staat unabhängigen, unantastbaren Würde des Menschen. Auch die Demokratie, für sich genommen, verhindert noch keine totalitären Bestrebungen. Parlamente können mehrheitlich Unrecht beschließen und Menschenrechtsverletzungen sanktionieren. Hitler hatte eine Reichstagsmehrheit, und die meisten Kolonialkriege wurden von Demokratien geführt. Erst die Verankerung der Unantastbarkeit der Menschenwürde und der daraus resultierenden Menschenrechte in der Verfassung begründet die moderne freiheitliche und rechtsstaatliche Demokratie.

Deshalb haben die Mütter und Väter des Grundgesetzes im Artikel 79 Absatz 3 der Unantastbarkeit der Menschenwürde eine Ewigkeitsgarantie gegeben. Keine Bundestagsmehrheit, und seien es hundert Prozent der Abgeordneten, kann diese Bestimmung und die sich daraus ableitenden Rechte abschaffen. Bei den Verhandlungen um einen Verfassungsvertrag der Europäischen Union muß die Bundesrepublik Deutschland darauf achten, daß eine entsprechende Bestimmung in das europäische Grundgesetz hineinkommt.

Natürlich berufen sich alle Potentaten auf die Moral, wenn es um ihre Interessen geht. Nach einem Jahrhundert der staatlichen Verbrechen, der Weltkriege, der Vertragsbrüche, der Massenfolterungen und des Völkermords und angesichts neuer Mächte der Intoleranz, zum Beispiel des islamischen Fundamentalismus, müssen ethische Maximen festgelegt werden für diejenigen, die Herrschaft ausüben. Sonst wird die Moral zur Hure der Macht. Sie war in der Vergangenheit oft eine verbale Hülle, in die jeder Staatsmann hineinstopfte, was er wollte.

Vor mehr als hundert Jahren nahm Bismarck seinen Abschied. Weil er als »eiserner Kanzler« gilt, meinen viele, er sei auch ein Mann eherner Prinzipien gewesen. In seinen Tischgesprächen sagt er einmal: »Ich habe überhaupt nie nach Grundsätzen gelebt; wenn ich zu handeln hatte, habe ich mich niemals gefragt, nach welchem Grundsatz handelst du nun. Wenn ich mit Grundsätzen durchs Leben gehen soll, dann komme ich mir vor, als wenn ich durch einen engen Waldweg gehen sollte und müsste eine lange Stange im Mund halten.« Die Folgen dieser Staatsmoral kann man noch heute besichtigen. Neben den Sozialistengesetzen zeigte sie sich damals vor allem im Kulturkampf. Bismarck wollte es Millionen von Katholiken und ihren Bischöfen verbieten, sich in Glaubensfragen nach dem Papst in Rom zu richten. Weil sich die Katholiken dagegen wehrten, saßen Bischöfe, wie zum Beispiel der von Paderborn, jahrelang im Gefängnis, wenn sie nicht ins Ausland fliehen mußten. Bismarcks Kulturkampf unterscheidet sich im Prinzip nicht von dem Totalitarismus der heutigen chinesischen Regierung, die Buddhisten und Katholiken verfolgt, weil sie sich in Glaubensfragen am Dalai Lama oder am Papst ausrichten wollen. Die staatliche Intoleranz beruht auf einer Staatsmoral, die von den jeweiligen Machthabern nach eigenem Interesse definiert wird. Für Napoleon war *La Grande Nation* die Moral, für Bismarck Preußen, für Marx der Klassenkampf, für Stalin die Weltrevolution, für die Nationalsozialisten die Rasse, für die Pekinger Regierung ist es der chinesisch-kommunistische Einheitsstaat und für die saudischen Potentaten die wahabitische Perversion des Islam.

Die Glaubwürdigkeit der westlichen Demokratien, vor allem der USA, hängt auch davon ab, welche Moral die Grundlage ihrer Terrorismusbekämpfung ist. 1993 hatte Rußland – dessen Geheimdienst noch lange Jahre nach dem sowjetischen Rückzug aus Afghanistan über wesentlich bessere Informationen über die Taliban verfügte als die CIA – dem UNO-Sicherheitsrat detaillierte Informationen über das Terrornetz der Al Quaida und über Osama bin

Laden vorgelegt. Das US-Außenministerium und die CIA zeigten sich uninteressiert, damals verhandelten die USA mit den Taliban über Ölpipelines in den Indischen Ozean und Waffenverkäufe. In dieser Zeit war der Burkazwang schon eingeführt, und Fotos aus dem afghanischen Herat gingen um die Welt, die die Steinigung eines Mannes und einer Frau wegen verbotener sexueller Beziehungen zeigten.

Es ist die wirtschaftsimperialistische Moral der Amerikaner, aber auch anderer westlicher Demokratien, die sie zu Wegbereitern und Financiers der internationalen Terroristen werden ließ. Sie übersehen schwerste Menschenrechtsverletzungen, wie die Folter, wenn diese Verbrechen in Staaten begangen werden, die für die Demokratien von wirtschaftlichem und geostrategischem Interesse sind, zum Beispiel Saudi-Arabien. Selbstverständlich kann Außenpolitik nicht frei sein von wirtschaftlichen Gesichtspunkten. Und es wäre blauäugig, eine Außenpolitik formulieren zu wollen, die Wirtschaftsverträge nur mit Staaten erlaubt, in denen die Menschenrechte geachtet werden. Aber das Ziel, Märkte zu erobern, schiebt sich immer wieder in den Vordergrund gegenüber anderen außenpolitischen Zielen wie Unterstützung der Demokratie, Verteidigung der Menschenrechte, Schaffung von politischen Einflußzonen oder Förderung der kulturellen und politischen Beziehungen. Geowirtschaftspolitik scheint die Geopolitik nicht mehr zu ergänzen, sondern zu ersetzen. Im Weißbuch der britischen Regierung stand schon 1995 der aufschlußreiche Satz: »Um die neue Chance als florierende globale Handelsnation voll auszuschöpfen, müssen die Außen- und Handelspolitik zunehmend miteinander verzahnt werden.« Staatsmänner werden so zu Wirtschaftsvertretern und Handelsagenten. Lange Zeit hat man geglaubt, daß es ein Fortschritt sei, wenn sich die Außenpolitik nicht mehr um Krieg und Frieden, sondern um Investitionen und Exportchancen kümmern müsse. Der 11. September hat diesen Wunschtraum internationaler Großkonzerne und ihrer politischen Gefolgschaft zerstört.

Folterregeln

Die widerwärtigste und perverseste Form der Intoleranz ist die Folter, die gegenüber Untergebenen oder Gefangenen von Staaten erlaubt und von Behörden durchgeführt wird. Auf der Erde werden täglich Tausende von Menschen bestialisch mißhandelt und zu Tode gequält. In Deutschland ist die Folter nicht deswegen ein Problem, weil die bundesdeutsche Polizei Gefangene oder Asylbewerber foltern würde – Mißhandlungen von Gefangenen und Asylbewerbern sind selten und werden in der Regel strafrechtlich verfolgt –, sondern weil Ausländerbehörden und Gerichte in Deutschland nicht in der Lage sind, mit den Folteropfern, die zu uns geflüchtet sind, rechtsstaatlich einwandfrei umzugehen. Entgegen den gesetzlichen Bestimmungen, also rechtswidrig, werden immer wieder Folteropfer in die Länder abgeschoben, in denen sie gefoltert worden sind. Dies gilt vor allem für Kurden aus der Türkei.

1999 gab es laut Amnesty International 63 Staaten, in denen gewaltlose politische Gefangene in Gefängnissen oder Zwangsarbeitslagern eingesperrt waren. Die Morde im staatlichen Auftrag haben zugenommen. In 28 Staaten sind »extralegale Hinrichtungen« registriert worden, in 125 Staaten kam es zu Folter und Mißhandlungen von Gefangenen, in 81 Staaten starben Menschen an den Folgen systematischer Folter, in 61 Ländern sind Tausende von Opfern politischer Morde zu beklagen, und in 37 Staaten ver-

schwanden Menschen. Zugenommen haben Folter, Geisel-
nahme und Tötungen durch bewaffnete oppositionelle
Gruppen in mindestens 42 Staaten.

Die betreffenden Länder sind alle bekannt. Dazu gehören auch solche, mit denen Deutschland intensive Beziehungen pflegt, zum Beispiel China, die Türkei, Indonesien,
der Irak, der Iran, Syrien, Birma, Algerien, Tunesien,
Mexiko, Indien und Israel. In vielen Ländern gibt es offizielle Foltermethoden, die im Polizeiunterricht sogar gelehrt
werden, darunter allein in Syrien 36.

Dabei unterscheidet man zwischen physischer und psychischer Folter. Zur physischen Folter gehören:

1. Schlagen:
   Falaka oder Falanga: Schlagen auf die Fußsohlen mit
   einem speziell dafür angefertigten Stock;
   Ohrfeigen (*telefono*): heftiges Schlagen auf das Ohr
   ein- oder beidseitig mit dem Handteller;
   Kopf heftig gegen die Wand prellen;
   Treten gegen bestimmte Körperregionen: Bauch,
   Nieren, Genitalien, Brustkorb;
   Schlagen auf die Zähne mit der Faust.
2. Schleppen und Schleifen durch rauhes Gelände hinter einem Wagen oder Pferd.
3. Ziehen an den Haaren.
4. Hängen an Armen und Beinen.
5. Ziehen von Zähnen, Fuß- und Fingernägeln.
6. Zusammenpressen der Finger gegen interdigital ein-
   geschobene harte Gegenstände.
7. Hitzeanwendungen auf die Haut durch heiße Gegenstände, Flammen und Zigaretten.
8. Anwendung von elektrischen Schlägen an empfind-
   lichen Körperregionen (Genitalien, Zähne usw.).

9. Lichtanwendung: stundenlanges Starren in eine starke Lichtquelle.

10. Anwendung von extremen klimatischen Bedingungen (Kälte, Hitze und Feuchtigkeit) in der Haftzelle.

11. Erstickungsversuche durch:
    feuchte Submarino: Eintauchen des Kopfes in eine mit Wasser, Blut, Fäkalien, Erbrochenem usw. gefüllte Badewanne bis kurz vor dem Ersticken;
    trockene Submarino: Überstülpen einer Plastiktüte über den Kopf des Opfers, ebenfalls so lange, bis das Opfer kurz vor dem Ersticken ist;
    einseitiger Pneumotorax: Abklemmen der Nase mit zugehaltenem Mund; Strangulation usw.

12. Physische Erschöpfung, hervorgerufen durch stundenlanges Stehen, Hocken oder Knien, Zwangsgymnastik in abnormen Körperpositionen, Kniehocke und Knieellenbeugestellung.

13. Sexuelle Nötigung in Form von Vergewaltigung; Fremdkörper (Flaschen, Holz, Eisen etc.) einführen in die Genitalien und den Anus.

Zur psychischen Folter gehören:

1. Bedrohungen sowohl des Opfers als auch seiner Familie,
2. Scheinhinrichtungen,
3. Schlafentzug,
4. Lärmbelästigung,
5. stundenlanges Vernehmen,
6. Hypnose,
7. Gabe von Hypnotika und Narkotika.

Die Folterfolgen sind enorm und führen bei längerer Anwendung zum Tod. Oft leiden die Opfer lebenslang an den psychischen und physischen Verletzungen.

»Der Tod ist ein Meister aus Deutschland«, ein Foltermeister war er in Bautzen und in Hohenschönhausen, aber vor allem in Auschwitz, Buchenwald, Mauthausen, Maidanek, sowie in den Folterkellern der Gestapo und der SS, nicht nur in Berlin.

ZEUGE 8: Als ich in den Vernehmungsraum gerufen wurde,
sah ich auf Bogers Tisch
einen Teller mit Heringen stehen
Grabner fragte mich, ob ich hungrig sei
Ich sagte nein
Aber Grabner sagte
Ich weiß, wann du zuletzt Mittag gegessen hast
Du wirst heute mein gutes Herz kennenlernen
Ich werde dir zu essen geben
Der Boger hat einen Salat für dich gemacht
Er befahl mir zu essen
Ich konnte nicht
denn meine Hände waren mit Handschellen gefesselt
Da stieß Boger mein Gesicht auf den Teller
Ich mußte die Heringe in mich hineinschlingen
Sie waren so versalzen, daß ich erbrach
Ich mußte das Erbrochene und den Rest der Heringe
aufschlecken
Zum Schluß hatte ich noch was im Mund stecken
und Boger rief
Paßt auf, daß er den Rest nicht
auf dem Korridor ausspuckt
Dann wurde ich in den Block Elf gebracht
und auf dem Dachboden

an den nach hinten gebundenen Händen
aufgehängt!
Das hieß Pfahlhängen
Man hing so hoch
daß die Fußspitzen gerade den Boden berührten
Boger stieß mich hin und her
und trat mir in den Bauch
Vor mir stand ein Eimer mit Wasser
Boger fragte mich, ob ich trinken wollte
Er lachte und drehte mich hin und her
Als ich ohnmächtig wurde
übergoß man mich mit dem Wasser
Meine Arme starben ab
Die Gelenke platzten fast
Boger stellte mir Fragen
aber meine Zunge war so angeschwollen
daß ich nicht antworten konnte
Da sagte Boger
Wir haben noch eine andere Schaukel für dich
ich wurde
zur Politischen Abteilung zurückgebracht
VERTEIDIGER: Herr Zeuge
wurden sie einer Behandlung auf dieser Maschine
unterzogen
ZEUGE 8: Ja
VERTEIDIGER: Es war also doch möglich
dies zu überleben.
(Peter Weiß, Die Ermittlung. Gesang von der Schaukel)

Die sogenannte Boger-Schaukel, die Peter Weiß beschreibt, war in den Konzentrationslagern der SS ein be-
liebtes Folterinstrument, das besonders an Juden auspro-
biert wurde. Ausgerechnet das oberste Gericht in Israel

entschied im November 1996, daß »begrenzte physische Gewalt« dann zulässig sei, wenn auf diese Weise die Wahrheit über geplante Gewaltverbrechen herausgefunden werden könnte. So konnte man zum Beispiel den palästinensischen Attentäter Abdel Aziz Hamadan durch die Folter zwingen, das Versteck einer Zeitbombe zu verraten, von der der israelische Geheimdienst nur wußte, daß sie gelegt worden war, aber nicht, wo. Das Urteil wurde später wieder aufgehoben; es kann aber nicht bezweifelt werden, daß in Israel nach wie vor gefoltert wird.

Seit dem 11. September 2001 wird in den Vereinigten Staaten die Frage diskutiert, ob Menschenrechte nicht ein Luxusgut der Zivilisation seien, auf die man in Notzeiten schon mal verzichten könne. In der »Washington Post« vom 29. Oktober 2001 wurde unter der Überschrift: »Schweigen von vier Terrorverdächtigen ist Dilemma für das FBI« ein hochrangiger Beamter der US-Bundespolizei zitiert, der gesagt haben soll: »Wir sind für unsere humanen Methoden bekannt. Deswegen kommen wir nicht weiter.« Die Überschrift eines Kommentars des sonst liberalen »Newsweek«-Kolumnisten Jonathan Alter lautete: »Es wird Zeit, über die Folter nachzudenken.« Es sei heuchlerisch, mit Wahrheitsdrogen zu experimentieren oder Gefangene an verbündete Folterstaaten auszuliefern, »aber das FBI verdient eine Chance«. Im »Wall Street Journal«, in Talkshows der Nachrichtensender *CNN* und *Fox News* wird offen diskutiert, ob man, um Schaden vom Land abzuwenden, in Untersuchungshaft sitzende Verdächtige nicht durch Folter zum Sprechen bringen oder für einige Zeit an weniger skrupulöse Verbündete abstellen dürfe. Denn es geschähe ja nur zur Verteidigung der höchsten Werte der menschlichen Gesellschaft: des Lebens und der Freiheit.

In Artikel 5 der Internationalen Erklärung der Menschenrechte steht, daß niemand der Folter oder grausamer, unmenschlicher oder erniedrigender Behandlung oder Strafe unterworfen werden darf. Wenn die westlichen Demokratien bewußt dagegen verstoßen, verletzen sie elementare Sittengesetze und das eigene Selbstverständnis. Niemals kann der Zweck die Mittel heiligen, schon gar nicht, wenn die Mittel Mord und Folter sind. Es gäbe auf der Welt kein Halten mehr. Alle Staaten, die bisher mit Müh und Not auf den Weg des Rechts gebracht worden sind, würden in unmenschliche Praktiken zurückfallen; der gesamte zivilisatorische Fortschritt der Menschheit würde in Frage gestellt. Folter in den USA? Um Himmels willen! »Sind wir noch zu retten?«, betitelte Heribert Prantl von der »Süddeutschen Zeitung« sein aufregendes Buch über den Rechtsstaat in der Demokratie. In den Vereinigten Staaten sollte nicht die Folter eingeführt, sondern endlich die Todesstrafe abgeschafft werden.

Für die christlichen Fundamentalisten in den Vereinigten Staaten könnte vielleicht auch von Bedeutung sein, daß der Gründer ihrer Religion zehn Stunden lang systematisch gefoltert wurde, bis er schließlich an einem der schlimmsten Folterinstrumente, die die Menschen erfunden haben, elend zugrunde ging. Wer das Recht mit Füßen tritt, steht auf wackeligen Beinen. Sollen unsere Demokratien zu Staaten werden, in denen Menschen, wenn sie ins Gefängnis kommen, sich dort nicht mehr sicher fühlen können? Wenn die westlichen Demokratien anfangen zu foltern, dann haben sie kein Recht mehr, die Verbrechen der Despoten und der Tyrannen dieser Erde zu brandmarken und zu verfolgen.

Demokratien müssen bestimmen, wodurch sie sich von autoritären Regimen, Schurkenstaaten und Diktaturen unterscheiden wollen. Dürfen Geschäftsbeziehungen, Gewinne und der Abschluß von Verträgen wirklich so die Hirne von Demokraten verwirren, daß sie die Folterknechte nicht mehr sehen, die hinter ihren Geschäftspartnern stehen und grinsen? Kannibalen werden, wenn sie mit Messer und Gabel essen, nicht zu zivilisierten Menschen, und vor allem haben sie nicht das Recht, im Namen derer zu sprechen, die sie gefressen haben, sagt der polnische Satiriker und Lyriker Stanistaw Jerzy Lec. Jedem normalen Bürger muß es mulmig werden, wenn der Polizeihund mit dem Schwanz wedelt.

Politische Intoleranz in Bundestag und Fraktionen

Es war Mitte des Jahres 2000. Ort des Geschehens war die Bundestagsfraktion der CDU/CSU. In der Bundestagsfraktion herrschte, man kann es nicht anders sagen, eine Pogromstimmung. Die frühere Präsidentin des Deutschen Bundestags, Rita Süssmuth, hatte das Angebot von Bundeskanzler Gerhard Schröder (SPD) angenommen, den Vorsitz in einer von der Regierung eingesetzten Kommission zu übernehmen. Diese hatte die Aufgabe, ein Konzept für die Zuwanderung nach Deutschland zu erarbeiten. Rita Süssmuth war nicht anwesend. Ich hatte sie gewarnt, an dieser Sitzung teilzunehmen, da ich in den Stunden zuvor die Empörung, die Wut, ja sogar den Haß eines Teils der Abgeordneten gegen sie gespürt hatte.

»Profilierungssucht auf Kosten der Fraktionsgemeinschaft«, »Verrat an der eigenen Sache«, »Dolchstoß in den Rücken der Partei«, so und ähnlich lauteten die Vorwürfe. Dabei hätte man leicht erkennen können, daß in der Entscheidung Rita Süssmuths die Chance lag, daß ein führendes Mitglied der Union bei der Lösung einer bedeutenden nationalen Aufgabe an führender Stelle mitwirkte. Das Fazit der turbulenten Sitzung bestand darin, daß der Fraktionsvorsitzende unter tosendem Beifall erklärte, daß Rita Süssmuth kein Mandat der Fraktion habe und weder in der Öffentlichkeit noch in der Kommission für die Union sprechen könne. Letzteres war ein substanzloser Böller, denn Rita Süssmuth konnte in der Tat die Position der Union nicht vertreten, weil die Union damals keine Position hatte.

Dieser Vorgang wirft zwei Fragen auf: erstens nach der innerparteilichen Demokratie, und zwar in allen Parteien, und zweitens nach dem Selbstverständnis des bundesdeutschen Parlamentarismus.

Nach Artikel 38 des Grundgesetzes sind die Abgeordneten Vertreter des ganzen Volkes, an Aufträge und Weisungen nicht gebunden und nur ihrem Gewissen unterworfen. Diese Verfassungsbestimmung steht in einem Spannungsverhältnis zu Artikel 21 des Grundgesetzes, dem zufolge die Parteien an der Willensbildung des Volkes mitwirken. Was passiert also, wenn ein Abgeordneter anders entscheiden will als seine Partei?

Verschärft wird das Problem dadurch, daß der Deutsche Bundestag sich aus zwei Klassen von Abgeordneten zusammensetzt: Die Hälfte wird direkt in den Wahlkreisen gewählt und die andere Hälfte über Landeslisten, die von Parteigremien aufgestellt werden, genauer gesagt von Delegiertenkonferenzen der Landesparteien. Solche Abgeordneten sind besonders von den Parteivorständen abhängig, weil diese meistens bestimmen, wer auf einen Landeslistenplatz kommt. Abgeordnete, die einen sicheren Wahlkreis haben, sind in einem weitaus höheren Maß unabhängig von der Partei als ihre Kolleginnen und Kollegen, die über einen solchen Wahlkreis nicht verfügen und daher auf einen vorderen Platz auf der Landesliste angewiesen sind.

Befindet sich eine Partei an der Regierung, muß natürlich jeder Abgeordnete einer Regierungsfraktion auch an den verfassungspolitischen Auftrag denken, daß zur Regierungsfähigkeit in einer parlamentarischen Demokratie auch die Mehrheitsfähigkeit der die Regierung tragenden Fraktionen gehört. Das heißt, im Kampf um politische Inhalte dürfen Mehrheiten nicht auseinanderfallen. Abweichendes Abstimmungsverhalten muß sich daher in der Regel auf Gewissensfragen beschränken, vor allem dann, wenn die Mehrheiten knapp sind. Die Verpflichtung zur Mehrheitsfähigkeit liegt in der verfassungspolitischen Verantwortung des Abgeordneten dem gesamten Volk gegenüber, das einen Anspruch darauf hat, daß die wichtigsten Aufgaben, soweit sie vom Gesetzgeber zu bewältigen sind, auch bewältigt werden. Werden Grundsätze oder das Gewissen berührt, muß jeder Abgeordnete mit sich selber ins reine kommen, was für ihn wichtiger ist: das Überleben der eigenen Regierung oder die persönliche Gewissensentscheidung.

Auch das erstere kann zu einer Gewissensfrage werden, wenn zum Beispiel befürchtet werden muß, daß bei einem Sturz der eigenen Regierung politische Parteien an die Macht kämen, deren voraussehbare Entscheidungen für den betreffenden Abgeordneten erst recht zu einer Gewissensfrage würden, etwa wenn der Abgeordnete davon ausgehen müßte, daß diese Parteien demokratische Grundsätze verletzen würden.

Dieses Dilemma ist in den letzten Jahren immer mehr zugunsten der Autorität der Partei- beziehungsweise Fraktionsführungen und gegen die Selbständigkeit und Gewissensfreiheit des Abgeordneten gelöst worden. Die Führungen aller Parteien, zum Teil auch Politologen und Journalisten, erklären, der Abgeordnete habe sein Mandat nicht durch eigene Kompetenz errungen, sondern sei nur durch Unterstützung der Partei gewählt worden; dies gelte sogar für die direkt gewählten Mandatsträger. Jeder, der kandidiere, erhalte in erster Linie deshalb Wählerstimmen, weil er mit politischen Grundaussagen der Partei identifiziert werde, für die er antrete.

Selbst in Sachen Krieg und Frieden, normalerweise die typische Gewissensfrage, beanspruchen die Parteien inzwischen eine Oberhoheit über die Gewissen ihrer Abgeordneten. Als es im Herbst 2001 um den Mazedonieneinsatz der Bundeswehr ging, drohte der Generalsekretär der SPD, Franz Müntefering, möglichen Abweichlern in der eigenen Fraktion in aller Öffentlichkeit und ohne sich zu genieren, er werde bei den anstehenden Delegiertenversammlungen dafür sorgen, daß sie nicht mehr auf sicheren Listenplätzen nominiert würden. Es gab zwar Widerspruch aus den eigenen Reihen, aber Müntefering blieb mit Unterstützung seines Parteivorsitzenden, des Bundeskanzlers Gerhard Schröder, bei seiner rigorosen Haltung – mit der für den Kanzler schönen Konsequenz, daß die rot-grüne Koalition im Bundestag eine ausreichende Mehrheit bekam.

Nun kann man ein solches Erpressungsmanöver noch verstehen, wenn es auf die Stimmen tatsächlich ankommt. Aber die Bundesregierung hatte nicht nur in dieser Frage, sondern bei allen anderen außenpolitischen Entscheidungen der im September 2002 zu Ende gehenden Legislaturperiode eine komfortable Mehrheit, weil die meisten Oppositionsabgeordneten die Außenpolitik der Regierung unterstützten. Wie weit das parteipolitische Hegemoniedenken fortgeschritten ist, konnte man an der Entscheidung des Bundeskanzlers erkennen, für die Beteiligung der Bundeswehr am Krieg in Afghanistan die Vertrauensfrage zu stellen, obwohl er mit einer achtzigprozentigen Zustimmung des Parlaments rechnen konnte. Es kam also gar nicht darauf an, sich mit der Vertrauensfrage, wie es der verfassungspolitische Sinn dieser Bestimmung ist, für eine wichtige Entscheidung die Zustimmung des Bundestags zu sichern, sondern es ging dem Kanzler nur darum, die Mehrheit der die Regierungskoalition tragenden Bundestagsabgeordneten zu erhalten. Da die Opposition unmöglich dem Bundeskanzler generell das Vertrauen aussprechen konnte, setzte er die bis dahin vorhandene breite parlamentarische Mehrheit aufs Spiel.

Das eigentlich Skandalöse dieses Vorgangs besteht in zwei Dingen: zum einen in der Degradierung des höchsten Verfassungsorgans Deutschlands, nämlich des Bundestags, zu einer Abstimmungsmaschine der beiden die Regierung tragenden Parteien und zum anderen in einem ohne Not eröffneten Vabanquespiel, bei dem im Fall des Scheiterns die Bündnisfähigkeit und das internationale Ansehen Deutschlands zerstört worden wäre. Verfassungspolitisch nicht minder gravierend war der Druck, der auf die Abgeordneten ausgeübt wurde, die gegen den Einsatz der Bundeswehr in Afghanistan schwerste Bedenken hatten. Daß diese Abgeordneten sich bis auf wenige Ausnahmen dem Druck beugten, hat dem deutschen Parlamentarismus zusätzlich Schaden zugefügt. Der wurde nur weiter gesteigert, als fast alle diese Abgeordneten persönliche Erklärungen zu ihrem Abstimmungsverhalten zu Protokoll gaben, in denen sie darlegten, daß sie die eigene Entscheidung für falsch und moralisch anfechtbar hielten.

Die mit dem intoleranten Verhalten der Bundesregierung und der rot-grünen Parteivorstände verbundene Demütigung und Deklassierung des Parlaments zeigte sich auch bei anderen Entscheidungen. Dazu ein Beispiel, das nicht in jeder Zeitung steht. Das Paul-Löbe-Haus liegt in unmittelbarer Nähe des Reichstags und dient Abgeordneten als Bürogebäude. Ungefähr zwei Drittel des Gebäudes bestehen aus einer schön gestalteten Riesenhalle. Für einen Abgeordneten in seinem Büro mit drei Zimmern bleiben maximal 57 Quadratmeter. Ähnliches gilt für das Abgeordnetenhaus in der Dorotheenstraße. Die Büros sind so klein, daß die personelle Ausstattung des Abgeordneten auf ein Minimum reduziert werden muß. Die Selbständigkeit und Unabhängigkeit, aber auch die Effizienz eines Parlamentariers hängen aber, wie überall bei Führungsstellen, nicht zuletzt davon ab, wieviel Personal ihm zur Verfügung steht. Durch die bewußte Minimierung der Quadratmeterzahl wurde die zunehmende Bedeutungslosigkeit des Parlaments offengelegt. Verantwortlich für diesen nicht nur baupolitischen Skandal waren der Ältestenrat, die Fraktionsführungen und die Baukommission des Deutschen Bundestags, die wiederum unter dem finanziellen Diktat der Bundesregierung, genauer gesagt des Finanzministeriums, stand. Die damalige Bundesregierung scheute keine Kosten, um für sich selbst – man schaue nur auf das Bundeskanzleramt – die spektakulärsten Bauten zu errichten.

Eine Erneuerung des Selbstbewußtseins des Parlaments ist überfällig. Dazu braucht es selbständige Abgeordnete, die mutig genug sind, im Plenum anders abzustimmen als die Mehrheit der Fraktion, wenn sie dafür gute Gründe haben. Das muß sich auf wichtige politische Fragen konzentrieren, aber es muß möglich sein. Daß die Erpressung des SPD-Generalsekretärs Müntefering – von einigen Gegenstimmen bei seiner Wiederwahl zum Generalsekretär auf dem SPD-Bundesparteitag im November 2001 abgesehen – sanktionslos blieb und von einem Teil der konservativen Presse sogar noch begrüßt wurde, zeigt aber, wie schwierig eine Kehrtwendung des Parlaments in dieser entscheidenden verfassungspolitischen Frage sein wird.

Die Pressionen gegenüber den Abgeordneten sind inzwischen in allen Fraktionen institutionalisiert. Ich habe in meinem Buch »Gefährlicher Sieg« berichtet, daß zu Beginn der Sitzungsperiode 1994 die CDU/CSU-Bundestagsfraktion in einer Art Selbstkastrierung eine neue Geschäftsordnung beschlossen hat, der zufolge die Teilnahme an fraktionsübergreifenden Initiativen zukünftig vorher in der Fraktion erörtert werden muß. Außerdem müssen Abgeordnete der Union, die in einer namentlichen Abstimmung des Bundestags gegen die Fraktionsmehrheit votieren wollen, dies am Vortag bis 17 Uhr dem zuständigen parlamentarischen Geschäftsführer mitteilen.

Nun ging es bei dem Streit um Rita Süssmuth noch nicht einmal um eine politische Entscheidung, sondern lediglich um die Mitwirkung an einer parteiübergreifenden Aufgabe – allerdings nicht im Auftrag der eigenen Parteiführung, sondern der SPD-geführten Bundesregierung. Die Intoleranz der Fraktion gegen Rita Süssmuth und die Intoleranz des SPD-Generalsekretärs Müntefering stammen aus der gleichen Flasche des antiparlamentarischen Ungeistes, der schon in der Weimarer Republik die demokratischen Institutionen zerstörte. Bei dem Aufstand gegen Rita Süssmuth stand nicht – wie es der aristotelischen Ethik entsprochen hätte – die nationale Aufgabe, das Wohl des Landes oder das Schicksal der betroffenen Menschen im Vordergrund, sondern das parteipolitische Interesse, das Ausländerthema zum Gegenstand des kommenden Bundestagswahlkampfs zu machen. Diese Absicht drohte konterkariert zu werden, wenn eine führende CDU-Abgeordnete den Vorsitz der Zuwanderungskommission der rot-grünen Bundesregierung übernahm.

Die zunehmende Intoleranz bei angeblich linken Themen, die aber in Wirklichkeit Themen der politischen Mitte sind, führte dazu, daß es in der Fraktion lange Zeit nicht möglich war, entspannt und sachlich über Asylrecht, multikulturelle Gesellschaft, Zuwanderung, geschlechtsspezifische und außerstaatliche Verfolgung, Leitkultur, nationale Identität und einen modernen Begriff der deutschen Nation zu diskutieren. Über Jahre verstärkte sich eine aufgeregte Intoleranz gegenüber dem Recht der freien Rede und Äußerungen von Fraktionsmitgliedern in den Medien. Viele Abgeordnete merken gar nicht, daß sie zu Untertanen eines geistigen Sultanats werden, in dem eine Dogmenherrschaft aufgebaut wird, die zwar bequem ist für die Führung, die aber alle, die eine andere Meinung äußern, zu Abweichlern und Dissidenten stempelt. Mit dem Ausscheiden Helmut Kohls aus der politischen Verantwortung hatten viele die Hoffnung verbunden, der von ihm eingeführte Personenkult werde ein rasches Ende finden. Aber die Hoffnung trog. Die Fähigkeit und Bereitschaft, jederzeit selbständig zu denken – nach Immanuel Kant das Kennzeichen der Aufklärung –, scheint für viele in der Fraktion zu anstrengend zu sein.

Die geistig-politische Misere der Parteien hat ihren Grund auch in der an sich plausiblen Erkenntnis, daß dort, wo alle das gleiche denken, nicht viel gedacht wird. Mit der von Helmut Kohl ständig wiederholten Behauptung von Elisabeth Noelle-Neumann, der Leiterin des Instituts für Demoskopie Allensbach, wonach Streit die Mehrheitsfähigkeit einer Partei gefährde, sind immer mehr Abgeordnete eingeschüchtert worden. Jeder, der Macht hat, also auch die Nachfolger von Helmut Kohl, werden diese These gern aufgreifen und versuchen, sie zur allgemeinen und ewig gültigen Regel zu machen, um jederzeit den eigenen Verein disziplinieren zu können. Es heißt dann, jeder, der streite oder eine abweichende Meinung äußere, gefährde die Macht und die eigene Partei. Aus dieser vordemokratischen Haltung entsteht der ständige Versuch, Dissidenten mundtot zu machen. Nicht wenige haben eine sagenhafte Angst davor, eines Tages »den Anruf von oben« zu erhalten. Es ist aber eine Frage des Rückgrats, ob man kuscht oder nicht. Wer sich einmal kastrieren läßt, läuft das ganze Leben so herum. Der Anruf von oben ist oft unvermeidlich und in vielen Fällen berechtigt. Das Kriechen und Kuschen sind es aber nicht.

Konform, uniform, chloroform

Das politische Leben wird leider immer mehr beherrscht von einer deduktiven Methode, die eigentlich die Methode totalitärer Systeme oder von Religionsgemeinschaften darstellt, während die demokratische Methode induktiv ist. Deduktiv heißt, von Dogmen auszugehen und diesen die Lebenswirklichkeit anzupassen. Also zum Beispiel: Deutschland ist kein Einwanderungsland, Tschernobyl ist überall, das Boot ist voll, jeder Job ist besser als keiner – Aussagen über komplexe Sachverhalte, die so undifferenziert und pauschal sind, daß sie gar nicht richtig sein können: unanfechtbare Wahrheiten, in Erz gegossen für die Ewigkeit. Ihnen hat sich das Leben unterzuordnen. In einer Kirche, die letzte Wahrheiten verkündet, mag dies notwendig sein, soll sie nicht in Sekten auseinanderfallen. In der Politik jedoch, wo es nicht um letzte, sondern um vorletzte Wahrheiten geht, ist für eine Demokratie das Induktive entscheidend. Was soll das heißen? Es heißt, das Denken soll von den Menschen ausgehen, von ihren unterschiedlichen Auffassungen und von den unterschiedlichen Lebenssachverhalten. So erkennt man die Probleme und formuliert dann Antworten, dies allerdings auf der Basis von Grundsätzen. Das geht aber nur, wenn man Argumente austauscht, statt zum Befehlsempfang anzutreten.

Bei dieser Auseinandersetzung geht es keineswegs um das Abstimmungsverhalten im Parlament, sondern um die Meinungsfreiheit innerhalb einer Partei und einer Fraktion. Wenn ein Abgeordneter in einer Sachfrage in der Minderheit bleibt und unterliegt, dann ist er nicht verpflichtet, das, was er vorher für richtig gehalten hat, nun für falsch zu halten und zu verbrennen. Dies aber genau verlangt eine lautstarke Fraktionsminderheit – oder ist es schon eine Mehrheit? – und natürlich die Führung. Jeder Abgeordnete soll mit den Wölfen heulen, vor allem in der Ausländerfrage. Die demokratische Fairneß gebietet dem Abgeordneten, sich in seinem Abstimmungsverhalten der Mehrheit anzuschließen, wenn es sich nicht um Gewissensfragen handelt. Er muß aber die Freiheit haben, von der ersten bis zur letzten Stunde für seine Meinung zu kämpfen. Und ab der ersten Stunde nach der Abstimmung darum zu kämpfen, daß ein Beschluß, den er für falsch hält, verändert wird. Wenn es anders wäre, gäbe es keinen Fortschritt. Eine politische Gemeinschaft braucht weiterführende Diskussionen wie die Luft zum Atmen. Alles Neue steht in einem mehr oder weniger großen Widerspruch zum Bisherigen.

Das ist übrigens auch das Problem von Volksabstimmungen. Das Einführen plebiszitärer Verfahren in den modernen Staaten mit einer großen Bevölkerung führt eher zur Stagnation als zum Fortschritt, weil die Mehrheit der Bevölkerung am Althergebrachten hängt und gegenüber allem Neuen voreingenommen ist. Es ist ja gerade die Idee der repräsentativen Demokratie, diese Stagnation mit Hilfe einer politischen Elite zu verhindern oder zu überwinden.

In der Wirklichkeit der politischen Parteien gerät diese Idee heutzutage zur Makulatur. In der Fraktion und in den Parteigremien verfährt man nach dem Motto: Das haben wir immer schon so gemacht. Das war noch nie anders. Das ist Gedankengut des politischen Gegners. Mit solchen Parolen wird jede Diskussion abgewürgt und der Andersdenkende abgehängt. Natürlich muß man seinen politischen Grundsätzen treu bleiben, aber die konkrete Entscheidung muß man auch an der Wirklichkeit ausrichten. Geistige Unbeweglichkeit produziert schwere Fehler. Eine besonders skurrile Variante besteht darin, die Meinungs- und Redefreiheit bei Themen einzuschränken, zu denen die Parteigremien oder die Fraktion noch gar nichts beschlossen haben. So war es zum Beispiel über lange, lange Jahre in der Ausländerpolitik.

Eine Volkspartei, und dies gilt auch für ihre Parlamentsfraktion, verstößt gegen den verfassungspolitischen Auftrag, an der Willensbildung des Volkes mitzuwirken, wenn sie die Bevölkerung von der Diskussion ausschließt und verhindert, daß die Menschen das Pro und Kontra kennenlernen. In der Demokratie sind Gedanken- und Redefreiheit konstitutiv. Das heißt aber auch, daß Diskussionsprozesse öffentlich gemacht werden und ein Klima der Diskussions- und Redefreiheit vorhanden ist. Nur so läßt sich verhindern, daß abweichende Meinungen im vorauseilenden Gehorsam gar nicht erst geäußert werden, weil die Angst verbreitet ist, man könnte negativ auffallen, wenn man etwas anderes sagt als das, was die offizielle Meinung ist oder zu sein scheint. Jeder Abgeordnete sollte den Satz von Giuseppe Garibaldi über seinen Schreibtisch hängen: Ein freier Mann ist mehr wert als zehn Sklaven.

Die Spendenaffäre

Viele haben nicht verstanden oder wollten es nicht verstehen, daß die CDU ein elementares Interesse daran haben muß, die Spendenaffäre aufzuklären. Über die Herkunft der Millionenspenden von Helmut Kohl Aufschluß zu verlangen galt vielen als Nestbeschmutzung und Verrat. Sie verkennen dabei nicht nur eine elementare historische Erfahrung der deutschen Politik des letzten Jahrhunderts, sondern übersehen auch ein wesentliches Element unserer Demokratie. In der Weimarer Republik sind politische Parteien regelrecht gekauft worden, zum Beispiel die Deutschnationale Volkspartei Hugenbergs durch die Schwerindustrie. Nach 1945 waren die Mütter und Väter des Grundgesetzes der Auffassung, daß sich solches nicht wiederholen dürfe, und schrieben in die Verfassung hinein, daß die politischen Parteien Rechenschaft ablegen müßten über die Herkunft ihrer Gelder.

Ein Verstoß gegen diese Verfassungsbestimmung – zumal, wenn es sich um mehrere Millionen Mark handelt – ist daher nicht Pipifax und Larifari und auch nichts, das man mit einem fragwürdigen Ehrenwort aus der Welt schaffen könnte, sondern es rührt an der Substanz unserer Demokratie. Es kommt noch etwas dazu: Die Unionsparteien sind nicht allein in der Welt der Politik. Es gibt konkurrierende Parteien und die Medien. Wenn die Union es zuläßt, daß über Kohls Weigerung, die Spender zu nennen, der Mantel des Schweigens gebreitet wird, dann verfällt sie einem schwerwiegenden Irrtum. Es handelt sich um eine schwärende Wunde, die immer dann aufbrechen wird, wenn irgendwo in der Republik CDU-Politiker in Geldsachen Fehler machen und Mißstände aufgedeckt werden.

Man sollte sich daran erinnern, was nach Aufdeckung der Spendenaffäre los war: Die CDU mußte Veranstaltungen absagen mit den schönen Themen »CDU und Rechtsstaat« oder »Null Toleranz für Rechtsbrecher«, die fest vereinbart waren und für die teilweise bereits Plakate warben. CDU-Politiker hielten äußerst ungern Vorträge etwa über »Die ethischen Grundlagen der Politik«. Wenn sie es taten, ernteten sie Hohn.

Die CDU erlebte ein Desaster wegen der Einrichtung schwarzer Konten durch ihren Vorsitzenden, wegen illegaler Geldtransfers in die Schweiz und zurück, wegen der Deklarierung illegaler Spenden als »Vermächtnisse jüdischer Emigranten« und wegen des gesetzeswidrigen Verschweigens der Wahrheit unter Berufung auf ein windiges Ehrenwort durch den Mann, der zweieinhalb Jahrzehnte Vorsitzender der CDU war. Kohl war 1982 unter dem Motto der »geistig-moralischen Wende« als Bundeskanzler angetreten, die Republik aus der Wirtschaftskrise und Stagnation der sozialliberalen Koalition herauszuführen. Als Regierungschef ist ihm dies weitgehend gelungen. Aber als Parteivorsitzender führte er die Partei in die geistig-moralische Krise.

Niemanden hat dieser entsetzliche Vorgang mehr getroffen als die Menschen, die sich einer wie auch immer zu definierenden bürgerlichen Mitte, dem konservativen Spektrum und einer christlich-sozialen Ethik verpflichtet fühlen. Für diese Menschen brach eine Welt zusammen. Sie mußten mit ansehen, wie sich ihr Idol Tag für Tag mehr zerstörte. Gemeinde- und Stadträte der Union, Bürgermeister und Landräte, Abgeordnete und Minister waren angesichts der Flut von Enthüllungen nicht mehr in der Lage, das zu verteidigen, wofür sie oft jahrzehntelang gestanden und gestritten hatten.

Wir sollten bedenken, daß Solidarität sich vor allem darin zeigt, daß man Irrtümer bekämpft, Fehler offenlegt, für seine Meinung eintritt, unabhängig davon, ob es für einen bedrohlich wird oder nicht. Diejenigen in der Union, die forderten, die Spendenaffäre aufzuklären, mußten die Erfahrung von Carl von Ossietzky in der Weimarer Republik machen, daß »ja hier derjenige, der auf den Schmutz hinweist, als viel gefährlicher gilt als der, der den Schmutz macht«. Vielleicht kann man erreichen, daß es sich in Deutschland irgendwann einmal umgekehrt darstellt. Kritiker zu verteufeln ist genauso intelligent, wie das Barometer zu zerschlagen, wenn das Wetter schlecht ist.

Ohne Mut kann man keine Politik machen. In der Politik ist es wie mit der Nächstenliebe: Wo diese nur darin besteht, nichts Böses zu tun, ist sie von der Faulheit kaum zu unterscheiden. Diejenigen Parteien werden im übrigen die meiste Zustimmung bekommen, die deutlich machen, daß sie die Probleme der Zeit erkannt haben und um Antworten ringen. Wenn eine politische Partei den Eindruck erweckt, sie sei undemokratisch und halte es für richtig, daß einer sagt, wo's langgeht, dann verkennt sie, daß die Bürgerinnen und Bürger in ihrer überwiegenden Mehrheit viel gescheiter und auch besser informiert sind, als die Politiker und Journalisten in Berlin glauben. Die Menschen verfügen über eine Fülle von Informationen. Sie haben Dutzende von Fernsehkanälen und Radiostationen, natürlich auch Tageszeitungen, Wochenzeitschriften und Illustrierte. Schon wenn sie morgens zur Arbeit fahren, bekommen sie politische Informationen. Man kann den Menschen nicht mehr so leicht ein X für ein U vormachen. Die Zukunft gehört deshalb nicht den monolithisch geführten Parteien, sondern den interessanten Parteien, die in der Lage sind, die vorhandenen Probleme zu diskutieren.

Eine Partei, in der von Anfang an in allen Fragen und ohne Nuancen immer nur eine Meinung vertreten wird, wird bald das Schicksal des Kynikers Straton erleiden, der so ausgezehrt war, daß er starb, ohne es zu merken. Ohne Streit wird man zuerst uninteressant, dann langweilig, schließlich einschläfernd und am Schluß ein Fall für das Betäubungsmittelgesetz: konform, uniform, Chloroform.

Worte verändern die Welt
Die Sprache als Waffe

Allemal gilt, daß, wer Begriffe und Gedanken bestimmt, auch Macht über die Menschen hat. Denn nicht die Taten sind es, die die Menschen bewegen, sondern die Worte über die Taten.
Aristoteles

Nicht die Dinge verwirren die Menschen, sondern die Ansichten über die Dinge.
Epiktet

Du denkst, und ich, ich handle, sagt der schweigsame Dämon zum Autor. Ich bin dein Liktor, und ich gehe ständig mit dem blanken Richtbeil hinter dir. Ich bin die Tat von deinen Gedanken.
Heinrich Heine, Deutschland. Ein Wintermärchen

Die Sprache ist von konstitutiver Bedeutung für die Politik und natürlich für die Medien. Dies gilt vor allem für die parlamentarische Demokratie, die durch zwei Eigenschaften gekennzeichnet ist: Sie verleiht Macht auf Zeit, und sie beschränkt den Kampf um diese Macht auf eine friedliche Auseinandersetzung mit den Mitteln des Geistes, also mit dem Wort. Die Medien begleiten diese Auseinandersetzung mit ihrer Sprache. Eine Diktatur unterscheidet sich von einer Demokratie vor allem dadurch, daß sie kein Mandat auf Zeit kennt und die gleichberechtigte Auseinandersetzung mit dem Wort ablehnt. Die Sprache wird zum Schwert der Mächtigen und zu einem Instrument der Intoleranz gegenüber den Untergebenen. Diese Funktion kann die Sprache auch in einer Demokratie erhalten. Dann nämlich, wenn die Sprache als Totschlaginstrument mißbraucht wird.

Die Beherrschung der Sprache entscheidet in einer Demokratie über Erfolg und Mißerfolg. Eine Veränderung der Machtverhältnisse wird nicht erreicht, indem man Bahnhöfe besetzt, sondern indem Begriffe besetzt werden. Durch die Besetzung von Begriffen kann der politische Gegner in die Defensive gedrängt werden. Wenn eine Partei positiv besetzte politische Begriffe wie Freiheit, Frieden, Reform, Solidarität, Mündigkeit, Emanzipation, Sicherheit für sich vereinnahmt, macht sie den politischen Gegner im wahrsten Sinn des Wortes sprachlos. Er ist nicht mehr in der Lage, seine Ansichten darzulegen, ohne die Begriffe seines Gegners zu übernehmen.»So wird der Gegner nicht mehr als politische Alternative wahrgenommen.« (Kurt Biedenkopf)

Diese Form der Auseinandersetzung ist legitim und hängt von der Fähigkeit der Kontrahenten ab, mit den Waffen des Geistes, mit dem Wort die eigene Position darzustellen, zu verteidigen oder die Position des Gegners anzugreifen. Der tschechische Staatspräsident Václav Havel hat sich in seiner Rede anläßlich der Verleihung des Friedenspreises des Deutschen Buchhandels an ihn am 15. Oktober 1989 (die von Maximilian Schell in der Frankfurter Paulskirche verlesen wurde) mit dem Begriff des Friedens beschäftigt. Er sprach davon, daß er vierzig Jahre lang dieses schöne Wort in seinem Land auf jedem Dach und in jedem Schaufenster gesehen habe. Das habe ihn zur Allergie gegen dieses Wort erzogen, weil in diesen vierzig Jahren immer mächtigere Armeen als angebliche Garanten des Friedens entstanden seien.

Die Macht der Ideen

Der Begriff »Frieden« hat auch in Deutschland über Jahrzehnte zu den Worten gehört, die von einer Seite für sich usurpiert worden sind, zum Beispiel von der Friedensbewegung. Das hatte zur Folge, daß alle, die die Friedensbewegung kritisierten, als Kriegstreiber, Bellizisten, bezeichnet wurden. Diese intolerante Vereinnahmung des Begriffs »Frieden« hing mit der geistigen Verwirrung zusammen, die bei der Debatte um die Grundwerte unserer Demokratie offen zutage trat. Egon Bahr proklamierte, auch in seiner Eigenschaft als Mitglied der Bundesregierung unter Willy Brandt, den Frieden als höchsten Grundwert. Wenn aber der Frieden der oberste Grundwert ist, dann muß ihm alles andere untergeordnet werden. Mit dieser Begründung hätte der Nationalsozialismus sein verbrecherisches Regime auf der ganzen Welt ausbreiten können, ohne Gegenwehr finden zu dürfen.

Deswegen ist die Definition des Friedens als oberster Grundwert falsch. Der Frieden ist gar kein Grundwert. Er ist vielmehr ein politischer Zustand, der sich dann ergibt, wenn die eigentlichen Grundwerte, nämlich Freiheit, Solidarität und Gerechtigkeit, verwirklicht sind. Thomas von Aquin formulierte in lateinischer Kürze: »Opus justitiae pax« (»Gerechtigkeit schafft Frieden«).

Die inhaltliche Definition solcher Begriffe hat eine eminente politische Bedeutung. Heute hat sich auch bei den meisten ehemaligen führenden Mitgliedern der Friedensbewegung – zum Beispiel bei Fischer, Scharping und Schröder – die Erkenntnis durchgesetzt, daß es Frieden nur geben kann, wenn die Menschenwürde jedes einzelnen anerkannt wird. Schweigen der Waffen allein bedeutet Friedhofsfrieden. Die *pax romana* vor 2000 Jahren war eine militärisch gestützte Ordnung der Intoleranz. Der biblische Begriff des Friedens, nämlich *Shalom*, geht weit darüber hinaus. *Shalom* heißt Freiheit und Versöhnung, Gemeinschaft und Gerechtigkeit, Wahrhaftigkeit und Menschlichkeit.

»Der Pazifismus der dreißiger Jahre hat Auschwitz erst möglich gemacht« – dieser Satz von mir hat in den achtziger Jahren heftigen Streit hervorgerufen. Aber heute wird akzeptiert, daß der blutige Bürgerkrieg in Bosnien-Herzegowina nicht ausgebrochen wäre und Sebrenica nicht stattgefunden hätte, wenn die NATO und die Europäische Union rechtzeitig in Südosteuropa präsent gewesen wären. Ohne das militärische Eingreifen der NATO wäre es Milošević gelungen, Hunderttausende von Albanern aus ihrer Heimat zu vertreiben. Das hätte auch ein friedliches Zusammenleben von muslimischen und christlich-orthodoxen Mazedoniern und muslimischen Albanern in Mazedonien auf Dauer unmöglich gemacht. Ohne Intervention wären auch die Menschen in Osttimor nicht befreit worden und erst recht nicht die Frauen in Afghanistan. Niemand hat den Nationalsozialismus mitsamt seinen Vorboten konsequenter bekämpft und entlarvt als die deutschen Pazifisten. Deshalb saß Carl von Ossietzky als einer der ersten im KZ. Aber Hitler konnte seinen Krieg entgegen den Ratschlägen des eigenen Generalstabs nur beginnen, weil die Westmächte die Gefahr mißachteten, statt durch »Nachrüstung« Widerstand zu leisten, der die Gewalt verhindert hätte.

Wie Worte die Welt verändern können, hat Joachim Fest, der frühere Herausgeber der »Frankfurter Allgemeinen Zeitung«, in seinem Buch über Hitler beschrieben. Die Ängste der Menschen in der Weimarer Republik – vor einem neuen Krieg, der Wirtschaftskrise, der Arbeitslosigkeit – und das Gefühl der nationalen Demütigung verdichteten sich Anfang der dreißiger Jahre zu einem explosiven Gemisch. Die demokratischen Politiker haben es nicht entschärft, und die Nazis haben es mit verführerischen Begriffen und intoleranten Parolen detonieren lassen. Die Demokraten waren den nationalsozialistischen Propagandisten rhetorisch und begrifflich unterlegen, es fehlte ihnen die Macht und die Faszination der Worte.

Fragt man, wie die Revolution in der DDR 1989 zustande kam, so findet man eine Antwort in der Wirkung von in Worten gekleideten Ideen. Schon Marquis Posa sagte in Schillers Drama »Don Carlos« an die Adresse von König Philipp: »Geben Sie Gedankenfreiheit«, womit er natürlich Redefreiheit und Informationsfreiheit meinte. Der spanische König und die Inquisition konnten diese Freiheit verweigern. Hitler und Stalin konnten ihre Imperien noch abschotten. Heute, im Zeitalter des Satellitenfernsehens und des weltweiten Kommunikationsverbundes, sind die Gedanken, in Worten formuliert, zum ersten Mal in der Weltgeschichte wirklich frei geworden.

Manche behaupten, Ronald Reagan habe die Sowjetunion zu Tode gerüstet. Aber in Wirklichkeit ging das Sowjetimperium unter, weil die Ideale der Demokratie, der Freiheit und der Gerechtigkeit ihre ansteckende Kraft über die Medien entfalten konnten. Die Sprache, natürlich auch die Bilder über das Leben in einer freiheitlichen Demokratie, hatte eine solche Macht bekommen, daß sie in der Lage war, sich gegen brutale Machtinteressen, hochgerüstete Armeen, gigantische Bürokratien und Ideologien der Intoleranz, gegen Millionen von Funktionären und Soldaten durchzusetzen. Die Mächte, die früher die Weltgeschichte bestimmten, waren machtlos gegenüber der Gewalt des Wortes.

Ein anderes Beispiel für die Macht der Sprache ist die Revolution in Persien gegen den Schah, die von Ajatollah Khomeini begonnen wurde, ohne daß er einen Fuß auf iranischen Boden gesetzt hätte. Er sprach seine Predigten in einem Vorort von Paris auf Tonbänder, die dann im Iran zehntausendfach in den Moscheen abgespielt wurden. Mit der Macht seiner Worte und seiner Ideen stürzte der Ajatollah einen der mächtigsten Männer der Welt, der sich auf eine starke Armee und einen brutalen Geheimdienst stützen konnte.

. . . noch kürzer sind dem Schröder seine

Worte müssen keine Waffen und Redner keine Totschläger und Schützen sein. Es gibt Schäfergedichte, Hymnen, Liebeslieder und Schnaderhüpferl, aber auch Geschwätz, Klatsch, Phrasen, Tiraden, Salbadereien; Schwätzer, Plaudertaschen, Klatschbasen labern, faseln, treten breit und schwadronieren. Aber Worte können Geschosse sein, liefern die Munition für Intoleranz. Sie können verletzen, Worte können töten, in der Politik und in der Liebe. Vom Kugelwechsel ist der Wortwechsel abgeleitet – oder umgekehrt. Greift man die eigene Partei an, kommt man in die Nähe des Bruderkriegs, polemisiert man gegen den politischen Gegner, ist man schnell beim verbalen Bürgerkrieg. Und manche Wortschlacht gleicht dem Kampf bis aufs Messer. Manches ist auch nur Feldgeschrei und Kanonendonner, aber meistens wird, je näher der Wahltag kommt, die verbale Auseinandersetzung zum Fronterlebnis. Zwar gleichen manche Worte Knallbonbons, aber manche wirken wie Handgranaten, oft sind es auch nur faule Eier.

Wirklich schwere Brocken werden heutzutage – leider, muß man fast sagen – im Parlament nicht mehr abgefeuert. Die größte parlamentarische Haubitze aller Zeiten war der Zwischenrufer Herbert Wehner, dessen Erfindungsreichtum an Beleidigungen unerschöpflich war: berufsmäßiger Verleumder, Ehrabschneider, einstudierter Pharisäer, Heuchler, Strolch, Flegel, Sauhaufen, nihilistischer Pöbelhaufen, Schleimer, Schwein. Unübertroffen war er in der Verballhornung der Namen von Bundestagskollegen. Mit »Übelkrähe« war der Abgeordnete Wohlrabe gemeint, mit »Hodentöter« der Kollege Todenhöfer. Und er scheute sich nicht, den Ausdruck »weiß-blaues Arschloch« zu verwenden. Allerdings war damit nicht Franz Josef Strauß gemeint, sondern der Parteifreund Hans-Jochen Vogel. Diesem verbalen Stahlbad musste sich die CDU/CSU jahrzehntelang aussetzen. Genau besehen, waren diese Eskapaden Ausdruck einer übersteigerten Intoleranz gegenüber Andersdenkenden im Bundestag.

Wenn man die langfristige Wirkung betrachtet, dann waren diese verbalen Attacken doch eher Rohrkrepierer, zumal es elegantere Formen der sprachlichen Intoleranz gibt als die linguistische Säbelrasselei Herbert Wehners. Die Beleidigung »Sie sind eine Karikatur« gegenüber einem FDP-Abgeordneten hätte Wehner, wäre er Schwabe gewesen, treffender und eleganter mit dem Sprichwort formulieren können: »Du wärst ohne Kopf au schöner.« Für das erstere gab es im übrigen einen Ordnungsruf, für das zweite hätte es keinen geben dürfen, obwohl die Wirkung sicher schlimmer gewesen wäre. Ordnungsrufe gibt es zu Recht für die Aussage: »Sie sind ein Lügner.« Kleidet man jedoch diese Beleidigung in eine dichterische Sprache, sieht die Sache anders aus, zum Beispiel: »Lügen haben kurze Beine, noch kürzer sind dem Schröder seine.« Kein

Bundestagspräsident würde deswegen einen Ordnungsruf verhängen, obwohl auch hier die Wirkung größer ist als bei der platten Beleidigung.

Sprache wird zum Florett, wenn sie zu einem guten Witz oder einer passenden Metapher verwendet wird. Eine geistvolle Sprache kann den intoleranten Charakter einer verbalen Attacke entschärfen, sie ist unverzichtbares Instrument einer toleranten Debatte. Auf den Gruß des Götz von Berlichingen gibt es in Baden-Württemberg die klassische Antwort: Vor meinem ist auch kein Gitter. Im englischen Unterhaus unterbrach die Labourabgeordnete Bessie Smith den berühmtesten Parlamentsredner aller Zeiten, Winston Churchill, mit den Worten: »Wenn Sie mein Mann wären, würde ich Ihnen Gift in den Kaffee tun.« Ungerührt erwiderte Churchill: »Und wenn Sie meine Frau wären, würde ich den Kaffee trinken.«

Eine besonders wirksame Waffe ist die Metapher. Sie ist ein Stilmittel, bei dem ein Wort oder eine Wortgruppe aus einem ursprünglichen Bedeutungszusammenhang in einen anderen übertragen wird, so daß ein mittelbarer Vergleich zwischen Bezeichnendem und Bezeichnetem zustande kommt. So lautet die sprachwissenschaftliche Definition. Etwas einfacher ausgedrückt heißt dies, jede gute Sprache ist eine Bildersprache. Also zum Beispiel: »Der Minister schoß ein Eigentor« oder »Wir sehen Licht am Ende des Tunnels«. Eine positive Metapher höherer Qualität ist die Antwort auf die beliebte Frage: Was wäre wenn? Wenn die Katze ein Pferd wäre, könnte man die Bäume hochreiten. Mit dieser Metapher sind alle weiteren Fragen erledigt.

Allerdings braucht man ein sicheres Gefühl für die richtige Bildersprache. Verwendet man die falsche Metapher, wirkt sie geradezu gefährlich, und zwar für den Redner. Die Hamburger Bürgerschaftsberichterstatter vergeben dafür sogar eine eigene Auszeichnung – den »Gartenzwerg«. Der Bausenator und nachmalige erste Bürgermeister Paul Nevermann erhielt sie für den Satz: »Sie wollen mir dieses faule Ei nicht nur an den Rockschoß hängen, sondern auch noch Honig daraus saugen für Ihre Propaganda.« Ein anderer Sozialdemokrat erklärte an die Adresse der Opposition: »Der Zahn der Zeit hat schon manche Träne getrocknet.« Ein SPD-Abgeordneter nannte den Einsatz der Bundeswehr »ein zweischneidiges Schwert, bei dem der Schuß hinten hinausgeht«.

Tödlich kann auch die falsche Aussprache wirken, vor allem von Fremdwörtern, die besonders tückisch werden können für den Redner. Statt Koalition: Koalation, statt Kobaltbombe: Koboldbombe. Der langjährige Bundestagsabgeordnete und agrarpolitische Sprecher der CDU August Berberich sagte in einer Landwirtschaftsdebatte: Der Getreidepreis ist keine *quantité négligée*. Ein FDP-Abgeordneter erklärte vor einer Bundestagswahl, die FDP werde niemals Hirikari machen.

Entscheidend ist die Beherrschung der deutschen Sprache und der Grammatik. Berühmt-berüchtigt wurde die Pressekonferenz des Kanzlerkandidaten und SPD-Vorsitzenden Rudolf Scharping im Juli 1994 nach der verlorenen Europawahl und vor einigen Landtagswahlen, die noch bis zur Bundestagswahl im Oktober stattfanden. Er sagte: »Die erste Runde war eine Niederlage, weitere werden folgen.« Diese Aussage war dem ziemlich intoleranten Erlaß eines Bürgermeisters im Schwäbischen adäquat, in dessen Gemeindebezirk die Tollwut ausgebrochen war: »Wer seinen Hund frei herumlaufen läßt, der wird erschossen.« Nachdem der Gemeinderat, der gemerkt hatte, daß an dieser Verfügung irgend etwas nicht in Ordnung war, den Bürgermeister aufgefordert hatte, eine neue Verfügung zu entwerfen, kam zwei Tage später der neue Erlaß, der wie folgt lautete: »Wer seinen Hund frei herumlaufen läßt, der wird erschossen. Der Hund.«

Zuspitzen und polemisieren

Das ist natürlich nur komisch. Schwieriger wird es, wenn es sich um Schlagworte handelt. Sie sind verbale Distanzwaffen. Sie entziehen sich jedem Dialog und werden abgefeuert, weil sie treffen sollen. Sie appellieren, sie heizen auf, und sie sind ohne Kontext auf Spruchbändern, Plakaten, Monumenten und Medaillen verstehbar. Diese kommunikative Einbahnstraße macht das Schlagwort zu einer massenwirksamen intoleranten Waffe. Sie ist angelegt auf Simplifizierung, Emotionalisierung und Herabsetzung des politischen Gegners oder auch von unbotmäßigen Mitgliedern der eigenen Partei. Die Zuflucht zu Schlagworten ist deswegen so schädlich, weil wir es in der Politik mit immer komplexeren und schwierigeren Vorgängen zu tun haben, die differenzierte Antworten verlangen.

Da ist reichlich Geistesarbeit erforderlich, viele geben auf die komplexen Probleme lieber einfache Antworten. So zum Beispiel in Fragen der Energieversorgung eines modernen Industriestaats, der Verteidigungspolitik oder der Migration: »Tschernobyl ist überall«, »Raketen sind Magneten«, »Lieber rot als tot«, »Deutschland den Deutschen«, »Das Boot ist voll«, »Ausländer raus«, »Ein Job ist besser als keiner« – griffige Formeln, die aber, wie wir gesehen haben, angesichts der komplexen Sachverhalte und Aufgaben so simpel und pauschal sind, daß sie falsch sein müssen.

Grundsätzlich hinnehmbar ist eine intolerante Sprache nur dann, wenn derjenige, gegen den sich die verbale

Attacke richtet, das Recht hat, in Augenhöhe oder Mund-
höhe zu entgegnen. Dann können auch Übertreibungen
legitim sein. Die Pflicht, differenzierte Antworten zu
geben, darf ja keinen hindern, ein klares und allgemeinver-
ständliches Deutsch zu reden. Wer unklar spricht, beherrscht entweder die Materie nicht oder hat dem Wähler
nichts zu sagen oder will ihm etwas verheimlichen. Die
Kunst der Polemik ist inzwischen leider verkümmert.

Josef Görres aus Koblenz, ein begnadeter Meister der
Streitkunst, sagte einmal: »Die Menge soll am öffentlichen
Leben teilnehmen und sich erwärmen für und gegen den
Streit der Meinungen.« Im Federkrieg müsse der Zorn und
der böse Unmut verblasen werden.

Martin Luther war ein großer Polemiker. In der Reform-
schrift »An den christlichen Adel deutscher Nation« sagte er
zum Schluß: »Ich beachte wohl, daß ich hoch gesungen
habe. Diese Stücke sind zu scharf angegriffen. Was soll ich
auch tun? Ich bin es schuldig, es zu sagen: Es ist mir lieber,
die Welt zürnt mir denn mit Gott.« Hugh Gaitskell, der
große Labourführer, hat es so gesagt: Man muß in der Politik, in der modernen Demokratie oft überspitzen, sonst
wird man nicht gehört.

Ich habe als Generalsekretär oft zuspitzen müssen und
den Eindruck der Intoleranz erweckt. Aber, um mit Luther
zu sprechen, was hätte ich oft tun sollen? Zum Beispiel: Im
Dezember 1982 erweckte die SPD im Hamburger Bürger-
schaftswahlkampf, zweieinhalb Monate vor der Bundestagswahl, in Zeitungen und Flugblättern den Eindruck, die
damals gerade vorgenommenen Mieterhöhungen für Sozialwohnungen in Hamburg seien auf das neue Mitrecht der
seit Oktober 1982 amtierenden Regierung Kohl zurückzuführen. Überschrift der SPD-»Zeitung am Sonntag«: »Mieterhöhungen von 30 %, Weihnachtsgeschenk von Helmut

Kohl.« In Wahrheit aber waren Sozialwohnungen vom neuen Mietrecht der CDU/CSU-FDP-Koalition überhaupt nicht betroffen. Die Mieterhöhungen gingen auf einen Beschluß des Hamburger Senats im August 1982 zurück. Diese Mietenlüge war kurz vor der Bundestagswahl 1983 außerordentlich gefährlich für die neue Regierung. Wegen der Mietenkampagne der SPD stand der Ausgang der Wahl auf der Kippe. Ich antwortete am 8. Januar 1983 während einer Regionalkonferenz in Ludwigshafen auf diese Kampagne der SPD mit einem Zitat von Bertolt Brecht: »Wer die Wahrheit nicht kennt, ist bloß ein Dummkopf. Aber wer die Wahrheit weiß und sie eine Lüge nennt, ist ein Verbrecher.«

Über diese Äußerung gab es große Aufregung. Peter Glotz, damals Bundesgeschäftsführer der SPD, sagte später, ich hätte durch diese Aussage erreicht, daß die Bevölkerung sich nicht mehr über die Mieten, sondern nur noch über das Stichwort »Mietenlüge« unterhalten habe. Dadurch sei eine Wendung im Wahlkampf herbeigeführt worden. In einer Diskussion fragte mich Johannes Rau, warum ich nicht einfach festgestellt hätte, daß die SPD die Unwahrheit gesagt habe. Das hätte ich tun können, aber dann wäre ich nicht gehört worden, keine Zeitung hätte eine solche Bemerkung von mir abgedruckt. Der damalige ZDF-Chefredakteur Reinhard Appel hat mich in einer Nachrichtensendung wegen dieser Äußerung massiv angegriffen. Ich habe mich damals gefragt, warum das ZDF nicht die Ursache meiner Äußerung kritisierte, nämlich die Mietenlüge der SPD. Anscheinend dürfen Politiker ohne weiteres lügen, aber die Lüge nicht Lüge nennen.

Die Demokratie ist nicht der Gesangverein Harmonie. Sie ist noch nicht einmal mit einer Sportveranstaltung zu vergleichen. Dazu ist die Politik zu wichtig. Die Auseinandersetzung um den richtigen Weg ist für eine Demokratie wesentlich, wenn sie überleben will. Peter Glotz hat einmal eingewendet, daß man in der Demokratie darauf hinarbeiten müsse, die Bevölkerung nicht zu polarisieren, sondern zu integrieren. Dieses Ziel ist nicht anzuzweifeln. Aber Integration erfolgt nicht, wenn man Gegensätze unterdrückt, sondern wenn man Konflikte austrägt. Gegensätze können nicht aus der Welt geschafft werden, indem man sie leugnet oder nicht über sie spricht. Wo Konflikte verschwiegen oder unterdrückt werden, gibt es keine Freiheit. Da sind Repressionen oder sogar Bürgerkriege nicht mehr weit. Wahrheiten, die nicht ausgesprochen werden, werden giftig.

Die Toleranzgrenze wird immer wieder überschritten. Das gilt, wenn erstens die Sprache dazu verwendet wird, den politischen Gegner oder überhaupt einen Menschen moralisch und psychisch zu vernichten. Die Weltgeschichte kennt viele Fälle, in denen Menschen sogar in den Tod getrieben wurden. Die Grenze wird, zweitens, auch überschritten, wenn Menschen durch Lügen und Verleumdungen ausgegrenzt und zu Außenseitern gestempelt werden. Und, drittens, wenn die Sprache in den Dienst des nationalistischen und religiösen Fundamentalismus gestellt wird und nur Haß erzeugt.

Die Toleranzgrenze wird zum Beispiel mit dem überschritten, was die Amerikaner Negativkampagne nennen: eine politische Kampagne, die mit persönlichen Angriffen auf einen bestimmten Menschen in Gang gesetzt wird, mit der Absicht, diesen in der Öffentlichkeit zu zerstören. Diese Form von Intoleranz habe auch ich erfahren müssen. Willy Brandt nannte mich einmal den schlimmsten Hetzer seit Goebbels. Was war der Anlaß gewesen? Er hatte als Parteivorsitzender zum 8. Mai 1985, dem Jahrestag der Niederlage Nazideutschlands, die Oberbürgermeister der von den

Nazis zerstörten Städte eingeladen, auch die SED-Oberbürgermeister von Dresden und Leipzig. Die Veranstaltung stand unter der Überschrift: »Nie wieder Krieg von deutschem Boden.« Ich hatte als CDU-Generalsekretär in einer Presseerklärung an Willy Brandt die Frage gerichtet, warum er diesen Satz von Kurt Schumacher nur unvollständig verwendet habe; die zweite Hälfte laute: »Nie wieder Diktatur auf deutschem Boden.« Ich hatte in der Presseerklärung die Antwort mitgeliefert: Weil Willy Brandt dann die SED-Oberbürgermeister nicht hätte einladen können.

Wenn es eng wird für sie, wenn sie in der Sache schlecht widersprechen können, dann greifen manche zur persönlichen Beleidigung. Dies ist vor allem eine Methode der Radikalen auf der linken und der rechten Seite. Die Aussage von Willy Brandt hatte zum Beispiel zur Folge, daß in den Monaten danach Jungsozialisten, Spartakisten und andere radikale politische Gegner bei Veranstaltungen Transparente in die Höhe hielten, auf denen mein Name mit zwei »S«, im Stil der SS-Runen, geschrieben war. Eine ähnliche Entgleisung passierte leider auch CDU-Generalsekretär Laurenz Mayer, als er im Januar 2001 den Bundeskanzler als gesuchten Verbrecher plakatierte.

Einer anderen Form der sprachlichen Intoleranz bedienen sich öfter mal die Medien. Die Medien sind gewiß auch dazu da, die Intoleranz gegen Machtmißbrauch, Parteinepotismus und Korruption zu kultivieren. Wenn sie denn nur immer richtig unterschieden zwischen den Politikern, denen Vorwürfe gemacht werden, und den Institutionen. Der Demokratie und dem freiheitlichen Rechtsstaat geben wir vor allen anderen Regierungs- und Herrschaftssystemen nicht deswegen den Vorzug, weil Abgeordnete, Minister oder Kanzler bessere Menschen wären. Wir tun es, weil die Demokratie und ihre Institutionen, einschließlich der politischen Parteien, grundsätzlich besser sind als Politbüros und Staatssicherheitsdienste. Und weil Fehler, Konflikte und Skandale unter der wahren Herrschaft des Volks nicht unter den Teppich gekehrt, sondern aufgedeckt werden.

Die Unschuldsvermutung

Leider gilt der rechtsstaatliche Grundsatz, daß Schuld bewiesen werden muß, für Politiker weitgehend nicht. Jeder Politiker kann jederzeit einer Verfehlung beschuldigt werden, und sofort dreht sich die Beweislast um. Er wird so lange als schuldig angesehen, bis er die Vorwürfe widerlegt hat, und seien sie noch so unbegründet. Theo Sommer hat die Methode einmal so beschrieben: Man schießt mit der Schrotflinte ins Dunkel und hofft, ins Schwarze zu treffen. So sind viele Menschen um Amt und Würden gebracht worden, obwohl sie unschuldig waren. Der niedersächsische Ministerpräsident Ernst Albrecht verlor die Landtagswahl 1990 nicht zuletzt wegen falscher Anschuldigungen des »Spiegels«, er und der Landesvorsitzende Wilfried Hasselmann seien bei der Vergabe von Spielbankkonzessionen bestochen worden. Und Wolfgang Schäuble mußte als Fraktions- und Parteivorsitzender zurücktreten, weil die öffentliche Meinung, unterstützt von einem Teil der Springer-Presse, den Aussagen des steckbrieflich gesuchten Waffenhändlers Schreiber und der mit ihm kooperierenden früheren CDU-Bundesschatzmeisterin Brigitte Baumeister mehr Glauben schenkte als dem CDU-Parteivorsitzenden und Fraktionschef der Union.

Die sprachliche Intoleranz entwickelt ihre zerstörerische Kraft, wenn die Sprache in den Dienst absoluter Wahrheiten gestellt wird. Die moderne Informationsgesellschaft ist in ihrem Wesen tolerant, die Menschen sollen hören, lesen und sehen, was sie wollen. Jeder kann auf Informationen aus aller Welt zugreifen, und dies in Frankfurt am Main oder in Kuala Lumpur, Nairobi oder Nowosibirsk. Die fundamentalistische Intoleranz mit ihren absoluten Wahrheiten hat vor allem dort Erfolgsaussichten, wo die Menschen keine Informationen bekommen, wo es kein Internet und kein Satellitenfernsehen gibt.

Bis zum Beginn der Neuzeit waren alle menschlichen Organisationen, von den Religionsgemeinschaften bis zu den Städten und Stadtstaaten, intolerante Gesellschaften, jedenfalls gemessen an heutigen Ansprüchen. Das Wissen war beschränkt, atavistische und traditionelle Riten behinderten die Wissenschaft ebenso wie das freie Wort. Die Verbreitung der Informationen war kein Massenerlebnis, sie blieben einer relativ geringen Zahl gebildeter Menschen vorbehalten. Dies hatte einen einfachen Grund: Die Menschen konnten nicht lesen. Erstens, weil sie Analphabeten waren, und zweitens, weil die Vervielfältigung von Schriften auf Papyrusrollen außerordentlich arbeitsaufwendig und teuer war.

Den Herrschenden war das recht. So durfte im Mittelalter die einfache Bevölkerung nicht einmal die Bibel lesen. Die Menschen waren hinsichtlich der Verkündung des Wortes Gottes auf die Interpretation derer angewiesen, die die Definitionsmacht über den Inhalt dieser Botschaft beanspruchten: auf die kirchliche Hierarchie. Die Erfindung des Buchdrucks durch Johannes Gutenberg und Martin Luthers

Bibelübersetzung waren Befreiungsschläge. Sie öffneten den Völkern den Weg aus dem Tal der Unwissenheit.

Natürlich gab es auch vorher Informationen. Aber soweit sie politische Wirkung entfalteten, waren es simple, oft auch aufhetzende Worte wie zum Beispiel die Begründung der Kreuzzüge mit der Behauptung »Deo lo vult«, der bald ein anderer Schlachtruf hinzugefügt werden sollte: *HEP*, die Abkürzung für »Hierosolyma est perdita«, womit nicht nur die Judenpogrome begründet wurden, sondern auch die Blutbäder im Nahen Osten.

Und natürlich die Bilder. Bilder und Gefühle. Keine Organisation der Weltgeschichte hat es über zwei Jahrtausende besser verstanden, die menschlichen Sinne in den Dienst ihrer Verkündung zu stellen als die katholische Kirche: monumentale Gotteshäuser, prächtige Gewänder in leuchtenden Farben und die sakralen Heilsbotschaften, dargebracht durch das Brot und den Wein im Geheimnis der Transsubstantiation, das Öl für die letzte Salbung vor dem Tod und das Wasser der Taufe als Voraussetzung für das ewige Heil.

Aber es war den Menschen nicht möglich, die Wahrheit zu erkennen. Sie verstanden noch nicht einmal die Liturgie, sie war lateinisch. Auch die Politik bediente sich der Bilder: Die Präsenz des Kaisers manifestierte sich in mächtigen Reichsstädten mit ihren Türmen und Mauern oder großen Burgen wie zum Beispiel der Reichsfeste Trifels, in der die Reichskleinodien in der Stauferzeit aufbewahrt wurden. Der Kaiser ritt im Purpurmantel mit Hermelinbesatz und mit goldener Krone auf einem Schimmel durch die Lande, damit die Bevölkerung seine Macht erkennen konnte. Was für den Kaiser Krone und Schimmel waren, sind für Gerhard Schröder *Sabine Christiansen* und die *Tagesschau*.

Alles hören, lesen und sehen können, was man will, ist heute nicht mehr das Privileg gebildeter Schichten, sondern zum alltäglichen Massenerlebnis geworden. Durch die Übermacht der Bilder entsteht aber, wie die PISA-Studie zeigt, die Gefahr, daß sich die Menschheit wieder zurückentwickelt. Die Menschen drohen die Fähigkeit zu verlieren, sich über die Sprache zu informieren, weil sie immer schlechter lesen, schreiben und rechnen können. Nicht daß Bilder wirkungsmächtiger wären als Worte. Die Medien bieten Augenblickserlebnisse, die sich bald verflüchtigen. Sie hinterlassen allenfalls allgemeine Eindrücke wie »schön« und »häßlich«, »schrecklich« und »toll«. Selbst die Bilder über den Gau der beiden Türme in New York materialisieren sich mit erheblicher politischer Wirkung in Begriffen wie »Terroristen«, »Islamisten«, sogar »El Qaida« ist inzwischen ein global bekannter Begriff geworden, erst recht der Name von Osama bin Laden. Nicht die Leichenberge, die 1945 in den Konzentrationslagern gefilmt wurden, beherrschen bis heute die Diskussion über den Nationalsozialismus, sondern Begriffe wie »Holocaust«, »Auschwitz« oder »die Juden«.

Bilder ohne Worte sind nicht wie Lieder ohne Worte, in denen die Musik die Sprache ersetzen kann. Bilder ohne Worte bleiben Torsi, was ihren Informationsgehalt betrifft. Der TV-Kanal *Euro News* bringt immer wieder Sendungen mit der Unterzeile *No comment*, Bilder ohne Kommentar. Leider sprechen die meisten Bilder nicht für sich, wie die Erfinder dieser Teleidee es sich möglicherweise gewünscht haben. Ohne erklärende Worte sind sie fast wertlos. Die Reduzierung sprachlicher Fähigkeiten schiebt das in den Vordergrund, was für die Lenkung einer Gesellschaft in den Zeiten des Analphabetismus oder der die Informationen unterdrückenden Diktaturen maßgeblich war, das

Schlagwort. Das Schlagwort, das sich der Argumentation entzieht, weil es totschlägt und totschlagen soll.

Intolerant werden Begriffe oft dann, wenn ihre Bedeutung bewußt offengelassen wird. Oder wenn sie als Begriffe für viele Menschen zutreffen können und oft auch mit Zusätzen versehen werden, die diskriminieren sollen. So wenn aus dem Juden ein »Saujude« wird, aus einem Polen ein »Polack«, aus einem Schwarzen ein »Nigger«, aus einem Italiener ein »Spaghettifresser«, aus Ausländern »Kanaken«, aus einem Linken ein »Kryptokommunist« oder aus einem Asylbewerber ein »Asylbetrüger«.

Sprache als Brandsatz

Heute haben wir es angeblich mit der Überfremdungsgefahr zu tun. Ich unterscheide bei den ausländischen Bürgern unserer schönen Republik zwischen solchen, die das Grundgesetz achten, und solchen, die es durch die Scharia ersetzen wollen. Aus einer solchen Unterscheidung können sich auch Abschiebungen ergeben. Andere, wie der bayerische Innenminister Günther Beckstein, der auch evangelischer Synodale ist, teilt die Ausländer ein in solche, die uns nutzen, und solche, die uns ausnutzen. Aus letzteren werden im Sprachgebrauch der Stammtische Schmarotzer, die das Asylrecht mißbrauchen und denen man den Aufenthalt verwehren muß, selbst wenn sie in ihrer Heimat verhungern.

Der »Spiegel« fand für eine Titelgeschichte die Überschrift »Fremd und gefährlich«. Damit waren Hunderttausende von jungen Türken gemeint. Die daraus folgende Gedankenassoziation ist ein Selbstläufer: gefährlich fremd – fremdartig – andersartig – abartig. Also raus mit ihnen!

Der Begriff »Asylmißbrauch« taucht hundertfach auf in Reden und auch in Drucksachen der Bundesregierung und des Bundestags. Er suggeriert, daß diejenigen, die um Asyl nachsuchen, das Recht mißbrauchen. Der Weg vom Mißbrauch zum Betrug ist sprachlich nicht weit. So werden diejenigen, die sich um Asyl bewerben, von vornherein kriminalisiert. Der Begriff »Asylmißbrauch« hat vielen in der rechtsradikalen Szene als Vorwand und Grund gedient, um andere Menschen abzufackeln, ihre Häuser anzuzünden oder sie totzuschlagen. Die Bundesanstalt für Arbeit stellt regelmäßig fest, daß die Sozialversicherung Jahr für Jahr durch Schwarzarbeit um Milliarden gebracht wird. Die Steuergewerkschaft sagt, es würden pro Jahr über fünfzig Milliarden Euro Steuern hinterzogen. Sollte nur die Hälfte stimmen, hätte der Finanzminister kein Haushaltsdefizit mehr. Wenn Mißbrauch dazu berechtigte, etwas anzuzünden oder jemanden totzuschlagen, dann müßte Deutschland in Flammen stehen und in einem Blutbad versinken.

In meinem Buch »Das nicht gehaltene Versprechen« habe ich ein berühmt-berüchtigtes Flugblatt mit dem Titel »Der Asylbetrüger in Deutschland« zitiert, ein Musterbeispiel der sprachlichen Intoleranz:

> »Herr Asylbetrüger, na wie geht's?
> Oh, ganz gut, bring Deutschen Aids
> komm direkt aus Übersee,
> habe Rauschgift mit, so weiß wie Schnee,
> verteil im Sommer wie im Winter
> sehr viel davon an deutsche Kinder.«

Die bayerische Polizei beschlagnahmte dieses Flugblatt und zeigte die Verteiler an. Das zuständige bayerische

Oberlandesgericht sprach die Leute frei, mit der Begründung, daß ein unbefangener, verständiger Durchschnittsleser den objektiven Sinn des Gedichts nicht als Verleumdung von Asylbewerbern empfinden könne. Die Schmähgedichte im »Stürmer« waren auch nicht schlechter.

In dem Film *Apocalypse now* erklärt Lieutenant-Colonel Bill Kilgore alias Robert Duvall inmitten explodierender Hütten und Körper die Freuden seines Alltags: »Ich liebe den Geruch von Napalm am Morgen! Einmal haben meine Jungs zwölf Stunden lang einen Hügel bombardiert. Danach bin ich da hochgegangen. Wir haben keinen einzigen stinkenden Vietnamesen mehr gefunden. Dieser Benzingeruch – der ganze Hügel roch nach Sieg. Irgendwann wird dieser Krieg zu Ende sein.«

Nun müssen solche Aussprüche nicht typisch sein für den Jargon unter US-Soldaten. Aber so oder ähnlich wird es doch oft geklungen haben im Vietnamkrieg. Während des Kosovokriegs waren die Amerikaner vorsichtiger und haben ihre militärischen Aktionen mit technokratischen Begriffen und Nonsense-Aussagen mehr verschleiert als aufgedeckt. Und die Medien machten mit. Fernsehsender meldeten, die Amerikaner hätten »Angriffe vorgetragen«. Der Tod von Zivilisten wurde überschrieben mit »Kolateralschäden«. Von »Weichzielen« war die Rede und von »chirurgischen Eingriffen«.

Beim Krieg gegen den Terrorismus hat sich das verbale Szenario geändert. Die martialische Sprache der Kriegsfilme ist in die Politik eingebrochen. Man wird an John Wayne und die Westernepen seiner Zeit erinnert. George W. Bush verstieg sich immer mehr in eine Kriminal- und Jägersprache. Die »Terroristen werden gejagt, bis wir sie kriegen, tot oder lebendig«. Gewiß, kein Kind an texanischen Schulen weiß, daß der Begriff »Kreuzzug« für Muslime ähnlich klingt wie »Auschwitz« für die Juden. Eine Präsident sollte mehr wissen.

Dem amerikanischen Verteidigungsminister Donald Rumsfield ist bei seinen Fernsehauftritten anzumerken, daß er sich wohl fühlt in der Rolle des Weltsheriffs. Er demonstriert gern verbale Gnadenlosigkeit: Konvois fliehender Taliban gäben »ein sehr attraktives Ziel« ab. Er vergleicht die amerikanischen Streitkräfte mit einem Tier, das »in einem Hinterhof auf Beutezug ist. Solange es das Huhn nicht erlegt hat, hat es das Huhn nicht erlegt.« In der Gedankenwelt des US-Verteidigungsministers wird der Nahe und Mittlere Osten zum Hinterhof, wobei er mit seiner Metapher offenbar gar nicht merkt, daß der Räuber unter dem flatternden Geflügel eigentlich einen illegalen Status hat, wie die »Süddeutsche Zeitung« richtig schreibt.

Er scheut sich nicht einmal, die Verbrechersprache zu benutzen. Er wurde gefragt, ob es nicht gescheiter sei, Ländern wie dem Iran diplomatisch zu begegnen, statt ihnen militärisch zu drohen. Er antwortete mit einem Satz von Al Capone: »Mit einem freundlichen Wort und einer Pistole in der Hand erreicht man mehr als nur mit einem freundlichen Wort.«

Natürlich würde Rumsfield entgegnen, die martialischen Antworten dienten einer gerechten Sache, der Bekämpfung des Terrorismus. Nur bleibt die Frage, ob die Vertreter westlicher Demokratien sich des gleichen unmenschlichen Jargons bedienen sollten wie die Chicago-Mafia oder die Terroristen, die die USA nur als »großen Teufel« diffamieren.

Jesus vermittelte seinen Zuhörern in der Bergpredigt eine sehr moderne Erkenntnis:

»Ihr habt gehört, daß zu den Alten gesagt worden war: Du sollst nicht töten. Wer aber dennoch tötet, der soll mit dem Tode bestraft werden. Jetzt sage ich euch etwas anderes: Jeder, der seinem Bruder zürnt, soll hingerichtet werden. Wer zu seinem Bruder sagt, du Hohlkopf, der kommt vor den hohen Rat, und wer sagt, gottloser Narr, der soll der Feuerhölle verfallen.«

Dies heißt nichts anderes, als daß die Schreibtischtäter so schlimm sind wie die Mörder. Ein Rabbinerspruch lautet: »Wer seinen Nächsten haßt, gehört zu denen, die Blut vergießen.« Im Dekalog steht: »Du sollst nicht töten.« Aber Totschlag beginnt im Herzen und im Kopf mit dem Haß gegen den anderen, mit seiner Verteufelung als »Menschenfeind«, »Schädling« oder »Ungeziefer«. Wer sich einer haßerfüllten Sprache gegenüber anderen bedient, wird zum Schreibtischtäter, egal ob in Deutschland, den Vereinigten Staaten oder in Afghanistan.

Eine Kampagne endet im Mord

Wenn die Sprache in den Dienst fundamentalistischer Überzeugungen gestellt wird, kann die Intoleranz im Mord enden. Dafür ein letztes Beispiel, das ich anführe, weil der Mann und sein Schicksal nicht vergessen werden dürfen. Der erste Reichsfinanzminister nach dem Ersten Weltkrieg war Matthias Erzberger. Er brachte die größte Steuer- und Finanzreform des letzten Jahrhunderts innerhalb von wenigen Monaten zuwege, wie Theo Waigel einmal anerkennend festgestellt hat. Er setzte mitten im Krieg eine Friedensresolution im Reichstag durch. Er führte im Auftrag der Obersten Heeresleitung, also von Hindenburg und Ludendorff, die Waffenstillstandsverhandlungen mit den Feinden und kämpfte als Minister der Regierung Ebert für die Annahme des Friedensvertrags von Versailles, um Schlimmeres zu verhindern. Er führte eine Vermögenssteuer und eine Abgabe auf Großgrundbesitz ein und wurde zum Haßobjekt der Schwerindustrie und der Deutschnationalen.

Hugenberg, damals Direktor des Krupp-Konsortiums, kaufte den Scherz Verlag und formierte daraus seinen rechtsgestrickten Pressekonzern. Er finanzierte eine Kampagne gegen Erzberger, die der ehemalige Staatssekretär im kaiserlichen Schatzamt Karl Helfferich in einem vernichtenden Pamphlet münden ließ, das in dem ständig wiederholten Vorwurf kumulierte: »Erzberger ist ein Reichsverderber.« Helferich:

»Mir kam es in erster Linie an:

(...) Auf die Befreiung des Deutschen Volkes von der Wahnidee, daß ein für ein unbesiegtes Deutschland annehmbarer Friede an dem Kriegswillen des Kaisers, der Reichsleitung, der Heeresleitung, der Schwerindustrie, der Alldeutschen oder sonstiger verantwortlicher oder unverantwortlicher Faktoren gescheitert sei; ferner auch die Befreiung des deutschen Volkes von der Regierung eines Mannes, den ich aufgrund der genauen Beobachtung seiner Tätigkeit während des Krieges, während des Waffenstillstandes und während der Friedensverhandlungen nicht anders denn als den Reichsverderber bezeichnen kann.«

Das Ganze endet in einer schneidenden rhetorischen Eskalation der Anwürfe gegen den Minister:

»(...) das ist Herr Erzberger, dessen Namen mit Recht unter dem elenden Waffenstillstandsvertrag steht,

das ist Herr Erzberger, der während des Waffen-
stillstands der Entente half, uns finanziell zu knebeln,
der unsere Handelsflotte in die Häfen der Entente steu-
erte,

das ist Herr Erzberger, der uns nach Versailles geführt hat,
der während der Friedensverhandlung den Feinden seine Bereitwilligkeit zu erkennen gab, den Schand- und
Knechtschaftsfrieden bedingungslos zu unterzeichnen,

das ist Herr Erzberger, dessen Name für alle Zeit mit
Deutschlands Not und Deutschlands Schmach unlösbar
verbunden sein wird,

das ist Herr Erzberger, der das deutsche Volk mit dem
geringen moralischen, politischen und wirtschaftlichen
Kapital, das er aus dem Zusammenbruch noch gerettet hat,
zur gänzlichen Vernichtung führen wird, wenn ihm nicht
endlich das Handwerk gelegt wird.

Deshalb gibt es für das deutsche Volk nur eine Rettung:
Überall im Lande muß mit unwiderstehlicher Gewalt der
Ruf ertönen:

Fort mit Erzberger!«

Anfang August 1921 erhielten der frühere Seeoffizier Heinrich Tillessen, zeitweise Mitglied der berüchtigten Marine-
brigade Ehrhardt, und der arbeitslose ehemalige Offizier
Heinrich Schulz, beide Mitglieder des »Germanenordens«
in der »Organisation Consul«, die von dem früheren Kapi-
tänleutnant Manfred von Killinger (nomen est omen)
geführt wurde, in dessen Büro einen verschlossenen
Umschlag. Er enthielt einen mit Schreibmaschine geschriebenen Zettel, auf dem stand:

»Gemäß der in der Leitung stattgefundenen Auslosung
wurden Sie dazu bestimmt, den Reichsfinanzminister a. D.

Erzberger zu beseitigen. Die Art der Ausführung ist Ihnen überlassen. Vollzugsmeldung ist nicht zu erstatten.«

Zu dieser Zeit weilte Matthias Erzberger mit seiner Frau und seiner Tochter zur Erholung in Bad Griesbach im Schwarzwald. Am 26. August machte er nach dem Kirchbesuch einen Spaziergang mit dem Reichstagsabgeordneten Karl Diez (Zentrum) aus Radolfzell. Auf der Kniebisstraße, kurz nach elf Uhr, traten Tillesen und Schulz plötzlich aus dem Wald und feuerten aus ihren Pistolen auf Erzberger. Dieser sprang, tödlich getroffen, einen Abhang hinunter und brach zusammen. Die Mörder gaben noch drei Schüsse auf den am Boden liegenden Mann ab. Erzberger wurde einige Tage später in Biberach, dem Hauptort seines Wahlkreises, begraben.

Er war der erste Märtyrer der jungen Weimarer Demokratie. In Berlin gibt es jede Menge Hindenburg-Straßen, auch Plätze und Straßen, die nach Persönlichkeiten wie Clara Zetkin oder dem Antisemiten Heinrich von Treitschke benannt sind. Aber es gibt in ganz Berlin keine Matthias-Erzberger-Straße zur Erinnerung an den ersten Reichsfinanzminister. Der Präsident der Evangelischen Akademie Berlin, Robert Leicht, und ich forderten, eine Berliner Straße nach Erzberger zu benennen. Aber der Berliner Senat sah sich nicht in der Lage, diesen Skandal zu beseitigen. Es gibt im Abgeordnetenhaus und im Senat offenbar eine schweigende Mehrheit gegen einen Mann, der für Frieden, Demokratie und Toleranz eingetreten ist wie kaum ein anderer.

Als Erzberger ermordet worden war, sagte Hindenburg: Es ist eine Lüge, wenn behauptet wird, ich hätte diesem Mann jemals die Hand gegeben.

Les Préludes
Musik und Intoleranz

Lieb Vaterland magst ruhig bleiben,
Lieb Vaterland magst ruhig sein,
Lieb Vaterland dein Seelenleiden,
Lieb Vaterland war stets auch mein.

Erwachtes Deutschland, wovon träumst du,
Erwachtes Deutschland hart am Sumpf,
Deutschland bleibt deutsch,
Komm mach dein Maul zu,
du Judensau – Herzdeutsch ist Trumpf.
Hiller, Herzdeutsch ist Trumpf

Musik und Intoleranz in einem Atemzug – ist das nicht eine Schnapsidee, die völlig Unterschiedliches auf Biegen und Brechen zusammenbringen will? Aber bei Langemark sind im Ersten Weltkrieg Tausende junger Deutscher mit vaterländischen Liedern auf den Lippen in den Tod getrieben worden. Auch wenn es den Musikliebhaber schaudert: Musik fast jeglicher Art ist geeignet, intolerantes, radikales Gedankengut zu transportieren. Musik ist die psychisch Wirkungsmächtigste aller Künste, hat auch bei beiläufigem Hören unmittelbaren emotionalen Einfluß – kein Wunder, daß die Propagandisten jeder Façon sich ihrer bemächtigt haben.

Musik verstärkt die emotionale Wirkung von Bildern und Texten enorm. Filme wie »Spiel mir das Lied vom Tod« sind dafür genauso gute Beispiele wie Opern, Passionskantaten und Hörspiele. Meistens wird dem Hörer der manipulierende und stimulierende Charakter dieser Musik gar nicht bewußt. Selbst primitiv ideologisierende, belehrende, banale, hetzerische Texte bekommen zusammen mit geeigneter musikalischer Untermalung eine Aura des Künstlerischen und damit des Akzeptablen: Was als blanker Text vielleicht noch Ablehnung und Abscheu hervorriefe, erscheint mit musikalischer Hilfe auf einmal in einem milderen, gemäßigteren Licht. Viele Texte zum Beispiel der Bachkantaten und Bachpassionen, die aus der religiösen Lyrik des Barock stammen, sind ohne Musik in ihrer frömmelnden Ausdrucksweise oft unerträglich und dennoch unangefochten Bestandteile der größten Kunstwerke der Welt; die dichterische Kunst Richard Wagners ist in der Relation zu seiner genialen Musik eher bescheiden zu nennen.

Bismarck und die Sänger

Tatsächlich kann keine Kunst das große Pathos, die grandiose Apotheose, den echten Horror und die verzerrende Groteske so unmittelbar und nachhaltig wirken lassen wie die Musik. Das ist der Grund, warum sie seit dem Altertum bis zur Neuzeit auch in den Dienst der Intoleranz genommen wurde.

Im 19. Jahrhundert trachteten die Metternichschen und preußischen Zensurbehörden mit aktiver Musikpolitik, der deutschen Volksseele die richtige, also antirevolutionäre Richtung zu weisen. Generalstabsmäßig wurde damals eine bestimmte Unterhaltungsmusik verbreitet, in der Hoffnung, daß bei der Masse des Volks sich eine heile Welt des Ästhetischen mäßigend auf die Wahrnehmung der realen Welt auswirke und dadurch eine Gegenmacht zur revolutionären Welt der Oper (»Fidelio«, »Freischütz«, »Nabucco«) geschaffen werden könnte. Die Deutschen wurden mit Idyllen, Walzern, Galoppern und Polkas regelrecht überschwemmt. Und man muß sagen, dem deutschen Volk war es recht. Staatliche Intoleranz und Restauration siegten.

Eine richtige Revolution haben die Deutschen nicht zustande gebracht. Sie fochten für Bismarck und Kaiser Wilhelm und trieben nicht die politische, sondern die industrielle Revolution voran, entsprachen also, alles in allem, den obrigkeitlichen Erwartungen. Daß der organisierte deutschnationale musikalische Frohsinn entscheidenden Anteil an der Militarisierung des Staatswesens und der Diskriminierung national unzuverlässiger Elemente wie Sozialisten und Katholiken hatte, belegt einer, der dieses Phänomen nicht hoch genug zu würdigen wußte, nämlich Bismarck. Im Jahr 1893 bemerkte dieser in einer Rede vor den versammelten Mitgliedern des Deutschen Sängerbundes:

»Des deutschen Liedes Klang hat die Herzen gewonnen; ich zähle es zu den Imponderabilien, die den Erfolg unserer Einheitsbestrebungen vorbereitet und erleichtert haben. Und so möchte ich das deutsche Lied als Kriegsverbündeten für die Zukunft nicht unterschätzt wissen, Ihnen aber meinen Dank aussprechen für den Beistand, den die Sänger mir geleistet haben, indem sie den nationalen Gedanken erhalten und über die Grenzen des Reiches hinausgetragen haben.«

Doch erst innerhalb der großen totalitären Systeme des 20. Jahrhunderts bekam die Musik eine Stellung von nie dagewesener manipulatorischer Wirkung, nämlich die Funktion einer alle Lebensbereiche umfassenden Massenbeeinflussung, mit der die grundsätzliche Umgestaltung zu einer ideologisch gesteuerten Intoleranz der Gesellschaft angestrebt wurde.

Die Fünfte Symphonie

Im Nationalsozialismus wurde neben der Vereinnahmung der großen klassischen Werke die manipulative Kraft des politischen Lieds intensiv zur ideologischen Mobilisierung genutzt. Keine öffentliche Veranstaltung, kein Parteitag, kein Gedenktag, der nicht von politisch funktionalisierter Musik geprägt gewesen wäre. Diese Musik hatte nicht nur den unvermeidlichen Volksliedcharakter, sondern umfaßte sowohl die sogenannte Klassik als auch alle Bereiche der nichtverfemten Unterhaltungsmusik. Nicht toleriert wurden »Negermusik«, also Jazz, oder »jüdische« Musik, also Mendelsohn und Mahler. Ziel war es, mit plakativen Botschaften, einfacher Form und eingängiger Melodie das sogenannte Gassenhauerphänomen zu bedienen, also die Hörer zum Erlernen und Wiederholen der Musik zu animieren. Beispiele solcher Ohrwürmer waren: »Es zittern die morschen Knochen«, »Legion Condor« und das Horst-Wessel-Lied »Die Fahne hoch« – Lieder, die die Intoleranz gegen Juden, Bolschewiken und andere »Untermenschen« einpeitschen sollten.

Dreißig Jahre später unterstrich ausgerechnet die Akademie für Gesellschaftswissenschaften beim ZK der SED auf die gleiche Weise den Stellenwert der Unterhaltungsmusik für die Ideologisierung der Massen:

»Popkultur und Beatmusik werden auch in Zukunft Hauptgebiete der ideologischen Auseinandersetzungen sein, denn die demokratischen und sozialistischen Kräfte arbeiten aktiv gegen die imperialistische Herrschaft in den Medien. (...) Wir können auch in Zukunft davon ausgehen, daß der Kampf der Ideen und Meinungen, der Streit um die Werte und Ideale auch auf dem Gebiet der Unterhaltung mit den Mitteln der Unterhaltungskunst geführt wird. (...) Die Unterhaltung und damit die Rockmusik wird künftig daran gemessen, wie sehr sie als Medium der Propaganda effektiv ist.«

Das haben die deutschen Kommunisten von der großen Sowjetunion gelernt. Der sowjetische Realismus unter Stalin verdammte jede symphonische Musik, die nicht in folgendes Schema paßte: Kampf (der Arbeiterklasse) im ersten Satz – Sieg und Triumph (des Proletariats) im letzten Satz.

Es war daher leicht, Beethoven zu vereinnahmen. Er avancierte zum musikalischen Vorkämpfer der Weltrevolution, vor allem mit der Dritten Symphonie (Eroica!) und der Fünften Symphonie (Schicksalssymphonie!). Die dazwischenliegenden langsamen Sätze, die nicht so recht hineinpaßten in die kommunistische Musikphilosophie, wurden in Kauf genommen oder uminterpretiert.

Besonders verfemt war die Musik, die fremd in den Ohren klang und von der Arbeiterklasse und ihren Führern nicht richtig verstanden wurde: die Zwölftonmusik. Komponisten wie Schönberg und Webern wurden nicht toleriert. Ihre Werke kamen auf den Index und ihre Interpreten in den GULag. Auch andere Komponisten, deren Werke für kommunistische Ohren fremd klangen, wie Hindemith und Strawinsky, waren nicht wohlgelitten.

Unbeliebt war bei den Zensoren Musik, die zu intim war, weil sie sich in ihrer Privatheit der Zensurgewalt der Kulturapparatschicks entzog. So kam Schostakowitsch in ihr

Visier, er erhielt jahrelanges Berufsverbot. Ein besonders trauriges Schicksal der Intoleranz erlitt Prokofjew. Er kehrte 1936 aus Sehnsucht nach seiner russischen Heimat aus der US-Emigration in die stalinistische Sowjetunion zurück, wohl in der Hoffnung, von Stalin zum Staatskomponisten ernannt zu werden. Stalin ließ ihn am Leben, aber kurze Zeit später seine Frau Mira Mendelsohn verhaften und in ein sibirisches Straflager bringen. Prokofjew starb 1953 an demselben Tag wie Stalin, isoliert in einer Künstlersiedlung in der Nähe von Moskau, ohne seine Frau je wiedergesehen zu haben.

Nazipop und Nazirock

Heute werden Toleranz und Freiheit nicht von einer politischen Einheitspartei bedroht, die sich müht, Musik und Kunst zu beherrschen, sondern von einer kulturpolitischen und sozialen Gleichgültigkeit, die das Feld für esoterische und politisch radikale Lebenssinnstifter frei macht. Schon seit langer Zeit hat sich in Deutschland, nicht etwa wie beim afroamerikanischen Rap, eine beißende, dem Gerechtigkeitsgedanken verpflichtete musikalische Gesellschaftskritik entwickelt, sondern mit *Techno* und *Love-Parade* eine gigantische, unbekümmerte Fun-Orgie, die sich aus einer Stimmung fast autistischer Gleichgültigkeit speist. Gleichzeitig hat sich seit dem Mauerfall eine rechtsradikale Musikszene etabliert, die beängstigende Ausmaße angenommen hat.

Nicht nur in der Leitkulturdebatte wird Kultur heute als Begriff der Intoleranz zum Zweck der Ab- und Ausgrenzung verwendet. Auch eine unterschwellig angestaute antiglobale Modernitätsangst wird mit der Forderung nach »kultureller

Identität« nach außen gekehrt. In einem solchen antitoleranten Grundgefühl findet die kaum zu unterschätzende radikalisierende Wirkung des heutigen, gar nicht mehr subkulturellen »Nazipop« und »Nazirock« ihren Nährboden.

Vor dreißig Jahren hatte die Rockmusik eine klare Zielrichtung mit einem selbstdefinierten Kunstanspruch. In einer Zeit der individuellen Emanzipierung von gesellschaftlichen Normen war die Rockmusik sowohl Droge als auch Kunst. Ihre Heroen – Beatles, Rolling Stones, Pink Floyd, Genesis; in Deutschland Lindenberg, Westernhagen, Grönemeyer – hatten eines gemeinsam, nämlich absolute Unverwechselbarkeit, ästhetische Originalität und jenen vielleicht hybriden Wahrheitsanspruch, ohne den große Kunst in der Regel nicht entsteht. Die Rockmusik war Spiegelbild und Motor der großen Debatten Ende der sechziger Jahre. Sie wandte sich gegen die totale Vergemeinschaftung des Individuums und kämpfte andererseits für mehr Solidarität unter den Menschen. Heute stehen nur noch vereinzelte Musiker in dieser Tradition, etwa die amerikanische Rocksängerin Alanis Morissette, die mit dem Welttoleranzpreis der Freunde der Vereinten Nationen geehrt wurde, oder die Vereinigung Musicians Unplugged for Humanity, die Rockfestivals für Toleranz veranstaltet. Sonst trifft die Konsumideologie des Techno den allgemeinen Zeitgeist am deutlichsten. Am gefährlichsten aber ist, daß die ursprünglichen Eigenschaften des Rocks, das Widerständige, Kritische, Revolutionäre, Antibürgerliche, zunehmend von zahlreichen rechtsradikalen Musikgruppen aufgenommen wird. Hinzu kommen Germanenkult, nordische Mystik und heidnische Riten, die bewußt im weitgehend atheistischen Ostdeutschland kultiviert werden. Altgermanische Sagenwelten von der »Edda« bis zum »Nibelungenlied« haben für rechte Jugendliche eine große

Anziehungskraft, die nur aus der Sinnentleerung ihrer Umwelt zu erklären ist. Dieses geistige Vakuum wird weder von politischen Parteien noch Kirchen mit humanistischen Idealen aufgefüllt.

Es sind schon lange nicht mehr nur pseudogermanische Stampfrhythmen der Skinheadbands, mit denen die jugendlichen Fans gelockt werden. Das Spektrum des Nazipop hat sich nach allen stilistischen Seiten hin geöffnet, um den ideologischen Zugriff auf ein immer größer werdendes Publikum maximal erweitern zu können.

Es ist schwierig, das spezifisch »Rechte« von Musik zu bestimmen, wenn man die Texte beiseite läßt. Auffällig ist eine sich auf Ordnung und militärische Form stützende demonstrative Männlichkeit in der Musik. Die allgegenwärtige musikalische »Härte« ist zwar auch immer Zeichen des klassischen linken Rocks gewesen, nicht aber der heldische und zerstörerische Ausdruck, der hier zum Zug kommt. Die Nationalsozialisten hatten sich noch Franz Liszts *Les Préludes* wegen ihres militärischen Gestus zur Durchhaltefanfare erkoren. Im heutigen Rechtsrock überwiegt der zerstörerische Haßimpuls bei weitem die alten apotheotischen Jubelfanfaren. Das mag vielleicht nur daran liegen, daß man eben nicht in der politischen Mehrheit ist.

Auf jeden Fall hat der intolerante Bekenner- und Aufforderungscharakter der Texte in dem harten motorischen Habitus der Musik eine wirkungsvolle Möglichkeit der Vertonung gefunden. Kampf- und Militärlieder jeglicher stilistischer Couleur spielen dabei die entscheidende Rolle. Der Rockexperte Burkhard Schröder schreibt:

»Die zentralen Themen sind natürlich Rassismus – also Türken abstechen, Frauen schänden, das kann man sich gar nicht brutal genug vorstellen. Das zweite Element: antisemitische Grundstimmung: Es gibt Bands, die dezidiert dazu aufrufen, Juden abzustechen. Es ist so, daß die Texte, wenn sie indiziert sind, von den Musikern auf der Bühne gar nicht selber gesungen werden, sondern – da das Publikum das vorher schon weiß – die Bands nur den Anstoß geben müssen, und das Publikum das dann im Chor singt – so daß juristisch schwer etwas zu machen ist gegen diese Bands.«

Die Songtexte aus der Zeit um die Jahrhundertwende und aus den neunziger Jahren zeigen die tatsächliche Gesinnung der praktizierenden Musikideologen in Rockgruppen wie *Kraftschlag, Sturmwehr, Noie Werte, Foierstoß, Zillertaler Türkenjäger:*

»Afrika für Affen,
Europa für Weiße.
Steckt die Affen in das Klo,
Spült sie weg wie Scheiße.«
(Landser)

»Ihr habt die gefallenen Brüder verhöhnt,
Ihr habt Euch nicht einmal mit ihnen versöhnt,
Ihr gönnt selbst den Toten keine Ruh,
Ihr schändet die Gräber noch immerzu,
Ihr habt uns bespieen und habt uns verlacht.
Ihr habt uns zum Spott unserer Kinder gemacht.
Ihr habt uns durch jeden Schmutz gezogen,
Ihr habt uns geschmäht und habt uns betrogen
Ihr seid winselnd vor jedem Sieger gekrochen,
Doch unseren Stolz habt ihr nicht gebrochen.«
(Sturmwehr)

Die folgenden Texte aus den frühen Neunzigern, die heute in Konzerten nicht mehr dargeboten werden dürften, zeigen die brutale Gesinnung:

»Ich brauch' keinen Griechen, um gut essen zu geh'n
Keinen Nigger, um ein Fußballtor zu seh'n
Ich will auch kein Arbeiter bei den Türken sein
Ich will nur, daß wir uns vom fremden Pack befrei'n
Tritt einfach rein in das fiese Schwein.«
(Aus dem Sampler *Northeim Live*)

»Adolf Hitler unser Führer
Adolf Hitler unser Held«
(*Weißer Arischer Widerstand*)

Bis 1992 waren Konzerte mit neonazistischen Gruppen und die musikalische Verbreitung solcher Texte in Deutschland ohne besondere Folgen möglich. Durch die Änderung des Strafrechts wurde die Szene zum Abtauchen gezwungen. Aber es gibt keine Entwarnung, da wie in allen anderen Fällen auch solche Verbote umgangen werden.

Ausländische Gruppen sind von den bundesdeutschen Sanktionen kaum betroffen. Britische, amerikanische, skandinavische Bands können weiterhin ihre eindeutig rechtsradikalen Songs über deutsche Mailordervertriebe oder über internationale Bestelladressen in Deutschland verbreiten. Offensichtlich haben Naziideologie und Hitler-Kult selbst in Ländern, die den Nazis zum Opfer gefallen sind, starke Wurzeln gezogen. Außerdem werden die Texte an die Rechtslage angepaßt: Eindeutig (neo-)nazistische Verse, wie die oben angeführten, kommen nur noch kunstvoll verklausuliert zum Hörer.

Während sich der harte Kern in den »subkulturellen«

Untergrund zurückgezogen hat, wollen andere Musikgruppen mit »unpolitischen« Produktionen eine größere Akzeptanz erreichen und Verbote vermeiden. Führer rechtsextremer Gruppen und Parteien, so der ehemalige NPD-Führer in Sachsen-Anhalt Steffen Hupka, verteidigen die Strategie der »schrittweisen Infiltration verschiedener Jugendszenen« mit dem Argument: Wenn es zur rechtsextremen Subkultur keine Alternative mehr gäbe, würden die Jugendlichen automatisch rechtsradikal. Matthias Kindt, Sozialarbeiter in Greifswald, bestätigte in einem Gespräch mit der »Zeit« Anfang 2002, daß »Musik die größte Einstiegsdroge in die Szene« sei.

Ist das eine Horrorvision oder in mancher deutschen Kleinstadt bereits Realität?

Der Rechtsrock von heute klingt allgemein weniger barbarisch als früher. »Nazis sind Pop« ist der treffende Titel eines Buches von Burkhard Schröder. Eindeutige NS-Bezüge werden vermieden, gerade von den wirklich rechten Bands. Statt »Ausländer raus!« heißt es heute einfach: »Drogenkriminelle raus!« Man braucht auch gar nicht mehr die politische Botschaft offen auszusprechen, es reicht eine Anspielung. Wenn man beim Lied »Rasse ist klasse« ganz zum Schluß einen Schäferhund im Text präsentiert, ist man juristisch aus dem Schneider, das wissende Publikum johlt dafür um so heftiger.

Dieses wissende Publikum besteht heute nicht etwa nur aus unterbelichteten Glatzen. Seit dem Hooliganterror der letzten Fußballweltmeisterschaft weiß man, daß »rechte Musik« alle sozialen Schichten der Gesellschaft erreicht hat. Das Spektrum reicht vom überzeugten Hardcore-Nazi bis zum etablierten Zahnarzt, der augenzwinkernd mit seiner *political incorrectness* kokettiert. Tatsächlich sind nicht die Glatzen das größte Problem für die Stabilität der demokratischen Gesellschaft, das sind vielmehr die Sympathisanten in beträchtlichen Teilen der Gesellschaft.

Der Rechtsradikalismus in Deutschland, eine besondere Brutstätte der Intoleranz, hat viele Facetten. Er ist national, besser gesagt deutschnational, traditionell konservativ, autoritär, reaktionär, voller romantisierender Rückwärtsgewandtheit, Beschwörung der heilen Welt und Illiberalität. Rechtsradikale Positionen sind häufig Antipositionen gegen die Moderne, gegen Individualismus und Pluralismus, gegen die Gleichberechtigung der Frauen, gegen Fremde, für autoritäre Erziehung, für Prügelstrafe gegen die eigenen Kinder, gegen internationale und supranationale Einbindung, gegen Europa und die angebliche Überfremdung des eigenen Volks. Wenn man den Rechtsradikalismus inhaltlich so beschreibt, erkennt man leicht, daß diese Inhalte nicht beschränkt sind auf einzelne Parteien und Organisationen, die man als rechtsradikal bezeichnet. Dieser Rechtsradikalismus hat vielmehr einen langen Arm in die Gesellschaft hinein, in die politischen Parteien, in Justiz, Verwaltung und Polizei. Der Geist des Rechtsradikalismus beschränkt sich nicht auf die drei oder vier Prozent, die die einschlägigen Parteien bei demokratischen Wahlen in Deutschland bekommen. Man kann, ohne zu übertreiben, davon ausgehen, daß solche Gedanken bei zwanzig bis dreißig Prozent der deutschen Bevölkerung Zustimmung finden, die Stammtische mit einbezogen. Spricht man mit Skinheads, die Ausländer blutig zusammengeschlagen, ja sogar getötet haben, ist eines der Hauptargumente, die man zu hören bekommt, daß sie nur das realisierten, was die Erwachsenen redeten und im Grunde ihres Herzens auch wünschten.

Wo sie recht haben, haben sie recht.

Der Tanz um das goldene Kalb
Die Zerstörung der Existenzgrundlagen
der Menschen

Es gibt zwei Sorten Ratten:
Die hungrigen und satten.
Die satten bleiben vergnügt zu Haus,
Die hungrigen aber wandern aus.

Sie wandern viel tausend Meilen,
Ganz ohne Rasten und Weilen,
Gradaus in ihrem grimmigen Lauf,
Nicht Wind noch Wetter hält sie auf.

Sie klimmen wohl über die Höhen,
Sie schwimmen wohl durch die Seen;
Gar manche ersäuft oder bricht das Genick,
Die lebenden lassen die toten zurück.

(...)

So eine wilde Ratze,
Die fürchtet nicht Hölle, nicht Katze;
Sie hat kein Gut, sie hat kein Geld
Und wünscht aufs neue zu teilen die Welt.

Die Wanderratten, o wehe!
Sie sind schon in der Nähe
Sie rücken heran, ich höre schon
Ihr Pfeifen – die Zahl ist Legion.

O wehe! wir sind verloren,
Sie sind schon vor den Toren!
Der Bürgermeister und Senat,
Sie schütteln die Köpfe, und keiner weiß Rat.

Die Bürgerschaft greift zu den Waffen,
Die Glocken läuten die Pfaffen.
Gefährdet ist das Palladium
Des sittlichen Staats, das Eigentum.
Heinrich Heine, Die Wanderratten

Das Eigentum an Kapital ist der moderne Götze der Börsenjobber, der Analysten, der Aktienbesitzer, auch der meisten Vorstände der multinationalen Konzerne geworden, aber das Kapital erscheint auch als der globale Großkönig, der wie Xerxes mit seinen Satrapen und Gefolgsleuten in unermeßlichem Reichtum schwelgt und gleichzeitig für die Masse der Menschen Angst und Schrecken verbreitet.

Mit den militanten Terroristen fertig zu werden ist zwar schwierig, aber nicht unmöglich, wie der Krieg in Afghanistan gezeigt hat. Das Problem sind nicht die 80 000 bis 100 000 Islamisten, die 10 000 zur Gewalt bereiten islamischen Terroristen auf der Welt, sondern die Masse der mit ihnen sympathisierenden Menschen, die in Armut und ohne Perspektive für die Zukunft leben. Sie bringen ihre ungerechten Lebensbedingungen in einen kausalen Zusammenhang mit der Invasion des *American way of life* und der ökonomischen Globalisierung. Ihnen gelten die Vereinigten Staaten völlig zu Recht als mächtigste Vormacht des intoleranten Turbokapitalismus.

Shareholder value, so heißt die Kapitalismusphilosophie, die global die Soziale Marktwirtschaft abgelöst hat. »Geldrausch« nennt es hin und wieder die »Bild«-Zeitung und »Tanz um das goldene Kalb« der Papst in Rom. Die Gier nach Geld beginnt die Hirne der Menschen zu zerfressen. Die Welt muß aus den Fugen geraten, wenn 225 Personen auf der Erde als Ergebnis der Entwicklung des globalen Kapitalismus ein Vermögen von einer Billion Dollar erwerben können. Es ist genauso groß wie das jährliche Einkommen von drei Milliarden Menschen, das heißt der Hälfte der Menschheit. Gleichzeitig haben über eine Milliarde Menschen pro Tag weniger zum Leben als den Gegenwert eines Dollars, und zwei Milliarden können kein sauberes Trinkwasser genießen und nicht regelmäßig ärztlich versorgt werden. Die Hoffnung hat getrogen, daß die Globalisierung des Kapitals auch die Armut auf dieser Erde eindämmen und verhindern könnte. Die Armut nimmt zu, wie die Weltbank, der Internationale Währungsfonds und Unicef übereinstimmend feststellen.

Hiobsbotschaften am Arbeitsmarkt, vor allem Rationalisierungseffekte in den Betrieben, sind Siegesmeldungen an der Börse. Und wenn es zum Börsenkrach kommt, gehen wieder Arbeitsplätze verloren.

Daß die Welt in einem atemberaubenden Tempo zusammenwächst, vernetzt durch Telefon, Telefax und Internet, ist eine großartige Entwicklung. Aber genau dieser Prozeß treibt auch die Weltökonomie und die Weltbevölkerung auseinander, spaltet die Welt in einen kleinen Teil reicher, wohlhabender Menschen, die sich Milliarden von armen, hungernden und hoffnungslosen Menschen gegenübersehen.

Wie Pierre Sané, der Generalsekretär von Amnesty International, bei der Vorlage seines Jahresberichts 2001 geschrieben hat, eskalierten mit der Ausbreitung der Armut nahezu zwangsläufig die Menschenrechtsverletzungen. »Die Berliner Mauer konnte niedergerissen werden, die Mauer aus Armut, Intoleranz und Heuchelei existiert nach wie vor.«

Gegen diese menschenunwürdige Entwicklung beginnt sich Widerstand zu mobilisieren. Nicht nur die Globalisierungsgegner verbünden sich massen- und medienwirksam bei den Konferenzen der G7-Staaten. Immer mehr Organisationen engagieren sich gegen Kinderarbeit und kapitalistische Ausbeutung, für die Umwelt, für einen Schuldenerlaß zugunsten der Staaten der Dritten Welt und für die Menschenrechte. Es ist ein Wahnsinn, anzunehmen, man könnte auf Dauer Hunderte von Millionen Menschen ausgrenzen, ohne dafür nicht irgendwann einen politischen Preis zahlen zu müssen. Es gibt in der Politik keine überflüssigen Menschen, sie haben eine Stimme, und sie werden sie nutzen. Wenn sie mangels Demokratie nicht abstimmen dürfen, dann werden sie sich Waffen besorgen und mit ihnen kämpfen. Der 11. September war ein Anfang.

Dabei liegt die Erkenntnis auf der Hand, daß Kapital und Markt nicht alles sein können. Selbst DaimlerChrysler und andere Unternehmen könnten mit ihrem Kapital nichts anfangen, wenn es nicht Menschen gäbe, die aus diesem Kapital zum Beispiel Autos herstellten, die so gut sind, daß sie von anderen Menschen gekauft werden.

Der Konflikt zwischen dem Kapital und der Arbeit der Menschen prägt die wirtschafts- und sozialpolitischen Auseinandersetzungen seit Beginn der industriellen Revolution. Die Produktionsfaktoren Wissen und Information haben heute eine viel größere Bedeutung als früher. Aber es ist gleichgültig, welchem der früheren Produktionsfaktoren Arbeit oder Kapital man sie zuordnet. Der Grundkonflikt ist geblieben. Die Kommunisten haben diesen Konflikt dadurch zu lösen versucht, daß sie das Kapital eliminierten und die Kapitaleigner liquidierten. Daran sind sie gescheitert. Heute entwickelt sich das Umgekehrte: Das Kapital eliminiert die Arbeit und raubt den Menschen ihre Arbeitsplätze. Der Kapitalismus ist genauso falsch wie der Kommunismus.

Der Kapitalismus ist die moderne Form des Zarathustra. Er kennt keine Werte jenseits von Angebot und Nachfrage und wähnt sich wie jeder andere Fundamentalismus im Besitz der absoluten Wahrheit. Demnach sind Markt und Wettbewerb die obersten Gesetze der Welt, nach denen sich sogar die Politik zu richten habe, denen sich die Staaten der Welt unterordnen sollen. Das ist ein Fundamentalismus, der mit seinem Schwert der Intoleranz nicht einige zehntausend Menschen foltert, steinigt und verbrennt, sondern Millionen ihrer wirtschaftlichen Existenz beraubt.

Die Soziale Marktwirtschaft ist der Weg der goldenen Mitte zwischen Kapitalismus und Sozialismus, das Bündnis zwischen Ordoliberalismus, katholischer Soziallehre und evangelischer Sozialethik. Sie ist die erfolgreichste Wirtschafts- und Sozialphilosophie der Geschichte. Sie fordert den geordneten Wettbewerb, der vom Staat durch seine Rahmenbedingungen garantiert werden muß. Durch die Globalisierung entziehen sich die Unternehmen diesem Ordnungsrahmen, sie emanzipieren sich und vagabundieren. Plötzlich gelten Werte, die vorher ethisch eingebunden und bedingt waren, als absolut: die Dividende am Ende des Jahres, der Börsenwert und der Aktienkurs der Unternehmen. *Shareholder value* nennt man diese Philosophie, die weltweit die Soziale Marktwirtschaft abgelöst hat.

Benjamin Barber, Professor für Politikwissenschaft an der Universität von Maryland (USA), dereinst Wirtschaftsberater von Bill Clinton, nennt die globalisierte Ökonomie eine Welt der Anarchie. »Eine Welt ohne Regeln, ohne Gesetz, ohne soziale Übereinkünfte, eine Welt, in der Unternehmen, Finanzinstitute und der ganze ›private Sektor‹ völlig unreguliert agieren können, aber auch eine Welt, in der Terroristen, Kriminelle und Drogendealer frei und ungebunden arbeiten.« In rechtsstaatlichen Verhältnissen, so Barber, wäre dies unmöglich, aber es spiegelt exakt »die Anarchie der globalen Ordnung, die eigentlich eine Unordnung ist«.

Survival of the fittest

Manche Neoliberale und Vertreter des globalen Kapitalismus berufen sich auf Charles Darwin, der das Gesetz des Rechts des Stärkeren – sozusagen das Recht auf Intoleranz – naturwissenschaftlich begründet habe, während Friedrich Nietzsche die philosophische Rechtfertigung lieferte. Diese Leute berufen sich aber zu Unrecht auf Darwin. Dieser hat nicht das Recht des Stärkeren propagiert, und er hat auch nicht behauptet, daß in jedem Fall der Stärkere überlebt, sonst wären die Dinosaurier nie ausgestorben. Vielmehr, so Darwin, überlebt derjenige, der am besten an seine Umwelt angepaßt ist: »survival of the fittest«. Mit Sicherheit bewirken soziales Verhalten und ein freundlicher Umgang der Menschen untereinander bessere Lebensbedingungen als der totale Kampf jedes gegen jeden. Die Errungenschaften der Menschheitsentwicklung sind zu einem Gutteil den hochentwickelten sozialen Fähigkeiten des Menschen zu verdanken. Die Soziale Marktwirtschaft ist zur erfolgreichsten Sozial- und Wirtschaftsphilosophie geworden, weil sie eben nicht den nackten Wettbewerb, ökonomische Intoleranz und Catch-as-catch-can propagiert, sondern den geordneten Markt und den sozialen Ausgleich.

Was ist zu tun? Ökonomisch muß weltweit ein geordneter Wettbewerb durchgesetzt werden: eine internationale Soziale Marktwirtschaft. Die Neue Soziale Frage ist die Frage nach der globalen sozialen und ökologischen Antwort auf die globale Ökonomie. Dies ist vor allem eine Aufgabe der G7-Staaten. Dazu gehören in erster Linie eine internationale Bankenaufsicht, eine gemeinsame Zinspolitik, eine globale Spekulationssteuer, eine gerechte Arbeitsteilung zwischen den reichen Industrieländern und den Staaten der Dritten Welt und Beseitigung der Handelszölle.

Ich nenne ein schlechtes Beispiel aus den achtziger Jahre. Damals hatte es Bangladesch geschafft, eine konkurrenzfähige Textilindustrie aufzubauen. US-Präsident Ronald Reagan unterschrieb zum Schutz der amerikanischen Textilindustrie ein Gesetz, wonach pro Jahr nur noch eine bestimmte Menge von Textilien aus Bangladesch in die USA eingeführt werden durfte. Er schützte damit amerikanische Jobs und machte Zehntausende von Menschen in Bangladesch arbeitslos.

Ein anderes Beispiel weist den richtigen Weg in die Zukunft: 1947 lag der durchschnittliche Zoll auf Industrieprodukte bei vierzig Prozent. Heute sind es nur noch fünf Prozent. Der Welthandel wuchs. Unternehmen vermehrten ihre Gewinne, weil sie ihre Waren weltweit verkaufen konnten. Dadurch sind neue Arbeitsplätze entstanden. Notwendig ist der völlige Abbau der Zollschranken. Dies erfordert für die europäischen Staaten Mut gegenüber der eigenen Landwirtschaft. Man kann die Armut der Welt nicht durch ein bißchen mehr Entwicklungshilfe beseitigen, sondern nur durch eine gerechte internationale Arbeitsteilung: Die Industrieländer erzeugen die Waren, die sie besser herstellen können als andere, und sie sind bereit, Waren zu kaufen, die in anderen Regionen und Kontinenten gleichwertig, aber preiswerter produziert werden. Nur so können Arbeitsplätze in der Dritten Welt gesichert werden.

Diese Ziele können vorläufig nur durch Verträge erreicht werden. Eine gerechte Weltwirtschafts- und Weltfriedensordnung werden aber nur dann eine Chance haben, wenn eines Tages eine Weltregierung eingerichtet wird. Bis dahin muß, ganz im Sinn von Rousseau, ein moderner *contrat social*, ein neuer Gesellschaftsvertrag, abgeschlossen werden über eine Ordnung, an der alle Menschen auf dem Globus teilhaben können. In Herders »Briefen zur Beförderung der Humanität« heißt es:

»Der Kornstengel in der Hand der indischen Frau ist (...) eine Waffe gegen das Schwert. Je mehr die Menschen Früchte einer nützlichen Tätigkeit kennen und einsehen lernen, daß durchs Kriegsbeil nichts gewonnen, aber viel verheert wird, je mehr die schmähenden Vorurteile von einer mit göttlichem Beruf zum Kriege geborenen Kaste (...) verächtlich und lächerlich werden, desto mehr Ansehen wird der Ährenkranz, der Apfel- und Palmzweig vor dem traurigen Lorbeer erhalten, der neben dunklen Zypressen wächst.«

Dies setzt sich nicht von selbst durch. Warum entschließen sich die Länder der freien Welt nicht zu einem Welt-Marshall-Plan zugunsten der Armen, eingeschlossen natürlich die islamischen Länder? Die Amerikaner hatten nach 1945 begriffen, daß ein Europa im Elend in Gefahr gerät, kommunistisch zu werden. Und der Marshall-Plan hat in beeindruckender Weise zusammen mit der Philosophie der Sozialen Marktwirtschaft dazu beigetragen, daß Deutschland das Wirtschaftswunder erleben konnte. Auch der »deutsche« Marshall-Plan hat ab 1990 die Brüche des einmaligen welthistorischen Experiments der Vereinigung weitgehend beseitigt. Wenn es die eineinhalb Billionen Mark Transfer vom Westen nach dem Osten nicht gegeben hätte, wäre die deutsche Einheit zerbrochen. Wenn es keinen Welt-Marshall-Plan gibt, dann werden nicht nur Toleranz und Demokratie zerfallen, dann wird die Welt explodieren.

»Intolleranza«
Zum Schluß

Die Intoleranz ist uns in diesem Buch in vielen Arten begegnet. Im 21. Jahrhundert erscheint nicht der Islam, die Weltreligion, sondern seine radikale Ausformung, der Islamismus, als globales intolerantes Monster – so sagen viele. Kann man so differenzieren? Ist das nicht übertrieben? Lassen wir uns in der Beurteilung dieser Religion zu stark blenden von dem entsetzlichen Anschlag des 11. September?

Es ist zu befürchten, daß nach der Überwindung des Nationalsozialismus und des Kommunismus eine neue totalitäre Ideologie entsteht, deren Anhänger nicht nur in den Vereinigten Staaten längst Fuß gefaßt haben, wie der Terroranschlag am 11. September bewiesen hat, sondern auch in Europa. Sollte die schöne Eleutheria ihre Schwester Asia umsonst befreit und den Großkönig Xerxes vergeblich vom Wagen geschleudert haben?

Die Konsequenz aus dieser Befürchtung muß für den Westen darin bestehen, die demokratischen, friedlichen, zum toleranten Zusammenleben mit anderen Religionen bereiten Muslime zu bestärken. Dies sollte auch Maßstab sein im Verhältnis der Europäer zur Türkei, die in ihrem Kampf gegen einen islamischen Gottesstaat und in ihrem Ringen um eine laizistische Form eines Staats, der mehrheitlich von Muslimen bewohnt wird, in besonderer Weise den Angriffen der Islamisten außerhalb und innerhalb des eigenen Landes ausgesetzt ist.

Die Menschenrechtsverletzungen des türkischen Staats gegen die Kurden können nicht akzeptiert werden und sind, solange sie andauern, ein Hindernis für die Aufnahme der Türkei in die Europäische Union. Die europäischen Ländern dürfen aber auch nicht übersehen, daß Teile der kurdischen Opposition einen militanten Islamismus vertreten. Um nur ein Bespiel zu nennen: Im Januar 2002 wurde die Kurdin Fadime Sahindal, 26, von ihrem Vater durch einen Kopfschuß getötet, weil sie einen Mann ihrer Wahl heiraten wollte, studierte und im Fernsehen für die Gleichberechtigung der Frau geworben hatte. Fadime Sahindal war in Schweden für viele muslimische Frauen ein Vorbild geworden. Sie kritisierte die Zwangsehe und die Weigerung von türkischen Familien, ihren Töchtern eine Berufsausbildung zu ermöglichen.

Der von den Amerikanern initiierte Antiterrorpakt asiatischer und europäischer Staaten ist die Basis für die Antwort auf die Herausforderung der globalisierten Intoleranz, die die Welt zu der Alternative zwingt: Freiheit oder Unfreiheit, Theologendiktatur oder Demokratie.

Wir müssen aber die Frage stellen, ob heute, im 21. Jahrhundert, die Vereinigten Staaten zum Träger der Freiheit geworden sind, wie früher das alte Griechenland, das die Freiheit gegen Persien verteidigte. Im Kampf gegen den Nationalsozialismus und den Kommunismus haben die USA die Hauptlast getragen. Und sie haben mit dem *American way of life* und ihrem demokratischen Liberalismus auch zivilisatorisch und kulturell die Welt verändert – was viele Menschen als Angriff auf die eigene Kultur empfinden, wie Arundhaty Roy es beschrieben hat. Aber wie sieht es heute aus?

Der 11. September hat den Amerikanern klargemacht, daß die Zeit des Isolationismus vorbei ist. Bis dahin hatten sich Krieg und Terrorismus mit wenigen Ausnahmen außerhalb des Territoriums der Vereinigten Staaten abgespielt. Durch zwei Ozeane – und in der Zukunft möglicherweise auch durch einen Raketenschild – geschützt, waren die Amerikaner davon überzeugt, daß sie vom Rest der Welt unabhängig und unverwundbar seien. Die Eliten in den Vereinigten Staaten hatten die Brüchigkeit dieser Vorstellung schon lange erkannt, aber erst der 11. September hat jedem amerikanischen Bürger gezeigt, daß die USA verletzlich geworden sind. Die Amerikaner sind ein Teil der übrigen Welt geworden, dem Guten und Bösen, Krieg und Frieden genauso ausgesetzt wie andere Länder.

Sind daraus die Anzeichen der Intoleranz zu erklären, die die Amerikaner seit dem 11. September zu erkennen geben? Oder waren es nur Unsicherheiten einer dem christlichen Fundamentalismus zuneigenden Regierung? Die ignatianische *magnitudo animi*, die Großmut des Herzens, ist auch christlichen Fanatikern fremd. Jedenfalls hat die Behandlung der Talibangefangenen in Guantanamo die Vorkämpferrolle der USA für Freiheit und Menschenrechte diskreditiert. Gefangene in Ketten zu legen, ihnen die Augen zu verbinden, die Ohren zu verstopfen, ihnen also die Sinne zu rauben, kann unter dem Gesichtspunkt der Prävention in bestimmten Situationen notwendig sein. Muslime kahlzuscheren und ihnen die Bärte abzurasieren ist psychische und physische Folter und, rechtsstaatlich gesehen, von einer Brutalität, die erkennen läßt, daß die US-Regierung die moralischen Maßstäbe für den von ihr geführten Krieg gegen Afghanistan zumindest zeitweise verloren hat. Fundamentalistische Muslime tragen aus religiösen Gründen in Nachahmung des Propheten Mohammed einen Bart. Ihn mit Gewalt abzurasieren ist, als würde man die Kappe eines gläubigen Juden zerfetzen. Die Auseinandersetzung mit der neuen Form des Totalitarismus kann aber weltweit nur gewonnen werden, wenn diejenigen, die Freiheit und Demokratie vertreten, glaubwürdig bleiben.

Was ist die Grundlage des Handelns derjenigen, die für die Freiheit eintreten? Rache statt Versöhnung? Macht statt Recht? Soll ein weltweites Israel entstehen? Das Hochschaukeln der Gewalt in eine ausweglose Situation beruht auf atavistischen Reaktionsmustern, die nach der amerikanischen Unabhängigkeitserklärung, der Aufklärung und der Französischen Revolution für immer aus der Gedankenwelt der freiheitlichen Demokratien verbannt sein sollten. Eine *pax americana* gliche zu stark der *pax romana*, die vor 2000 Jahren eben nicht für die Freiheit stand, sondern für Unterdrückung und Ausbeutung.

Es gibt keine vernünftige Alternative zu einer globalen multikulturellen Gesellschaft. Deren Mitglieder – Christen, Juden, Muslime, Hindus, Buddhisten und Chinesen, Animisten und Atheisten –, also die Bürgerinnen und Bürger der fünf Kontinente, unabhängig von ihrer Hautfarbe und ihrer Religion, müssen sich auf ein gemeinsames Programm der Humanität einigen: die Unantastbarkeit der menschlichen Würde. »Gibt es ein Wort, das ein ganzes Leben lang als Richtschnur des Handelns dienen kann?«, wurde Konfuzius gefragt. »Das ist *Gegenseitigkeit (Shu)*«, war seine Antwort. Gegenseitige Rücksichtnahme und Toleranz sind die goldenen Regeln für das Zusammenleben der Menschen: »Was du selbst nicht wünschest, das tue auch nicht anderen.« Jesus hat es positiv gesagt: »Alles, was ihr wollt, das euch die Leute tun sollen, das tut auch ihnen«, zitiert ihn Matthäus.

Den Menschen in den Elendsvierteln können wir anders nicht helfen. Mord, Totschlag, Bürgerkrieg und Intoleranz entstehen immer dort, wo das multikulturelle Zusammenleben unter dem Dach gemeinsamer Werte verhindert wird und Minderheiten durch Mehrheiten – oder, seltener, Mehrheiten durch Minderheiten – unterdrückt und diskriminiert werden. Wo reine Klassengesellschaften entstehen und wo sich zum Beispiel Nationalismus mit religiösem Fundamentalismus verbindet. Wenn die diskriminierten Gruppen keine wirtschaftlichen und sozialen Perspektiven haben, dann ist das Feuer an der Lunte des Fundamentalismus. Ethnische Spannungen und Konflikte sind keine Argumente gegen die multikulturelle Gesellschaft, sondern bestätigen ihre Notwendigkeit.

Die Behauptung, daß eine solche Entwicklung für die Menschheit Utopie sei, wird von der Weltgeschichte widerlegt. Sie ist voll von Beispielen dafür, daß ein friedliches und freies Miteinander von Menschen unterschiedlicher Volkszugehörigkeit möglich ist. Man stelle sich vor, die europäischen Aufklärer der vergangenen Jahrhunderte hätten sich von dem Argument beeindrucken lassen, es habe, von spärlichen Ausnahmen abgesehen, nur Monarchien oder Diktaturen gegeben, und dies sei unabänderlich. Die Demokraten und Republikaner des 19. und 18. Jahrhunderts hätten resignieren müssen. Sie haben es nicht getan, und dies hat immerhin dazu geführt, daß es heute mehr freie Menschen gibt als jemals zuvor und daß sich die Demokratie immer weiter ausbreiten konnte trotz aller Gegenmächte des Totalitarismus.

Die Beseitigung der Diskriminierung auf dieser Welt ist der Schlüssel zu einer friedlichen, toleranten Weltordnung. Konflikte können nicht wegdiskutiert werden, aber demokratische Gesellschaften können Konflikte humanisieren.

Wir werden in unserer Zeit immer wieder dem Widerspruch begegnen zwischen Gut und Böse, Liebe und Haß, Freude und Leid, Toleranz und Intoleranz, und dies auch dann noch, wenn die universale demokratische Gesellschaft sich durchgesetzt hat. Diese Widersprüche dürfen wir nicht vertuschen, sondern müssen sie offenlegen, ohne

Vorbehalte hinterfragen und diskutieren. Sie können gelöst werden, wenn wir die Ursachen, die sie hervorrufen, beseitigen.

Schwangerschaftskonflikte, die früher Frauen in Elend und Verzweiflung, auch in den Selbstmord trieben, entstehen heute durch die Fortschritte in der Medizin und die Verbesserung der sozialen Verhältnisse in Europa nur noch selten. Die europäische Einigung hat die Wiederholung früherer Kriege in Europa unmöglich gemacht. Die Abrüstung von Atomwaffen und das Ende des Ost-West-Konflikts haben die Gefahr eines Atomkriegs zwischen den Großmächten fast verschwinden lassen. Im geschichtlichen Prozeß wird das Böse überwunden und das Leid zurückgedrängt, indem die Menschen ihre Lebensbedingungen ständig verbessern durch die Wissenschaft, die Politik und gegenseitige Hilfe. Leid und Unrecht sind immer noch zu groß, aber nicht minder groß sind die Chancen des Fortschritts, die Chancen, statt neue Waffen immer bessere Medikamente zu erfinden, mit Hilfe der Gentechnologie bisher unheilbare Krankheiten zu heilen (es sei denn, wir ließen es zu, daß fundamentalistische Intoleranz zum Beispiel die Embryonenforschung verhindert). Man kann das Ziel dieser Entwicklung beschreiben: eine Gesellschaft des politischen und wissenschaftlichen Fortschritts und der Pluralismus der Kulturen auf dem Fundament der Menschenrechte.

Pascals theologisches Wort »On ne doit plus dormir« ist zu säkularisieren, sagt Theodor W. Adorno. Das gilt für die Kunst wie für die Politik. Die Politik muß die Menschenwürde so kompromißlos und radikal vertreten wie Luigi Nono in »Intolleranza«, Peter Weiß in »Die Vernehmung«, und wie es auch in den Werken von Peter Härtling oder Heinrich Böll geschieht. »Es ist keine Zeit, zu schlafen, es gilt aufzutauchen aus der schwarzen Flut, der finsteren Zeit zu entrinnen, die Palisaden der Intoleranz zu zersplittern, sich aufzulehnen gegen jegliche Art des fatalistischen Pessimismus und des kraftlosen Dahinlebens.« Das ist die Botschaft von Luigi Nonos »Intolleranza« und für ein Leben in einer toleranten Welt. Die Intoleranten werden solche Menschen Phantasten, Träumer, Schwächlinge, Besserwisser, Nestbeschmutzer, Außenseiter und Verräter nennen, sagt Luigi Nono. Aber es sind nicht die Träume nervenschwacher Utopisten, sondern es ist die kraftvolle Tat der Eleutheria, die »die noch nicht überall erwachten Absichten Gottes« verwirklicht, im Streit mit dem Xerxes der Moderne, dem Fundamentalismus, damit »der Mensch dem Menschen ein Helfer wird«.

Welche Rolle können die Weltreligionen spielen? Sie beschränken sich selbst in ihrer Wirkungsmacht. Sie werden konsensunfähiger, weil sie sich in Widerspruch setzen zu den Bedürfnissen und Rechten von immer mehr Menschen. Der Islam wird auf die Dauer nicht die in ihm verankerte Diskriminierung der größeren Hälfte der Menschheit aufrechterhalten können. Über drei Milliarden Frauen werden ihre religiösen Ketten zerbrechen, vor allem dann, wenn eine Internationale der Frauen entsteht, wie große Frauenverbänden in Amerika und in Europa es fordern.

Die katholische Kirche ist die größte religiöse Gemeinschaft der Welt, sie ist in allen fünf Kontinenten mit einer großen Zahl von Gläubigen vertreten. Sie hätte wie keine andere die Möglichkeit, ihren Beitrag zur revolutionären Veränderung der Welt zu leisten. Niemand hat den Kapitalismus schärfer und klarer kritisiert als der Papst. Aber er wird nicht gehört, wenn er in einer anderen zentralen Menschheitsfrage, der Bevölkerungsexplosion, Antworten gibt, die die Menschen nicht befolgen können. Er begibt sich mit dem Verbot der Familienplanung nicht nur in einen Gegensatz zum überwiegenden Teil der Welt, sondern verschärft auch das Drama der Übervölkerung. So, wie eine Rechtsordnung zerbricht, wenn sie Gesetze enthält, die die Menschen nicht befolgen können, so schädigt sich eine Religionsgemeinschaft, wenn sie in einer wichtigen Frage ihre Glaubwürdigkeit zerstört. Der Fall Galilei hat die Kompetenz der katholischen Kirche auf dem Gebiet der Philosophie, aber auch der Naturwissenschaften über Jahrhunderte beschädigt. Das Verbot der Pille untergräbt die moralische Kompetenz der katholischen Kirche gegenüber der Weltbevölkerung.

Wir können aber nicht darauf warten, bis die großen Weltreligionen ihre eigentliche Aufgabe wiedergefunden haben. Dabei hätten es die christlichen Kirchen leicht, sich an die Spitze der globalen Bewegung für Freiheit, Toleranz und Gerechtigkeit zu setzen. Die Botschaft des Stifters des Christentums war revolutionär. Sie war für die damaligen Machthaber ein Ärgernis und das Gegenstück zu deren Welt der Ausbeutung, der Armut, der Ungerechtigkeit. Sie geriet in einen Gegensatz zur gültigen Werteordnung. Nicht umsonst gerieten »die Scharen außer sich«, als sie seine Worte hörten, wie Jesus-Biograph Matthäus berichtet. Was Jesus sagte, hatten sie noch nie vernommen.

Das Evangelium ist 2000 Jahre später genauso aktuell. Es ist eine geradezu revolutionäre Botschaft an die Adresse aller totalitären Regime. Es sprengt die meist arme Gedankenwelt der Börsenanalysten, der Manager von Großkonzernen, der Präsidenten von Fußballvereinen und auch von Parteivorständen.

Luigi Nonos Musiktheaterstück »Intolleranza« ist ein Aufschrei gegen die Intoleranz. Der Schrei nach Liebe zwischen den Menschen, die den Menschen zum Helfer des

Menschen macht, ist das eigentliche Thema dieser groß-
artigen modernen Oper. Der Text des Einleitungschors
spricht aus, worum es geht: darauf zu achten, nicht schon
tot zu sein, bevor man stirbt, und daß nur der lebendig
bleibt, der nicht berechnet, sondern sich den anderen hin-
gibt und liebt. Nono war Mitglied der kommunistischen
Partei. Und er wollte mit seinen Kompositionen der kommunistischen Bewegung dienen. Aber er war italienischer
Kommunist und nicht Mitglied der SED. Seine Ideale
waren die Freiheit und die Gerechtigkeit. Es gehört zu seiner Tragik, daß viele fragen, ob man so ein Werk nach dem
Zusammenbruch des »real existierenden Sozialismus«
überhaupt noch spielen kann. Aber dieses Stück hat jenseits von Faschismus und Kommunismus eine symbolische
Bedeutung für die Auseinandersetzung mit der modernen
Intoleranz des Fundamentalismus, gleich welcher Abart,
die die Menschen auch zu Beginn dieses Jahrhunderts
erniedrigt, diskriminiert und tötet.

Verweigern die Religionen Antworten auf die letzten Fragen, wie nach Gott, dem Leben nach dem Tod, oder beanspruchen, wie der Islam, für sich, auch auf die vorletzten
Fragen endgültige Antworten zu geben, bleiben die Menschen entweder von den Kirchen weg oder landen im Totalitarismus. Deswegen ist eine Renaissance des Geistes der
Aufklärung notwendig. Sie war nicht atheistisch, verlangte
aber die Trennung von Kirche und Staat, und sie erweckte
in Menschen die Fähigkeit, jederzeit selbst denken zu können und weltweit ein humanes Menschenbild anzuerkennen, das Freiheit und Gerechtigkeit miteinander verbindet.

Die Frage, ob ein solches Menschenbild mit Gott oder
ohne Gott gültig ist, wäre nebensächlich, wenn diese Werte
überall anerkannt würden. Jan Roß zitiert in seiner Biographie über Johannes Paul II. den französischen Jesuiten

Henri de Lubac, einen Papstfreund. Der fragte, was aus dem Menschen des atheistischen Humanismus geworden sei, und antwortete, daß man kaum mehr wage, diesen Menschen ein »Wesen« zu nennen, da er die Wahrheit und sich selbst verloren habe: »Es gibt keinen Menschen mehr, weil es nichts mehr gibt, was ihn übersteigt. Der atheistische Humanismus konnte nur mit einem Bankrott enden.«

Jeder atheistische Demokrat und Republikaner wird diesen Angriff als intolerante Anmaßung empfinden. Zu Recht. Aber er müßte sich auch fragen, welche geistigen Voraussetzungen vorhanden sein müssen, daß sich totalitäre Systeme wie Kommunismus und Nationalsozialismus nicht wiederholen und sich über den Menschen stellen.

Wie wir bei der Wahrheitsfrage gesehen haben, ist für Kant die Antwort auf diese Frage der eigentliche Gottesbeweis: Mit der reinen Vernunft ist Gott nicht zu beweisen, aber die praktische Vernunft verlangt, daß ein geordnetes Zusammenleben der Menschen ohne Moral nicht möglich ist und daher die Existenz Gottes erfordert: Gott als Postulat der praktischen Vernunft.

Voltaire sagt: »Dummköpfe zu ertragen ist sicher der Gipfel der Toleranz.« Aber weder Lüge noch Dummheit, noch Unwahrheit muß toleriert werden. Die lange Skala der Intoleranz auf der Welt beweist, wie sehr unsere Gesellschaft sich bereits in das Unglück der Intoleranz begeben hat. Viele Unsicherheiten sind daraus erklärbar. Toleranz ist umgekehrt auch ein Zeichen, daß sich eine Herrschaft als gesichert betrachtet. Wo sie sich gefährdet sieht, erhebt sich immer auch der Anspruch, unbedingt zu sein, sagt Max Frisch, also sich in die Verlogenheit und das Gottesgnadentum des eigenen Vorteils zu flüchten, in die Inquisition. Schon die alten Chinesen wußten: Wer seine Mitmenschen achtet, wird selbst geachtet. Und hat Toleranz und

Intoleranz nicht auch etwas mit der Entwicklung der Menschheit zu tun? Wenn Meinung gegen Meinung nicht offen gesagt wird, so kann man auch nicht die bessere herausnehmen, sagte Herodot. Goethe schildert den Weg, den die Menschheit machen mußte, bis sie dahin gelangte, »auch gegen Schuldige gelind, gegen Verbrecher schonend, gegen Unmenschliche menschlich zu sein«.

Ich möchte das Buch schließen mit dem Wort eines Preußen, des aufgeklärten Königs eines Landes, das in diesem Bericht selten gut weggekommen ist. Er kannte seinen Aischylos und die Philosophie der Griechen. Friedrich II., Freund Voltaires und der schönen Künste, sagte: »Jeder soll seine eigene Meinung behalten und die der anderen respektieren, das ist das einzige Mittel, während der kurzen Lebenspilgerfahrt in Frieden zu leben.« Und: »Ob ihr Anhänger des Systems von Tycho Brahe oder des der Malabaren seid, ich verzeihe euch es gerne, wenn ihr nur menschlich seid.«